Rechtliche Anforderungen an die Preistransparenz bei Vertragsschluss

Europäische Hochschulschriften

European University Studies

Publications Universitaires Européennes

Reihe II **Rechtswissenschaft**

Series II Law

Série II Droit

Band/ Volume 6022

Stefan Peintinger

Rechtliche Anforderungen an die Preistransparenz bei Vertragsschluss

PETER LANG

Bibliografische Information der Deutschen Nationalbibliothek
Die Deutsche Nationalbibliothek verzeichnet diese Publikation in der Deutschen Nationalbibliografie; detaillierte bibliografische Daten sind im Internet über http://dnb.d-nb.de abrufbar.

Zugl.: Heidelberg, Univ., Diss., 2017

D16
ISSN 0531-7312
ISBN 978-3-631-75567-9 (Print)
E-ISBN 978-3-631-76262-2 (E-PDF)
E-ISBN 978-3-631-76263-9 (EPUB)
E-ISBN 978-3-631-76264-6 (MOBI)
DOI 10.3726/b14440

Peter Lang – Berlin · Bern · Bruxelles · New York · Oxford · Warszawa · Wien

Diese Publikation wurde begutachtet.

www.peterlang.com

Vorwort

Ich möchte Herrn Professor Geibel für seine wertvolle Unterstützung danken. Herrn Professor Stoffels möchte ich für die zeitnahe Erstellung des Zweitgutachtens danken.

Meiner Familie möchte ich für ihre Unterstützung danken.

Zudem möchte ich Herrn Dr. Andreas Schwab, MdEP, danken. Er hat mir einige Fragen zu den Hintergründen der Verbraucherrechterichtlinie beantwortet. Mit freundlicher Genehmigung werden im Anhang Antworten auf die Fragen veröffentlicht, die Eingang in die vorliegende Untersuchung gefunden haben.

München/Heidelberg
RA Stefan Peintinger, LL.M. (Georgetown)

Inhaltsübersicht

Inhaltsverzeichnis

Einleitung

I. Problemstellung

Der Preis, als häufiger Hauptbestandteil der eigenen Leistungspflicht, ist von entscheidender Bedeutung für die eigene Willensbildung zum Vertragsschluss.[1] Dieser soll transparent sein, damit eine (potentielle) Vertragspartei weiß, welches Entgelt sie selbst leisten muss. Während insbesondere das Wettbewerbsrecht Rahmenbedingungen für die Preistransparenz schafft, ist die eigene interne Preisbildung im Rahmen der Privatautonomie grundsätzlich den jeweiligen (potentiellen) Vertragsparteien selbst überlassen. Der eigene interne Willensbildungsprozess hin zu einer eigenen internen Preisbildung ist daher nicht nachvollziehbar, denn dieser ist nicht transparent. Demgegenüber ist die vertragliche Preisfestsetzung gemäß §§ 612 Abs. 2, 632 Abs. 2, 653 Abs. 2, 689 BGB nachvollziehbar. Unter Anwendung dieser Normen kommt es nicht auf die eigene interne Preisbildung einer (potentiellen) Vertragspartei an, sondern auf objektive Umstände.

Preistransparenz ist ein Schlagwort. Insbesondere wenn sich eine Vertragspartei nach Vertragsabschluss über das tatsächliche Entgelt getäuscht fühlt, wird mehr Preistransparenz gefordert. Soweit ersichtlich, gibt es bisher keine juristische Untersuchung der rechtlichen Anforderungen an die Preistransparenz bei Vertragsschluss. Demgegenüber wird in den Wirtschaftswissenschaften die Preistransparenz in verschiedenen Zusammenhängen untersucht. Aus rechtlicher Sicht stellt sich die Frage, ob und gegebenenfalls welche Aspekte der Preisgestaltung überhaupt transparent sein müssen, um eine ausreichende Willensbildung zu ermöglichen. Fraglich ist dabei, ob neben einer Beleuchtung auch eine Durchleuchtung des Preises notwendig ist. Daher ist nicht nur das Lauterkeitsrecht zu beachten, sondern die vorvertragliche Situation und der Vertragsabschluss selbst sind von entscheidender Bedeutung.

Der Preis kann intransparent sein, wenn bereits unklar ist, ob überhaupt ein Preis zu zahlen ist. Wenn eine bestimmte Informationspflicht bezogen auf den Preis nicht eingehalten wird, kann der Preis ebenfalls intransparent sein. Die Forderung nach Klarheit und Verständlichkeit der Preisvereinbarung, z. B. gemäß § 307 Abs. 3 S. 3 BGB, ist dabei nur ein Bestandteil der Preistransparenz. Ein weiterer Bestandteil ist die Frage nach der Neutralität der Vertragspartei. In bestimmten Vertragssituationen, z. B. bei einem Geschäftsbesorgungsvertrag nach § 675 Abs. 1 BGB,

1 *Willems*, Preisangaben vor dem „Frisierspiegel" des Europarechts, GRUR 2014, 734.

kann diese Frage die Willensbildung des Geschäftsherrn entscheidend beeinflussen. Wenn der Geschäftsherr erfährt, dass z. B. Provisionszahlungen an den Geschäftsführer Teil der Preisberechnung sind, könnte er Abstand von dem Vertragsabschluss nehmen. Wenn er diese Information nach Vertragsabschluss erhält, stellt sich die Frage, welche Rechtsfolgen möglicherweise gegeben sind.

Zu untersuchen ist daher, wie weit Preistransparenz reichen muss, insbesondere ob und wie die eigene interne Preisbildung unter bestimmten Voraussetzungen offenzulegen ist. Problematisch ist ferner die Frage, wie viel eine (potenzielle) Vertragspartei über die eigene interne Preisbildung der anderen (potenziellen) Vertragspartei wissen muss. Dabei stellt sich zudem die Frage, welche Rechtsfolgen möglicherweise gegeben sind, wenn keine ausreichenden Informationen über die interne Preisbildung der anderen Vertragspartei zur Verfügung gestellt werden.

Die rechtlichen Anforderungen an das notwendige Niveau an Preistransparenz im Privatrecht, im Moment des jeweiligen Vertragsschlusses und bezogen auf den parteieigenen Willensbildungsprozess, sind Gegenstand dieser Arbeit.

II. Begriffsbestimmung

Soweit ersichtlich gibt es noch keine feststehende juristische Definition des Begriffes Preistransparenz.[2] Daher wird im Folgenden der Begriff terminologisch untersucht, um eine juristische Definition des Begriffes Preistransparenz dieser Arbeit zugrunde zu legen. Zunächst ist zu untersuchen, wie der Begriff in den Wirtschaftswissenschaften verwendet wird, denn bei der Preisbildung und Preisgestaltung sind auch ökonomische Aspekte zu beachten.

1. Der Begriff Preistransparenz

a) *Wirtschaftswissenschaftliche Verwendung des Begriffes Preistransparenz*

Die wirtschaftswissenschaftlichen Verwendungen des Begriffes Preistransparenz dienen dazu, im Rahmen der rechtlichen Untersuchung ökonomische Aspekte zu berücksichtigen.[3] Dabei ist nicht zwingend von einem Widerspruch zwischen wirtschaftswissenschaftlichen und rechtlichen Anforderungen auszugehen.[4]

---

2 Vgl. *Russo*, Problematik mangelnder Preistransparenz, 141 ff.

3 Vgl. *Sprau* in Palandt, Einleitung, Rdnr. 34 ff.; *Honsell* in Staudinger, Eckpfeiler des Zivilrechts, B. Einleitung zum BGB, Rdnr. 71.

4 *Van den Bergh/Lehmann*, Informationsökonomie und Verbraucherschutz im Wettbewerbs- und Warenzeichenrecht, GRUR Int. 1992, 588 ff. (589); *Fleischer*, Informationsasymmetrie, 9 f.

Im Bereich der Volkswirtschaftslehre, sowohl in der Mikro- als auch in Makroökonomie, ist, soweit ersichtlich, keine feststehende Definition für den Begriff Preistransparenz gegeben. In der Volkswirtschaftslehre wird angenommen, dass Informationsasymmetrie Marktversagen bewirkt.[5] Auch in verschiedenen Disziplinen der Betriebswirtschaftslehre, beispielsweise Vertriebspolitik,[6] Controlling[7] und Marketing[8] wird der Begriff verwendet. Zudem ist Preistransparenz ein Aspekt der Preiszufriedenheit als Ergebnis unterschiedlicher Einflussfaktoren.[9] Zur Preiszufriedenheit gehören auch das Preisvertrauen und die Preisfairness.[10]

Nach *Diller*[11] umfasst der Bereich Marketing die unternehmerische Preispolitik. Preistransparenz sei die Vollständigkeit, Richtigkeit und Aktualität der Kenntnisse der Marktteilnehmer über die am jeweiligen Markt angebotenen Leistungen und deren Preise, als ein Faktor der Markttransparenz. Dabei gebe es keine vollkommene Markttransparenz. Die Markttransparenz sei, gerade wegen der Kosten der Informationsbeschaffung, unvollständig. Zudem sollte zwischen Preisgünstigkeit, Preiswürdigkeit und begleitenden Preisleistungen unterschieden werden. Preistransparenz verstehe sich als ein Unterfall der begleitenden Preisleistungen. Im Rahmen dieses Unterfalles seien drei Phasen zu unterscheiden: In der Vorkaufsphase bedeute Preistransparenz die vollständige, richtige und aktuelle Preisauszeichnung sowie das Vorhandensein von übersichtlichen und entscheidungsgerechten Preisinformationen. In der Entscheidungsphase einer (potentiellen) Vertragspartei drücke Preistransparenz aus, dass die Preisstellung nachvollziehbar sei. Für die Nachkaufphase stelle Preistransparenz klar, dass jeweils die Preisauszeichnung für Reparaturleistungen, Nutzungsgebühren etc. gegeben sei. Wenn in einem Markt eine hohe Preistransparenz herrsche, bestehe für einen Anbieter die Gefahr, dass seine potenziellen Kunden mit einem anderen Anbieter kontrahieren würden, wenn er selbst den Preis zu hoch festsetzt. Zudem sei in einem solchen Markt ein hohes Maß an Preisflexibilität erforderlich, denn Preisveränderungen durch Wettbewerber würden schnell bekannt werden.

---

5 *Pindyck/Rubinfeld*, Mikroökonomie, 415; *Schumann/Meyer/Ströbele*, Grundzüge der mikroökonomischen Theorie, 450 ff.; *Blanchard/Illing*, Makroökonomie, 193.

6 *Schmalen/Pechtl*, Grundlagen und Probleme der Betriebswirtschaft, 403; *Olbrich/Battenfeld*, Preispolitik, 74.

7 *Rieg*, Rechtfertigung von Gemeinkostenzuschlägen gegenüber Kunden, BC 2009, 123 ff. (125).

8 *Diller*, Preispolitik, 57.

9 *Simon/Fassnacht*, Preismanagement, 170; *Diller*, Preispolitik, 160.

10 *Simon/Fassnacht*, Preismanagement, 178.

11 Vgl. für alles in diesem Absatz Folgende *Diller*, Preispolitik, 21 ff. 57 ff., 160.

Das Niveau an Preistransparenz könne nicht allein von dem jeweiligen Anbieter gesteuert werden. Zusätzlich werde die Preistransparenz durch bestimmte Absatz- bzw. Beschaffungshelfer gesteuert, wie beispielsweise Preisagenturen, preisbeobachtende Marktforschungsinstitute, Presseerzeugnisse und Verbraucherverbände. Vor allem das Medium Internet habe hierbei eine erhebliche Bedeutung. Das Internet sei dabei nicht nur für den Bereich des eCommerce von Bedeutung, sondern auch für den stationären Einzelhandel. Kunden würden sich beispielsweise vor dem Beginn der eigentlichen Vertragsverhandlungen im Internet informieren und würden diese Information im Rahmen der Preisverhandlungen im stationären Handel einsetzen.

Pechtl[12] führt als Beschreibung des Begriffes Preistransparenz die Frage an, wie leicht die Preisstellung durch ein Unternehmen erfassbar sei. Je leichter die Preisstellung durch ein Unternehmen von Marktteilnehmern erfassbar sei, desto höher sei das Niveau an Preistransparenz.

Olbrich/Battenfeld[13] definieren hohe Preistransparenz als einen Zustand, in dem die Nachfrager gute Kenntnis über die Preise der Anbieter hätten. Demnach sei in diesem Zustand eine geringe Informationsasymmetrie gegeben.

Diese Definitionen bzw. Beschreibungen zeigen, dass Preistransparenz sowohl durch interne Faktoren, zum Beispiel die interne (Preis-)Kalkulation einer (potentiellen) Vertragspartei, als auch durch externe Faktoren, zum Beispiel Preisvergleichsmöglichkeiten durch verschiedene Medien, beeinflusst wird. Durch eine entsprechende Preispolitik kann Preistransparenz erreicht werden, wenn die jeweils preisbildende (potentiellen) Vertragspartei dies erreichen möchte. Entsprechend kann auch das Gegenteil erreicht werden.

b) Rechtliche Definition des Begriffes Preistransparenz

Fraglich ist, wie der Begriff Preistransparenz rechtlich zu definieren ist.

aa) Preis

Rechtlich muss Preis nicht Geldschuld bedeuten.[14] Eine Geldschuld ist nur eine Form der möglichen Erbringung der eigenen Leistungspflicht. Die (potentiellen Vertragsparteien können sich im Rahmen der essentialia negotii über die Frage einigen, was eine Vertragspartei wie leisten muss. Insoweit kann die betriebswirt-

12 *Pechtl*, Preispolitik, 22.

13 *Olbrich/Battenfeld*, Preispolitik, 233.

14 Die §§ 244, 245 BGB setzen den Begriff Geldschuld voraus, definieren diesen aber nicht; siehe *Grüneberg* in Palandt, BGB, § 245 BGB, Rdnr. 1.

schaftliche Betrachtung als Koordinationsmechanismus für das Austauschverhältnis von Gütern herangezogen werden.[15] In der Betriebswirtschaftslehre wird Preis definiert als die Zahl der Geldeinheiten, die ein Käufer für eine Mengeneinheit eines Produktes oder einer Dienstleistung mit einer bestimmten Qualität leisten muss.[16]

Der tatsächliche Preis ist der Preis, den die Vertragspartei für die bestimmte bzw. bestimmbare Gegenleistung zu leisten hat. Eine (potentielle) Vertragspartei muss ihren Willen demnach bezogen auf den Preis für eine bestimmte oder bestimmbare Leistung bilden. Im Verhältnis zwischen einem Unternehmer und einem Verbraucher wird in der Regel die Höhe einer zu leistenden Geldsumme im Sinne eines Preises bestimmt, um die Gegenleistungspflicht des Verbrauchers in Form einer Geldschuld festzulegen. Nach der Rechtsprechung des LG Düsseldorf versteht ein verständiger Verbraucher unter dem Begriff Gesamtpreis den Preis, der von ihm tatsächlich zu zahlen ist.[17]

Einige Vertragstypen des BGB können als Beispiele dafür herangezogen werden, dass der Gesetzgeber die Gegenleistung in Form einer Geldschuld typisiert, §§ 433 Abs. 2, 535 Abs. 2, 611 Abs. 1 und 631 Abs. 1 BGB. § 675 BGB ist mit „entgeltlicher Geschäftsbesorgung" überschrieben. Aus der Systematik dieser Norm und des Untertitels folgt, dass dieses Entgelt in der Regel eine Vergütung in Geld bedeutet. Hinsichtlich der Vergütung sind keine speziellen Regelungen gegeben, sodass die Regelungen der §§ 612, 632 BGB anwendbar sind.[18]

Der allgemeine Grundsatz in der Volkswirtschaftslehre, dass Angebot und Nachfrage den Preis bestimmen, ist eine Vereinfachung.[19] Viele Faktoren bestimmen den Preis. Angebot und Nachfrage werden unter anderem durch die Vergleichbarkeit der Leistungen, die generelle Informationsverfügbarkeit und die subjektiven Elemente der Willensbildung der (potenziellen) Vertragsparteien beeinflusst.[20]

Art. 3 Abs. 4 S. 1 VRRL verwendet den Begriff „zu zahlende Gegenleistung", ohne dass der Begriff „Preis" genutzt wird. Der Richtliniengeber legt in der gleichen Norm „50 Euro" als Grenze für die Mitgliedstaaten fest, unterhalb derer sie die Anwendung

15 *Neus*, BWL, 10.

16 *Simon/Fassnacht*, Preismanagement, 6; *Schmalen/Pechtl*, Grundlagen und Probleme der Betriebswirtschaftslehre, 295; *Diller*, Preispolitik, 30.

17 LG Düsseldorf, Urteil vom 03.02.2010, Az. 12 O 173/09, MMR 2010, 620 (621).

18 *Mansel* in Jauernig, BGB, § 675 BGB, Rdnr. 9.

19 *Wöhe*, BWL, 440, *Thommen/Achleitner*, Allgemeine Betriebswirtschaftslehre, 200 ff.; *Weitz/Eckstein*, VWL Grundwissen, 32; *Bofinger*, Grundzüge VWL, 17.

20 *Wöhe*, BWL, 448.

der VRRL auf außerhalb von Geschäftsräumen geschlossene Verträge ausschließen können. Durch diese Formulierung wird deutlich, dass der Richtliniengeber im Rahmen der VRRL grundsätzlich davon ausgeht, dass als Gegenleistung eine Geldschuld gegeben ist. Die VRRL verwendet den Begriff „Preis“ beispielsweise in Art. 2 Nr. 5, Nr. 6 und Art. 5 Abs. 1 lit. c) VRRL. Der Begriff „Gesamtpreis“ wird beispielsweise in Art. 5 Abs. 1 lit. c) und Art. 6 Abs. 1 lit. e) VRRL verwendet. Wie diese Geldschuld erfüllt wird, wird dagegen nicht festgelegt.

Art. 2 lit. i) GEK definiert Preis für den Anwendungsbereich dieses Verordnungsvorschlages als Geldsumme, die im Austausch für eine gekaufte Ware, für bereitgestellte digitale Inhalte oder eine erbrachte verbundene Dienstleistung geschuldet wird.

Daher wird im Folgenden von Preis gesprochen, denn typischerweise wird als Gegenleistung eine Geldschuld vereinbart. Die Untersuchung der Preistransparenz ist jedoch im Sinne einer Entgelttransparenz im Rahmen von Schuldverhältnissen zu verstehen.

bb) Transparenz

Im allgemeinen Sprachgebrauch bedeutet Transparenz „Durchsichtigkeit“ bzw. „Durchschaubarkeit“.[21]

Das Transparenzgebot gemäß § 307 Abs. 1 S. 2 BGB fordert Klarheit und Verständlichkeit.[22] Ferner folgt aus dem Transparenzgebot, den jeweiligen Klauselinhalt möglichst weitgehend zu konkretisieren.[23] Dieses Bestimmtheitsgebot soll der Vertragspartei die Möglichkeit geben, seine Rechte und Pflichten aus dem Vertragstext mit größtmöglicher Bestimmtheit zu entnehmen. Beispiele sind hierfür die Ersetzungsbefugnis und Zahlungsmodalitäten. Im Sinne des § 309 Nr. 1 BGB bedeutet Transparenz die Nachvollziehbarkeit der zu erbringenden Gegenleistung für die zu erwartende Leistung.[24] Die wettbewerbsrechtlichen Grundsätze der Wahrheit und Sachlichkeit dienen dazu, den Informationsstand der Gegenseite zu verbessern.[25]

Der Wortlaut des § 1 Abs. 6 PAngV stellt, für den Anwendungsbereich dieser Verordnung, auf die allgemeine Verkehrsauffassung und auf die Grundsätze von Preisklarheit und Preiswahrheit ab. Der Begriff allgemeine Verkehrsauffassung

21 Vgl. Duden, Band 1, 1072.

22 Entwurf eines Gesetzes über Fernabsatzverträge und andere Fragen des Verbraucherrechts sowie zur Umstellung von Vorschriften auf Euro, BT-Drucks. 14/2658, 38; *Wurmnest* in MüKo, BGB, Band 2, § 307 BGB, Rdnr. 58.

23 *Wurmnest* in MüKo, BGB, Band 2, § 307 BGB, Rdnr. 59.

24 Vgl. *Becker* in Beck'scher Online-Kommentar BGB, § 309 Nr. 1 BGB, Rdnr. 3.

25 *Hauptkorn*, Preisrecht, 181.

bedeutet, dass es nicht auf den konkreten Unternehmer ankommt, der am Markt in einer bestimmten Situation auftritt. Ferner kommt es auch nicht auf die Auffassung des einzelnen Letztverbrauchers an. Abzustellen ist auf die Auffassung aller Letztverbraucher, an die sich eine Maßnahme richtet.[26] Dabei kommt es auf den durchschnittlich informierten, situationsadäquat aufmerksamen und verständigen Letztverbraucher an.[27] Wenn sich eine Maßnahme an eine bestimmte Zielgruppe richtet, so ist auf die Auffassungsgabe des durchschnittlichen Mitgliedes dieser Zielgruppe abzustellen.[28] Dadurch können sich Unterschiede zwischen den Anforderungen an unterschiedliche Zielgruppen ergeben.

Der Grundsatz der Preisklarheit wird in § 1 Abs. 6 S. 2 PAngV konkretisiert.[29] Gemäß § 1 Abs. 6 S. 2 PAngV sind entsprechende Angaben dem Angebot oder der Werbung eindeutig zuzuordnen sowie leicht erkennbar und deutlich lesbar oder sonst gut wahrnehmbar zu machen. In seiner Entscheidung vom 7. März 2013 hat der I. Zivilsenat des BGH, Az. I ZR 30/12,[30] entschieden, dass neben der Schriftgröße auch das Druckbild, das heißt unter anderem die Wort- und Zahlenanordnung, die Gliederung, das Papier, die Farbe sowie der Hintergrund von Bedeutung seien. Außerdem sei der Abstand zu berücksichtigen, aus dem der Verbraucher die Angabe zur Kenntnis nehmen kann. Eine exakte Mindestschriftgröße für die entsprechenden Preisangaben könne der PAngV dabei nicht entnommen werden.

Preiswahrheit nach § 1 Abs. 6 S. 1 PAngV bedeutet, dass der angegebene Preis dem Preis entspricht, den der Letztverbraucher tatsächlich zu bezahlen hat.[31]

In seiner Entscheidung vom 6. April 2011, Az. VIII ZR 273/09, führt der VIII. Zivilsenat des BGH zur Transparenz und Verständlichkeit von Preisanpassungsklauseln aus, dass der Normgeber ein erhöhtes Schutzbedürfnis des Abnehmers bei der Verwendung von Preisanpassungsklauseln in der Fernwärmeversorgung anerkannt habe.[32] Aus diesem Grunde habe er Wärmelieferanten in § 24 Abs. III AVB-

---

26 BGH, Urteil vom 14.11.1996, Az. I ZR 162/94 (Münzangebot), GRUR 1997, 479 (480); *Köhler* in Köhler/Bornkamm, UWG, § 1 PAngV, Rdnr. 35.

27 *Köhler* in Köhler/Bornkamm, UWG, § 1 PAngV, Rdnr. 35.

28 *Köhler* in Köhler/Bornkamm, UWG, § 1 PAngV, Rdnr. 35.

29 Vgl. *Ambs* in Erbs/Kohlhaas, Strafrechtliche Nebengesetz, P 183. Preisangabenverordnung (PAngV), § 1 PAngV, Rdnr. 20 ff.; *Köhler* in Köhler/Bornkamm, UWG, § 1 PAngV, Rdnr. 37.

30 Vgl. BGH, Urteil vom 07.03.2013, Az. I ZR 30/12, GRUR 2013, 850 (851).

31 *Ambs* in Erbs/Kohlhaas, Strafrechtliche Nebengesetz, P 183. Preisangabenverordnung (PAngV), § 1 PAngV, Rdnr. 20 ff., *Köhler* in Köhler/Bornkamm, UWG, § 1 PAngV, Rdnr. 36.

32 BGH, Urteil vom 06.04.2011, Az. VIII ZR 273/09, NJW 2011, 2501 (2507).

FernwärmeV a. F. dezidierte Vorgaben hinsichtlich der Preisbemessungsfaktoren sowie zur Transparenz und Verständlichkeit von Preisanpassungsklauseln gemacht.

Durch die Verwendung der Begriffe Transparenz und Verständlichkeit sollen die Vorgaben hinsichtlich der Preisbemessungsfaktoren verdeutlicht werden. Die beiden Begriffe schließen sich nicht gegenseitig aus, sondern ergänzen sich. Ohne Transparenz, also Durchsichtigkeit, ist es kaum vorstellbar, dass ein Regelungsgegenstand, beispielsweise eine vertragliche Individualvereinbarung oder eine AGB-Klausel, verständlich ist. Umgekehrt ist kaum vorstellbar, dass ein verständlicher Regelungsgegenstand nicht durchsichtig ist.

Transparenz bedeutet daher, losgelöst von § 307 Abs. 1 S. 2 BGB und unabhängig von § 1 Abs. 6 PAngV, „Klarheit", „Verständlichkeit" und „Wahrheit".[33] Diese letzten Begriffe können sich inhaltlich überschneiden. Dadurch wird jedoch nicht die Bedeutung des Oberbegriffes Transparenz beeinträchtigt.

Diese Schlussfolgerung wird durch § 123 Abs. 1 Fall 1 BGB im Sinne eines Musterbeispiels eines „vollkommenen, zweiseitigen"[34] Informationstatbestandes bestätigt. Der Grundsatz der Privatautonomie kennt grundsätzlich keine inhaltlichen Maßstäbe für Vertragsgerechtigkeit.[35] Die Rechtsordnung stellt einen Rahmen von Regelungen zur Verfügung, innerhalb dessen vertragliche Kommunikation stattfinden soll.[36] In diesem Rahmen können die Vertragsparteien den Inhalt ihres Vertrages selbst bestimmen.[37] Wenn eine Vertragspartei eine Willenserklärung abgegeben hat und dabei ein kausaler Zusammenhang zwischen einer arglistigen Täuschung und der abgegebenen Willenserklärung besteht, kann diese Vertragspartei ihre Willenserklärung nach §§ 123 Abs. 1 Fall 1, 142 Abs. 1 BGB anfechten. *Armbrüster* spricht von der Verletzung der vorvertraglichen Wahrheitspflicht.[38] Beispielsweise könne über die Grundlage der Preisberechnung getäuscht werden.[39] Deshalb bietet die Rechtsordnung der getäuschten Vertragspartei ein Instrument, wenn die subjektive Vorstellung über den Preis nicht der objektiven Wirklichkeit entspricht.

---

33 Das BVerfG führt in seinem Urteil vom 04.07.2007, Az. 2 BvE 1/06 u. a. (Offenlegung von Einkünften der Bundestagsabgeordneten), folgendes aus: „mit der Forderung nach Transparenz werden gläserne Verhältnisse verlangt", NVwZ 2007, 916 (933).

34 Vgl. *Fleischer*, Informationsasymmetrie, 235.

35 Vgl. *Armbrüster* in MüKo, BGB, Band 1, Vorbemerkung zu §§ 116–144 BGB, Rdnr. 20.

36 Vgl. *Armbrüster* in MüKo, BGB, Band 1, Vorbemerkung zu §§ 116–144 BGB, Rdnr. 20.

37 *Petersen*, Die Privatautonomie und ihre Grenzen, JURA 2011, 184.

38 *Armbrüster* in MüKo, BGB, Band 1, § 123 BGB, Rdnr. 28.

39 Vgl. *Armbrüster* in MüKo, BGB, Band 1, § 123 BGB, Rdnr. 29; OLG Saarbrücken, Urteil vom 07.10.1980, Az. 2 U 13/80, OLGZ 1981, 248 (249); OLG Frankfurt, Urteil vom 12.05.1982, Az. 17 U 273/81, MDR 1982, 847.

Ein Irrtum bezüglich des Preises i.S.d. essentialia negotii kann vermieden werden, wenn Klarheit, Verständlichkeit und Wahrheit bezogen darauf gegeben sind, der Preis also (ausreichend) transparent ist.

cc) Preistransparenz

Aus den Definitionen von Preis und Transparenz folgt, dass Preistransparenz die Anforderung nach Klarheit, Verständlichkeit und Wahrheit bezogen auf den Preis bedeutet, den die Vertragspartei als Wert für die bestimmte oder bestimmbare Gegenleistung zu leisten hat. Die Preistransparenz umfasst alle Faktoren, die zur Bestimmung des Entgeltes erforderlich sind. Dies schließt alle unmittelbar zwingenden Kosten für die Vertragserfüllung ein, beispielsweise die vereinbarte Gegenleistung. Zudem werden fakultative Kosten erfasst, die nicht zwingend für die Vertragserfüllung sind, aber die sich unmittelbar im Rahmen des Schuldverhältnisses ergeben und sich auf das vertragliche Entgelt auswirken. Ein Beispiel hierfür ist die Transparenz über eine Reiserücktrittsversicherung bei der Buchung einer Flugreise, wenn der (potenziellen) Vertragspartei im Rahmen eines Buchungsvorgangs ohne ihr bewusstes Zutun (sog. Opt-out-Verfahren) eine solche als Zusatzkosten zum Endpreis zugewiesen wird. Ein Gegenbeispiel hierfür sind Kosten, die einer Vertragspartei entstehen, wenn sie zum Ort des Vertragsabschlusses gelangen möchte.

Die Grundfragen der Preistransparenz sind, ob eine Leistung etwas kostet und wie viel diese kostet.[40] Informationen über den konkreten Preis, oder falls erforderlich, Informationen zu einer ex ante Preisberechnung, sind zur Verfügung zu stellen. Dadurch wird es einer Vertragspartei ermöglicht, sich ihren Willen zu bilden und eine autonome, rational-kritische Entscheidung auf der Grundlage der ihr zur Verfügung stehenden Informationen zu treffen. Dies ist eine Vorstufe zu einer Einigung i.S.d. essentialia negotii. Sinn und Zweck der Preistransparenz ist es demnach, falls erforderlich, die Informationsasymmetrie zu überwinden. Dies kann beispielsweise durch die Offenlegung oder das Zugänglichmachen von Informationen erfolgen. Der Schwierigkeitsgrad der Informationsbeschaffung, also der Aufwand, hat demnach einen direkten Einfluss auf die Preistransparenz. Dies ist ein Aspekt, der bei der Bezugnahme auf Informationsquellen zu berücksichtigen ist.

Der I. Zivilsenat des BGH führt in seinem Urteil vom 22. September 2005, Az. I ZR 28/03, als Aspekte der Preistransparenz die wirtschaftliche Bedeutung eines

---

40 Vgl. *Köndgen*, Anmerkung zu BGH, Urteil vom 27.09.2011, Az. XI ZR 182/10, JZ 2012, 260 (262).

Angebotes, seine Preiswürdigkeit und die Möglichkeit an, die mit dem Geschäft verbundenen finanziellen Belastungen hinreichend zu überblicken.[41]

Schwintowski[42] führt für Beratungs- und Vermittlungsdienstleistungen aus, dass der Kunde wissen solle, welchen Preis er für diese Dienstleistungen zu zahlen habe, um darüber nachdenken zu können, ob es für ihn möglicherweise andere, eventuell preiswertere Dienstleistungen gäbe, die er stattdessen in Anspruch nehmen könne. Transparenz über die Höhe des Vermittlungs- und Beratungsentgeltes führe zu funktionsfähigem Wettbewerb um die Vermittlungs- und Beratungsdienstleistung.

Nach *Mestmäcker*[43] ist Preistransparenz im Rahmen regulierter Märkte mit einer behördlichen Preiskontrolle die Verpflichtung von Unternehmen, die von ihnen in bestimmten Transaktionen berechneten Preise bekannt zu machen. Dadurch sollen die Marktteilnehmer, insbesondere Abnehmer und Wettbewerber, in den Stand gesetzt werden, diese Information bei ihren eigenen Entscheidungen zu berücksichtigen. Die Offenlegung von Preisen könne auf einem Gesetz oder einem Vertrag beruhen.

Aus diesen Definitionen folgt, dass Anforderungen an die Preistransparenz, je nach relevantem Markt und Vertragstypus, unterschiedlich auszugestalten sind. In Anlehnung an § 1 Abs. 6 PAngV ist Preistransparenz gegeben, wenn die für ein Wirtschaftsgut zu entrichtende Vergütung für jeden offen sichtbar ist und eine Preisstruktur durchschaubar ist. Eine Preisstruktur kann transparent sein, wenn die notwendigen Informationen hierarchisch differenziert werden.[44] Aufgrund einer solchen Priorisierung kann eine Informationsüberforderung verhindert werden.

Daraus folgt, dass die rechtliche Definition der Preistransparenz zumindest folgende Kriterien umfasst.

(1) Preisnachvollziehbarkeit

Preisnachvollziehbarkeit bedeutet Klarheit, Verständlichkeit, Wahrheit und Sachlichkeit bezogen auf den tatsächlich letztlich zu zahlenden Gesamtpreis. Neben der Wahrnehmbarkeit des Preises gehört dazu auch, dass die Vertragspartei Klarheit darüber hat, was sie als Gegenleistung erhält,[45] beispielsweise bezogen

41 BGH, Urteil vom 22.09.2005, Az. I ZR 28/03 (Zeitschrift mit Sonnenbrille), NJW-RR 2006, 409 (411); *Zagouras*, Werbung für Mobilfunkmehrwertdienste, GRUR 2006, 731 (733).

42 *Schwintowski* in Beckmann/Matusche-Beckmann, Versicherungsrechts-Handbuch, § 18. Informationspflichten des Versicherers, Rdnr. 98.

43 *Mestmäcker* in Mestmäcker/Gröner/Basedow, Die Gaswirtschaft im Binnenmarkt, 77.

44 Vgl. *Martens*, Der Schutz der Willensbildung beim Vertragsschluss, GPR 2013, 134 (137).

45 Vgl. *Loritz*, Die Wirksamkeit eigenständiger Provisionsvereinbarungen am Beispiel der Lebensversicherungsverträge als Modell für Finanzprodukte, NJW 2005, 1757 (1759).

auf die Qualität und die Quantität der Gegenleistung. Unternehmen bieten beispielsweise die gleiche Packungsgröße mit geringerem Nettogewicht zu dem Preis an, zu dem diese Packungsgröße mit höherem Nettogewicht in der Vergangenheit verkauft worden ist.[46] Der Verbraucher erhält dadurch tatsächlich weniger für den gleichen Preis.

Hierbei sind beispielsweise Anforderungen des UWG zu Rabatten sowie zu Mondpreisen zu berücksichtigen. Rabatte sind grundsätzlich zulässig und das RabattG ist aufgehoben.[47] Mondpreise sind vom Hersteller willkürlich festgesetzte Fantasiepreise.[48] Diese sollen die Werbung erleichtern, ohne in Wahrheit eine Preisempfehlung seitens des Herstellers darzustellen.[49] Ein grober Verstoß i.S.d. § 16 UWG (§ 4 Nr. 1 Fall 3 UWG a. F.) ist beispielsweise gegeben, wenn Preise für kurze Zeit bewusst überhöht angesetzt werden und dann eine Preisnachlasswerbung erfolgt.[50] Aus dem Transparenzgebot des § 16 UWG (§ 4 Nr. 4 UWG a. F.) folgt, dass die Bedingungen für die Inanspruchnahme von Verkaufsförderungsmaßnahmen wie Preisnachlässe, Zugaben oder Geschenke klar und eindeutig angegeben sein müssen.[51] Dabei sei es nicht Sinn und Zweck des § 16 UWG, dem Verbraucher über die allgemeinen Preisinformationspflichten hinaus eine Preisvergleichsmöglichkeit zu bieten.[52] Das Herauf- und Heruntersetzen von Preisen, sog. Preisschaukelei,[53] beispielsweise zur Verdeckung von Mondpreisen, ist irreführend i.S.d. § 5 Abs. 1 S. 2 Nr. 2 UWG.[54]

Diese Nachvollziehbarkeit muss vor und nach Vertragsschluss gewährleistet sein, unabhängig, ob ein einfaches Schuldverhältnis oder ein Dauerschuldverhältnis gegeben ist. Nach Vertragsschluss zeigt sich die Preistransparenz beispielsweise durch die Preisauszeichnung für Reparaturleistungen.[55] Dies bezieht sich nicht nur auf das Verhältnis des Verbrauchers zum Unternehmer, sondern auch auf das Verhältnis zwischen Unternehmern (B2B-Geschäfte). Auf diesem

46 *Schoenheit/Schudak*, Studie „Zunehmende Größenvielfalt von Fertigpackungen und ihre Folgen aus Verbrauchersicht", 47.
47 *Sosnitza* in Piper/Ohly/Sosnitza, UWG, § 4 UWG, Rdnr. 1/76.
48 Vgl. *Bornkamm* in Köhler/Bornkamm, UWG, § 5 UWG, Rdnr. 7.51.
49 Vgl. *Bornkamm* in Köhler/Bornkamm, UWG, § 5 UWG, Rdnr. 7.51.
50 *Sosnitza* in Piper/Ohly/Sosnitza, UWG, § 4 UWG, Rdnr. 1/84; BGH, Urteil vom 29.10.1998, Az. I ZR 163/96 (Teppichpreiswerbung), GRUR 1999, 507 (508).
51 BGH, Urteil vom 21.07.2011, Az. I ZR 192/09 = BeckRS 2012, 03579, Rdnr. 7; OLG Hamm, Urteil vom 10.01.2013, Az. 4 U 129/12, Rdnr. 29 (zitiert nach Juris).
52 Vgl. BGH, Urteil vom 21.07.2011, Az. I ZR 192/09 („Treppenlift"), NJW 2012, 1008 (1009).
53 BGH, Urteil vom 14.12.1973, Az. I ZR 36/72 („Campagne"), GRUR 1974, 341 (343).
54 *Sosnitza* in Piper/Ohly/Sosnitza, UWG, § 5 UWG, Rdnr. 454.
55 *Diller*, Preispolitik, 160.

Markt sind transparenzrechtliche Vorgaben grundsätzlich ebenfalls zu beachten.[56] Insbesondere ist die Transparenz der individualvertraglichen Einigung auch bei B2B-Geschäften eine wichtige Voraussetzung für die Funktion der Märkte.[57] Verstößt eine AGB-Klausel bei B2C-Geschäften gegen § 309 BGB, kommt diesem Verstoß eine Indizwirkung für den Bereich der B2B-Geschäfte zu, unter Berücksichtigung der besonderen Interessen und Bedürfnisse des unternehmerischen Geschäftsverkehrs.[58]

(2) Eindeutigkeit

Das tatsächlich geschuldete Entgelt muss eindeutig sein. Diese Eindeutigkeit umfasst auch Preisbestandteile, die nur bei bestimmten Vertriebsformen anfallen. Zudem umfasst dies zusätzliche Kosten, welche durch die Nutzung einer bestimmten Zahlungsart entstehen, beispielsweise die Kosten für die Bezahlung mit einer Kreditkarte. Das tatsächlich zu erbringende Entgelt muss diese Preisbestandteile umfassen, wenn diese Preisbestandteile zwingend zu erbringen sind, um die vertragliche Gegenleistung zu erlangen. Diese zusätzlichen Preisbestandteile sind demnach nur einzubeziehen, wenn sie tatsächlich anfallen. Dies gilt auch für Preisbestandteile, die sich lediglich auf fakultative Nebenleistungen beziehen.

Entsprechend Nr. 21 des Anhangs zu § 3 Abs. 3 UWG, ist es gegenüber Verbrauchern stets unzulässig, eine Ware oder eine Dienstleistung als „gratis", „umsonst", „kostenfrei" oder dergleichen anzubieten, wenn hierfür gleichwohl Kosten zu tragen sind. Dies bezieht sich jedenfalls auf Koten, die sich unmittelbar auf das Angebot beziehen. Nebenkosten, die im Zusammenhang mit dem Eingehen auf das Waren- oder Dienstleistungsangebot oder für die Abholung oder Lieferung der Ware oder die Inanspruchnahme der Dienstleistung unvermeidbar sind, werden hiervon nicht erfasst. Ein Angebot kann demnach kostenfrei sein obwohl die Vertragspartei dennoch Kosten zu tragen hat, um die Leistung zu empfangen. Durch Nr. 21 der sog. Black List wird die Preistransparenz bei Gratis-Angeboten erhöht.[59]

---

56 *Thüsing* in Graf von Westphalen, Vertragsrecht und AGB-Klauselwerke, Teil „Vertragsrecht", Transparenzgebot, Rdnr. 17; *Schmidt* in Beck'scher Online-Kommentar BGB, § 307 BGB, Rdnr. 86; *Berger/Kleine*, AGB-Gestaltung und Transparenzgebot, NJW 2007, 3526 (3529 f.).

57 *Wurmnest* in MüKo, BGB, Band 2, § 309 Nr. 1 BGB, Rdnr. 33.

58 BGH, Versäumnisurteil vom 19.09.2007, Az. VIII ZR 141/06, NJW 2007, 3774 (3775); vgl. *Thüsing* in Graf von Westphalen, Vertragsrecht und AGB-Klauselwerke, Teil „Vertragsrecht", Transparenzgebot, Rdnr. 17.

59 *Rose*, Preistransparenz im Online-Handel, K&R 2012, 725 (728).

(3) Logische Verknüpfung mit der Transparenz über den Vertragsgegenstand

Die Transparenz über den Preis ist normativ verknüpft mit der Transparenz über den Vertragsgegenstand. Zur Bildung eines Willens bezogen auf den Preis muss auch eine Entscheidung getroffen werden, wofür eine Person bereit ist, diesen Preis zu zahlen. Preistransparenz und Vertragsgegenstandstransparenz sind demnach untrennbar verbunden. Wenn die jeweilige Leistung nicht transparent ist, kann der Preis nicht transparent sein. Eine Vertragspartei, die zur Zahlung verpflichtet ist, kann keine autonome, rational-kritische Entscheidung treffen, wenn ihr lediglich unzureichende Informationen zur Verfügung stehen, wofür sie zur Leistung verpflichtet ist. Preistransparenz ist somit Teil des schuldrechtlichen Leistungsbegriffes.

(4) Überwindung der anfänglichen Informationsasymmetrie bezüglich des Entgeltes

Durch die Überwindung der anfänglichen Informationsasymmetrie bezüglich des Entgeltes wird die Gleichstellung des Wissensstandes der (potentiellen) Vertragsparteien über den zu zahlenden Preis erreicht.[60] Davon sind sowohl das Zustandekommen als auch die Zusammensetzung des jeweiligen Preises erfasst.

Wenn beide (potenziellen) Vertragsparteien über alle Preisbemessungsfaktoren ausreichend informiert sind, dann ist keine Informationsasymmetrie bezogen auf die Preistransparenz gegeben. Hierbei sind jedoch Grenzen der Offenlegung von Preisinformationen zu beachten, die sich beispielsweise aus der Unternehmerfreiheit ergeben. Die Überwindung der anfänglichen Informationsasymmetrie bezogen auf Informationen über die eigene interne Preisbildung einer (potentiellen) Vertragspartei muss jeweils gerechtfertigt sein. Im Hinblick auf die naturgemäß widerstreitenden Interessen der Vertragsparteien eines Austauschvertrages darf eine Aufklärungspflicht einer (potentiellen) Vertragspartei nicht überspannt werden.[61] Dabei ist nach Informationsbeschaffungsmöglichkeiten und nach der Notwendigkeit der Offenlegung für die unwissende (potentielle) Vertragspartei im Einzelfall zu unterscheiden. Neben dem Umfang und der Reichweite von

---

60 Vgl. *Neus*, BWL, 1; *Rieg*, Rechtfertigung von Gemeinkostenzuschlägen gegenüber Kunden, BC 2009, 123 ff. (125).

61 Bezogen auf die Veräußerung von „Spekulationspapieren“: RG, Urteil vom 07.07.1925, Az. II 494/24, RGZ 111, 233 (234 f.); bezogen auf einen Kaufvertrag über ein Einzelhandelsunternehmen: BGH, Urteil vom 12.11.1969, Az. I ZR 93/67, NJW 1970, 653 (655); bezogen auf einen Kaufvertrag über ein Kraftfahrzeug: OLG Frankfurt, Urteil vom 12.05.1982, Az. 17 U 273/81, MDR 1982, 847.

relevanten Informationen sowie der Nähe und dem Zugang zu bestimmten Informationen sind die unterschiedlichen Interessen an der jeweiligen Offenlegung zu berücksichtigen. Beispielsweise sind Informationen über Herstellungskosten, Transportkosten und die Gewinnspanne des Verkäufers nur diesem zugänglich. Auch wenn die (potenzielle) Vertragspartei ein Interesse an diesen Informationen hat, stellt sich die Frage, ob eine Verpflichtung zur Offenlegung dieser Informationen gerechtfertigt ist. Dies zeigt sich auch im Verhältnis von Unternehmern zueinander, wenn durch Offenlegung bestimmter Informationen ein Wettbewerbsvorsprung gefährdet sein könnte.[62] Informationen und Beweggründe des Käufers, um seinen eigenen Geschäftswillen zu bilden, sind nur diesem zugänglich. Die eigene Bewertung, die einem Vertragsziel durch eine (potenzielle) Vertragspartei beigemessen wird, ist als Teil der privatautonomen Willensbildung nicht offenzulegen, um die eigene Verhandlungsposition nicht zu schwächen.

Die Preisgestaltung muss daher hinreichend durchschaubar sein, denn den vollständig informierten homo oeconomicus gibt es nicht.[63] Das Geheimhaltungsinteresse an der eigenen Preisbildung, beides als Teil der Privatautonomie, ist zu berücksichtigen. Ferner kann der vollständige Abbau der Informationsasymmetrie zu einer Informationsüberflutung führen.[64] Ein solches Mehr an Informationen führt nicht zwingend zu einem besseren Schutz der potenziellen Vertragspartei.[65] Zudem kann durch Überinformation ein Irrtum i.S.d. § 123 Abs. 1 Fall 1 BGB erregt werden.[66]

(5) Vergleichbarkeit als Bestandteil der Preistransparenz – ein Aspekt der Markttransparenz und der Transparenz eines einzelnen Marktsegmentes

Preistransparenz ist ein Faktor der Markttransparenz. Diese Begriffe bedingen sich in gewissem Rahmen gegenseitig. Eine erhöhte Preistransparenz führt zu einer erhöhten Markttransparenz. Vollständige Markttransparenz bedeutet, dass Anbieter und Nachfrager über die zustande gekommenen Preise unterrichtet sind, es besteht vollständige Preisinformation.[67] So ermöglichen Preissuchmaschinen im Internet

62 Vgl. *Kraßer*, Grundlagen des zivilrechtlichen Schutzes von Geschäfts- und Betriebsgeheimnissen sowie von Know-how, GRUR 1977, 177 (179).

63 *Honsell* in Staudinger, Eckpfeiler des Zivilrechts, B. Einleitung zum BGB, Rdnr. 71.

64 *Fleischer*, Informationsasymmetrie, 115; *Leible/Schäfer*, Proaktive Informationspflicht aus Art. 7 UGP-RL, WRP 2012, 32.

65 *Leible/Schäfer*, Proaktive Informationspflicht aus Art. 7 UGP-RL, WRP 2012, 32.

66 *Armbrüster* in MüKo, BGB, Band 1, § 123 BGB, Rdnr. 28.

67 *Schumann/Meyer/Ströbele*, Grundzüge der mikroökonomischen Theorie, 216; *Thommen/Achleitner*, Allgemeine Betriebswirtschaftslehre, 236.

dem Kunden einen einfachen und schnellen Vergleich des Preises bezogen auf einen bestimmten Gegenstand oder eine bestimmte Dienstleistung.[68] Eine Plausibilitätsprüfung des Preises, also die Frage, ob ein Preis marktgerecht ist, kann demnach anhand der zugänglichen Informationen durch jede (potentielle) Vertragspartei selbst vorgenommen werden. Empirische Untersuchungen zu Vergütungsvereinbarungen sind ein weiteres Beispiel, um einen Beitrag zur Preistransparenz zu leisten.[69]

Preisvergleichsplattformen leisten den größten Beitrag zur Preistransparenz im Internet.[70] Dazu müssen die Preise wirklich vergleichbar sein. Diese Vergleichbarkeit wird behindert, wenn beispielsweise Händler Produktbezeichnungen modifizieren. Dadurch werden komplexere Strukturen geschaffen.[71] Diese Komplexität führt nicht zu einem Mehr an Preistransparenz.

Dabei kann sich Preistransparenz entweder auf ein einzelnes Produkt beziehen, oder auf den jeweiligen Markt oder das jeweilige Marktsegment. Demnach bedeutet Preistransparenz auch, dass ein Marktteilnehmer die Möglichkeit hat, Preise für dasselbe Gut oder für substituierbare Güter leicht miteinander zu vergleichen. Dies ist logischerweise einfacher, je offensichtlicher der Preis ausgewiesen ist und je einfacher ein Gut, beispielsweise anhand der genauen Produkt- und Angebotsbeschreibung, vergleichbar und substituierbar ist.

Preistransparenz ist demnach ein Merkmal eines Produktes oder einer Dienstleistung, das ausdrückt, inwieweit die unterschiedlichen Produktmerkmale, beispielsweise Qualität, Herkunft und Verarbeitung, anhand des zu zahlenden Endpreises nachvollziehbar sind. Die Preistransparenz ist gewahrt, wenn der Kunde anhand der ausgewiesenen Preisbestandteile diese unterschiedlichen Produkt- oder Dienstleistungsqualitäten ersehen kann.

Personen außerhalb des jeweiligen Schuldverhältnisses können zur Verbesserung oder Erreichung der Markttransparenz beitragen. Beispiele für Dritte in diesem Sinne sind Statistikämter, Verbraucherzentralen, Medien, die Preisvergleichsmöglichkeiten bieten oder über Preise informieren, und Behörden, die regulatorisch tätig sind. Diese Informationen müssen wiederum klar, wahr, aktuell und in einer nachprüfbaren Weise erhoben worden sein.[72]

---

68 *Heydn*, Grenzenlose Markttransparenz im Internet?, GRUR 2000, 657 (658); *Schmalen/Pechtl*, Grundlagen und Probleme der Betriebswirtschaftslehre, 403.

69 *Hommerich/Kilian*, Stundensätze der deutschen Anwaltschaft – Das Vergütungsbarometer des Soldan-Instituts 2009, NJW 2009, 1569.

70 *Simon/Fassnacht*, Preismanagement, 520.

71 Vgl. *Rieg*, Rechtfertigung von Gemeinkostenzuschlägen gegenüber Kunden, BC 2009, 123 (125).

72 *Bunte*, Kartellrecht, 143.

Nach Erwägungsgrund Nr. 16 S. 2 der VO (EG) 1008/2008 beispielsweise soll der vom Kunden zu zahlende Endpreis für aus der Gemeinschaft stammende Flugdienste jederzeit ausgewiesen werden, einschließlich aller Steuern, Gebühren und Entgelte. Nur dadurch ist es dem Kunden möglich, die Preise für Flugdienste effektiv zu vergleichen.[73] Diese Zielsetzung ergibt sich auch aus Erwägungsgrund Nr. 16 S. 1 der VO (EG) 1008/2008.

Die Vergleichbarkeit von Preisen oder Preisbestandteilen ist damit ein wichtiger Bestandteil der Preistransparenz. Dies zeigt auch der Grundsatz des § 1 Abs. 1 PrKlG. Danach ist die unmittelbare und selbstständige Koppelung, welche die Höhe einer Geldschuld an einen mit den vereinbarten Gütern oder Leistungen nicht vergleichbaren Maßstab bindet, verboten.[74]

(6) Keine ungerechtfertigte Preisdiskriminierung

Ein weiteres Kriterium der Preistransparenz ist das Diskriminierungsverbot nach § 19 Abs. 1 AGG. Nach § 19 Abs. 1 Nr. 1 AGG ist es zulässig, dass ein Anbieter, in der Regel ein Unternehmer, eine Preisdifferenzierung aufgrund unterschiedlicher Vertriebswege, unter Beachtung des Diskriminierungsverbotes, vornimmt. Dieses Diskriminierungsverbot ist auch im Geschäftsverkehr zu berücksichtigen.[75] Eine segmentbezogene Preisdifferenzierung ist eine übliche Form der Preisdifferenzierung.[76] Durch die von § 19 Abs. 1 Nr. 1 AGG geforderte typisierte Betrachtung ist es möglich, dass beispielsweise ein Käufer aufgrund seines Verhandlungsgeschicks einen Preisnachlass im Einzelfall erreicht.[77]

Innerhalb eines Vertriebsweges kann eine Preisdiskriminierung nach § 20 Abs. 1 S. 1 AGG gerechtfertigt sein, beispielsweise Rabatte für Schüler, Auszubildende und Studenten.[78] Dies folgt nach der Gesetzesbegründung daraus, dass

---

73 OLG Dresden, Urteil vom 17.08.2010, Az. 14 U 551/10, MMR 2011, 97.

74 *Grüneberg* in Palandt, Anhang zu § 245 BGB (PrKlG), § 1 PrKlG, Rdnr. 1; *Kirchhoff*, Das Verbot von Wertsicherungsklauseln im neuen Preisklauselgesetz, DNotZ 2007, 913; *Usinger*, Zulässige und unzulässige Wertsicherungsklauseln in Gewerbemietverträgen – Eine Darstellung anhand von Beispielen und Mustern, NZM 2009, 297.

75 Vgl. *Schwab*, Schranken der Vertragsfreiheit durch die Antidiskriminierungsrichtlinien und ihre Umsetzung in Deutschland, DNotZ 2006, 649 (671).

76 *Olbrich/Battenfeld*, Preispolitik, 107; *Simon/Fassnacht*, Preismanagement, 257; *Schmalen/Pechtl*, Grundlagen und Probleme der Betriebswirtschaftslehre, 311.

77 Vgl. BT-Drucks. 16/1780, 41; *Thüsing* in MüKo, BGB, Band 1, § 19 AGG, Rdnr. 33.

78 *Heese*, Offene Preisdiskriminierung und zivilrechtliches Benachteiligungsverbot, NJW 2012, 572 (574); BT-Drucks. 16/1780, 43.

bestimmte Differenzierungen im allgemeinen Zivilrecht oft akzeptiert oder sogar höchst erwünscht seien.[79] Zielgruppenorientierte Verkaufsfördermaßnahmen für Schüler, Auszubildende und Studenten sind deshalb erwünscht, weil diese Zielgruppe typischerweise weniger leistungsfähig ist.[80] Daraus folgt, dass eine Preisdifferenzierung nach Vertriebswegen und nach Zielgruppen grundsätzlich möglich ist.

2. Schlussfolgerungen

Anforderungen zur Preistransparenz statuieren Informations- und Darstellungspflichten. Die Vertragspartei soll wissen, was etwas kostet.

Für die vorliegende Arbeit wird Preistransparenz juristisch definiert als die Klarheit und Wahrheit bezogen auf das Entgelt für eine bestimmte oder bestimmbare Gegenleistung. Dies ist zugleich ein Vorschlag für eine rechtliche Definition. Preistransparenz ist untrennbar verbunden mit der Vertragsgegenstandstransparenz. Daher gehört zur Preistransparenz auch die Definition der entsprechenden Leistung und Gegenleistung.

Preistransparenz ist somit ein normatives Postulat,[81] welches näher begründet werden muss. Entscheidend ist, ob Preistransparenz normativ zu fordern ist und im Einzelfall gefordert werden kann. Dabei stellen sich die Fragen, wie Preistransparenz erreicht werden kann, welche Rechtsfolgen an eine intransparente Preisfestsetzung anknüpfen und wie weit Preistransparenz reichen könnte und sollte.

3. Notwendiges Niveau an Preistransparenz

Das notwendige Niveau an Preistransparenz bedeutet für diese Arbeit, dass der Preis und die Preisgestaltung jeweils ausreichend transparent bestimmt oder bestimmbar sind. Der Vertrag darf nicht aufgrund mangelnder Preistransparenz unwirksam sein. Ferner darf keine Tatbestandsvoraussetzung gegeben sein, um die eigene Willenserklärung oder den Vertrag zu beseitigen oder um einen Anspruch auf Schadensersatz aufgrund mangelnder Klarheit und Wahrheit bezogen auf das Entgelt durchsetzen zu können.

---

79 Vgl. BT-Drucks. 16/1780, 43.

80 Vgl. BT-Drucks. 16/1780, 44; *Heese*, Offene Preisdiskriminierung und zivilrechtliches Benachteiligungsverbot, NJW 2012, 572 (574).

81 Vgl. *Köndgen*, Anmerkung zu BGH, Urteil vom 27.09.2011, Az. XI ZR 182/10, JZ 2012, 260 (262).

III. These

Nach dem bisherigen Verständnis des Begriffes Preistransparenz muss die (potenzielle) Vertragspartei wissen, wie viel sie zu leisten hat. Sie muss grundsätzlich nicht wissen, wie die Vertragspartei intern ihre eigene Preisbestimmung getroffen hat. Wird der Begriff Preistransparenz eng verstanden, ist lediglich die Transparenz der eigenen Leistungspflicht umfasst, aus Sicht der Vertragspartei, welche in der Regel den Preis zahlen soll. Dies bedeutet, dass die Preistransparenz lediglich den Grund und die Höhe der jeweiligen eigenen Leistungspflicht umfassen würde.

Bei einem weiten Verständnis umfasst der Begriff die Transparenz über das Zustandekommen des vertraglichen Preises. Dies bedeutet, dass für die jeweilige Willensbildung in transparenter Art und Weise nachvollziehbar ist, ob ein Entgelt dem Grunde nach geschuldet ist, warum dieses geschuldet ist und in welcher Höhe. Zudem ist transparent, worauf sich dieses Entgelt genau bezieht.

Objektiv nachprüfbare, externe Preisbestandteile, wie beispielsweise Steuern und Abgaben, sind regelmäßig nachvollziehbar. Dagegen hat eine (potentielle) Vertragspartei ein Interesse, ihre betriebswirtschaftliche Kalkulation, beispielsweise Löhne, Einkaufspreise und Gewinnziele, nicht offenzulegen. Daher sind diese internen Preisbestandteile nicht oder schwer nachvollziehbar.

Diese Informationen könnten jedoch für die eigene Willensbildung von entscheidender Bedeutung sein, wenn diese Preiskalkulation Auswirkungen auf die Vertragsdurchführung haben könnte. Daher stellt sich die Frage, ob in bestimmten Fällen das notwendige Niveau an Preistransparenz zu einer vollständigen oder teilweisen Durchleuchtung der eigenen internen Preisbildung der Gegenseite führen muss. Fraglich ist, ob oder unter welchen Voraussetzungen die eigene interne Preisbildung der (potenziellen) Vertragspartei jeweils vollständig oder zumindest teilweise offenzulegen ist. Sie wäre dann insoweit nachvollziehbar. Diese Form der erhöhten Preistransparenz könnte eine Weiterentwicklung der umfangreichen Aufklärungspflichten bei Beratungen darstellen.

IV. Themenabgrenzung

Durch die Fokussierung auf die Preistransparenz im Rahmen der privatrechtlichen Einigung im Moment des Vertragsschlusses soll der Untersuchungsgegenstand eingegrenzt werden. Das Umfeld des Vertragsschlusses und das Wettbewerbsrecht, werden insoweit untersucht, als Vorgaben des formellen Preisrechts zur Preistransparenz beitragen.

1. Keine verfassungsmäßige Untersuchung preisrechtlicher Vorschriften

Die Untersuchung geht nicht auf die Verfassungsmäßigkeit preisrechtlicher Vorschriften ein. Diese stellt *Hauptkorn* im Rahmen seiner Dissertation „Preisrecht – Ökonomische Rationalität und praktische Vernunft des allgemeinen und besonderen Rechts der Bildung und Verlautbarung von Preisen" dar.[82] Regulierungsrechtliche Beispiele dienen im Rahmen der vorliegenden Untersuchung zur Darstellung des Niveaus an Preistransparenz, das durch rechtliche Vorgaben erreicht werden kann. Bei einem Missverhältnis zwischen Angebot und Nachfrage, beispielsweise einem Monopol, ist eine Regulierungsbehörde regelmäßig notwendig, um die Informationsasymmetrie mithilfe hoheitlichen Handelns aufzulösen. Die regulierungsrechtlichen Beispiele sollen die Darstellung der Preistransparenz im Privatrecht komplettieren. Dabei kommt es hier nicht auf die Verfassungsmäßigkeit dieser Regelungen an, sondern auf das Informationsinteresse der Kunden.

2. Keine Überlegungen zum iustum pretium

Die Preiswürdigkeit ist von der Preistransparenz zu unterscheiden.[83] Im Rahmen der Privatautonomie ist die Preishöhe den (potentiellen) Vertragsparteien überlassen und grundsätzlich der zivilrechtlichen Betrachtung entzogen.[84] Ausnahmen zu diesem Grundsatz können sich aus den §§ 134, 138, 242 BGB ergeben. Dem deutschen und europäischen Privatrecht ist eine „One-Price-Doktrin",[85] gemäß der es für eine Leistung nur einen Preis geben darf, fremd.

Grundsätzlich wäre es möglich, beispielsweise den zulässigen Kaufpreis durch den Gesetzgeber oder mit dessen Ermächtigung durch einen Träger hoheitlicher Rechte und Pflichten festzusetzen.[86] Das sog. Preisrecht, als Wirtschaftsverwaltungsrecht, ist in der Vergangenheit angewendet worden, beispielsweise durch das Gesetz zur Durchführung des Vierjahresplanes – Bestellung eines Reichskommissars für die Preisbildung (Preisbildungsgesetz) vom 29. Oktober 1936.[87]

---

82 *Hauptkorn*, Preisrecht, 21 ff., vor allem 78 ff.

83 *Diller*, Preispolitik, 160; *Westermann* in MüKo, BGB, Band 3, § 433 BGB, Rdnr. 16.

84 *Westermann* in MüKo, BGB, Band 3, § 433 BGB, Rdnr. 16; BGH, Urteil vom 10.07.1986, Az. I ZR 203/84, NJW 1987, 324.

85 Vgl. *Tiffe*, Die Zulässigkeit von Bearbeitungsgebühren bei Verbraucherdarlehen, VuR 2012, 127; *Fuchs* in Ulmer/Brandner/Hensen, AGB-Kommentar, 11. Auflage, 307 BGB, Rdnr. 77.

86 *Beckmann* in Staudinger, BGB, Buch 2, Kaufrecht, § 433 BGB, Rdnr. 81.

87 RGBl. I, 1936, 927; *Beckmann* in Staudinger, BGB, Buch 2, Kaufrecht, § 433 BGB, Rdnr. 81 ff.

Sinn und Zweck des Preisrechts war die Festlegung des gerechten Preises, iustum pretium, § 2 Abs. 1 Preisbildungsgesetz 1936.[88] Nach dem Zweiten Weltkrieg wurde das Übergangsgesetz über Preisbildung und Preisüberwachung (PreisG) vom 10. April 1948 beschlossen.[89] Dieses Preisgesetz ist zuletzt geändert worden durch Art. 22 des Gesetzes vom 18. Februar 1986[90] und ist heute noch in Kraft. Durch dieses Preisgesetz können Anordnungen und Verfügungen erlassen werden, durch die zum Beispiel Preise und sonstige Entgelte für Güter und Leistungen jeder Art, ausgenommen Löhne, festgesetzt oder genehmigt werden, § 2 Abs. 1 Preisgesetz. Andere preisrechtliche Vorschriften des Preisrechtes wurden schrittweise abgebaut. Heute bestehen insoweit nur noch sektorspezifische Regelungen.[91]

Die Frage der Preistransparenz steht nicht im Zusammenhang mit der Frage, wie der gerechte Preis ermittelt wird. Beispielsweise sind Vorgaben der PAngV preisneutrale Ordnungsvorschriften.[92] Daher sind Überlegungen zum iustum pretium[93] nicht Gegenstand der vorliegenden Untersuchung. Im Rahmen der Rechtswissenschaft bedeutet Preistransparenz nicht, dass ein gerechter Preis oder ein fairer Preis gegeben ist.

3. Keine mittelbaren Beeinflussungen von Preisen

Mittelbare Beeinflussungen von Preisen, zum Beispiel Preisstabilisierungsmaßnahmen, sind ebenfalls nicht Gegenstand dieser Arbeit. Mittelbare Beeinflussungen durch Hoheitsträger in diesem Zusammenhang umfassen alle Maßnahmen, die sich außerhalb eines Schuldverhältnisses auf das Preisniveau auswirken. Gegenstand dieser Arbeit ist die Preistransparenz in einem konkreten Schuldverhältnis.

4. Keine umfassenden kartellrechtlichen Untersuchungen

Durch den Fokus auf die Informationsasymmetrie im Vertragsrecht werden grundsätzlich keine kartellrechtlichen Fragen im Zusammenhang mit dem Thema Preistransparenz behandelt. Kartellrechtliche Überlegungen werden im Rahmen der Aufklärungspflichten über die eigene interne Preisbildung einbezogen.

---

88 Abgedruckt in: *Klemm*, Die Allgemeinen Vorschriften des Preisrechts, 11.

89 WiGBl., 1948, 27; verlängert durch Gesetz vom 29.05.1951, BGBl. I, 1951, 223.

90 Erstes Gesetz zur Bereinigung des Verwaltungsverfahrensrechts vom 18.02.1986, BGBl. I, 1986, 265.

91 *Beckmann* in Staudinger, BGB, Buch 2, Kaufrecht, § 433 BGB, Rdnr. 81 ff.

92 *Ambs* in Erbs/Kohlhaas, Strafrechtliche Nebengesetz, P 183. Preisangabenverordnung (PAngV), Vorbemerkung, Rdnr. 4; BGH, Urteil vom 15.06.1989, Az. I ZR 183/87, NJW 1989, 3017.

93 *Hübner*, „Der gerechte Preis“ in FS Steindorff, 589 (590 ff.).

Sinn und Zweck des Kartellrechts ist es, den Wettbewerb, insbesondere den geheimen Preiswettbewerb,[94] zu ermöglichen, also die Funktionsfähigkeit eines Marktes zu sichern.[95] Dabei ist Preiswettbewerb die wirksamste Form des Wettbewerbs.[96] Einschränkungen im Preiswettbewerb führen unmittelbar dazu, dass Abnehmer höhere Preise zu zahlen haben.[97] Das Kartellrecht enthält daher Verbote, durch die negative Wirkungen auf den Preiswettbewerb in einem bestimmten Markt unterbunden werden sollen,[98] der Preiswettbewerb soll gefördert werden. Das Kartellrecht dient gerade nicht dazu, die Informationsasymmetrie zu überwinden oder aufzulösen.[99] Der Geheimniswettbewerb zwischen Wettbewerbern ist ein Ziel des Kartellrechts nach § 1 GWB, Art. 101 Abs. 1, 102 Abs. 1 AEUV.[100] Dies zeigt sich beispielsweise dadurch, dass Marktinformationssysteme zwischen Wettbewerbern, die zu unerlaubten Wettbewerbsbeschränkungen führen können, verboten sind.[101] Nichtidentifizierende Preismeldeverfahren, durch die lediglich über Durchschnittspreise informiert wird, ohne einen Rückschluss auf das konkrete Rechtsgeschäft zu ermöglichen, sind jedoch grundsätzlich zulässig.[102]

5. Keine eingehende schadensrechtliche Analyse bei intransparenten Preisfestsetzungen

Vorliegend wird die Preistransparenz im Moment des Vertragsschlusses untersucht. Dabei wird unter anderem untersucht, welche Aufklärungspflichten bezogen auf die eigene interne Preisbildung gegeben sind. Weitere Fragen im Rahmen des Schadensersatzrechts, insbesondere zur Kausalität, zur Differenzhypothese und zum eventuellen Mitverschulden,[103] werden nicht untersucht. Diese Fragen

---

94 *Kling/Thomas*, Kartellrecht, § 4, Rdnr. 92; *Bunte*, Kartellrecht, 142.

95 *Wiebe*, Vertrauensschutz und geistiges Eigentum am Beispiel der Suchmaschinen, GRUR 2011, 888 (892); *Hübner*, „Der gerechte Preis" in FS Steindorff, 589 (600 f.).

96 *Bunte*, Kartellrecht, 9.

97 *Bunte*, Kartellrecht, 9; vgl. BGH, Beschluss vom 28.06.2005, Az. KRB 2/05, NJW 2006, 163 (164).

98 *Bunte*, Kartellrecht, 9; *Fleischer*, Informationsasymmetrie, 202 f.

99 *Kling/Thomas*, Kartellrecht, § 4, Rdnr. 92; *Bunte*, Kartellrecht, 142.

100 Vgl. *Pischel/Hausner*, Informationsaustausch zwischen Wettbewerbern – Zum Stand der kartellrechtlichen Entwicklung, EuZW 2013, 498.

101 *Klees* in Kilian/Heussen, Computerrecht, 1. Abschnitt/Teil 6: Kartellrecht/Grundlagen, Rdnr. 5; *Weiß* in Calliess/Ruffert, EUV/AEUV, Art. 101 AEUV. Rdnr. 60; BGH, Beschluss vom 18.11.1986, Az. KVR 1/86 (KG) („Baumarkt-Statistik"), GRUR 1987, 314; *Kling/Thomas*, Kartellrecht, § 4, Rdnr. 91 f. sowie § 17, Rdnr. 110 ff.

102 *Kling/Thomas*, Kartellrecht, § 4, Rdnr. 92 sowie § 17, Rdnr. 112; *Bunte*, Kartellrecht, 143.

103 Vgl. *Geibel*, Der Kapitalanlegerschaden, 65 ff.

sind nicht unmittelbar entscheidend, um das Niveau der notwendigen Preistransparenz im Moment des Vertragsschlusses zu untersuchen.

V. Gang der Untersuchung

Im ersten Kapitel wird untersucht, wie Preistransparenz bei der vertraglichen Preisfestsetzung erreicht wird. Daran anschließend wird im zweiten Kapitel erörtert, welche Rechtsfolgen an eine intransparente vertragliche Preisfestsetzung anknüpfen. Danach wird im dritten Kapitel die Frage behandelt, wie die eigene interne Preisbildung geschützt ist. Im Anschluss wird im vierten Kapitel analysiert, ob und inwieweit eine (potenzielle) Vertragspartei über ihren eigenen Willensbildungsprozess bezogen auf ihre eigene interne Preisbildung aufzuklären hat.

Der Begriff Preisgestaltung wird dabei als Oberbegriff für die vertragliche Preisfestsetzung und die interne Preisbildung verwendet. Die vertragliche Preisfestsetzung ist von der eigenen internen Preisbildung zu unterscheiden. Letztere bezeichnet für die vorliegende Arbeit den Willensbildungsprozess einer (potentiellen) Vertragspartei hin zur späteren vertraglichen Preisfestsetzung. Dieser Prozess umfasst alle Preiselemente, die eine (potentielle) Vertragspartei im Rahmen ihrer eigenen internen Preisbildung subjektiv einpreist.

1. Kapitel: Preistransparenz bei der vertraglichen Preisfestsetzung

Welcher Preis zu zahlen ist, ist für viele Marktteilnehmer die wichtigste Frage vor Eingehung einer Zahlungsverpflichtung. Sie ist entscheidend für die eigene Willensbildung, ob die Vereinbarung zustande kommt oder nicht. Die Willenselemente der Preisbestimmtheit oder Preisbestimmbarkeit sind jeweils wichtige Grundlagen für den Antrag und die Annahme i.S.d. §§ 145 ff. BGB.

Die Frage nach dem tatsächlichen Preis kann jedoch oft nicht auf den ersten Blick beantwortet werden. Welcher Preis letztlich zu zahlen ist, ist im Rahmen der Vertragsanbahnung nicht immer vor Abgabe der eigenen Willenserklärung erkennbar. Dies gilt auch für Vertragsverhältnisse, bei denen eine Preisverhandlung unüblich ist. Ferner kann sich die Vertragspartei getäuscht fühlen, wenn sie das gleiche Produkt oder die gleiche Dienstleistung später bei einem anderen Anbieter zu einem (deutlich) niedrigeren Preis erwerben könnte.

Je komplexer ein Rechtsgeschäft wird, desto deutlicher werden die Probleme der mangelnden Preistransparenz. Wenn ein Vertrag komplexere Preisstrukturen aufweist, könnte der Vertragspartei nicht klar sein, wofür sie genau bezahlt und warum welches (Zusatz-)Entgelt verlangt wird. Daher ist zu untersuchen, wie Preistransparenz bei der vertraglichen Preisfestsetzung erreicht wird.

I. Preistransparenz durch Informationspflichten nach der VRRL, durch die sog. Button-Lösung nach § 312j Abs. 3 BGB und im Rahmen des Vorschlages für ein Gemeinsames Europäisches Kaufrecht

Preistransparenz könnte durch die Einhaltung gesetzlicher Informationspflichten, vor Abgabe einer Willenserklärung, erreicht werden. Ein erklärtes Ziel der umgesetzten VRRL[104] ist die Erhöhung der Preistransparenz.[105] In diesem Zusammenhang sind auch die Button-Lösung und der GEK-Vorschlag zu untersuchen.

---

104 Zu deren Umsetzung siehe das Gesetz zur Änderung des Bürgerlichen Gesetzbuchs zum besseren Schutz der Verbraucherinnen und Verbraucher vor Kostenfallen im elektronischen Geschäftsverkehr vom 10. Mai 2012, BGBl. I, 2012, 1084 und das Gesetz zur Umsetzung der Verbraucherrechterichtlinie und zur Änderung des Gesetzes zur Regelung der Wohnungsvermittlung vom 20. September 2013 (VRRL-UmsetzungsG), BGBl. I, 2013, 3642.

105 Vgl. Erwägungsgrund Nr. 39 der VRRL.

1. Preisinformationspflichten nach der VRRL

Durch die Untersuchung der Anforderungen der VRRL soll herausgearbeitet werden, welche Informationen über den Preis zur Verfügung zu stellen sind.

a) *Informationspflichten über das Entgelt nach Art. 5 Abs. 1 lit. c) VRRL und gegebenenfalls über Zahlungs-, Liefer- und Leistungsbedingungen nach Art. 5 Abs. 1 lit. d) VRRL*

Art. 5 Abs. 1 lit. c) VRRL, umgesetzt durch Art. 246 Abs. 1 Nr. 3 EGBGB,[106] statuiert, dass der Gesamtpreis einschließlich aller Steuern und Abgaben angegeben werden muss. Alternativ ist die Art der Preisberechnung anzugeben, wenn der Gesamtpreis vernünftigerweise nicht im Voraus berechnet werden kann. Zudem sind alle zusätzlichen Fracht-, Liefer- oder Versandkosten anzugeben. Können diese Kosten vernünftigerweise nicht im Voraus berechnet werden, muss auf die Tatsache hingewiesen werden, dass solche zusätzlichen Kosten anfallen können.

Der Wortlaut des Art. 5 Abs. 1 lit. c) VRRL zeigt, dass die Intention des Richtliniengebers darin besteht, den Verbraucher, „bevor" dieser vertraglich gebunden ist, so weit wie möglich über den Preis zu informieren. Dabei ist der Verbraucher über die Kosten zu informieren, die unmittelbar im Zusammenhang mit dem Vertragsschluss stehen. Die Informationen nach Art. 5 Abs. 1 VRRL müssen in klarer und verständlicher Weise zur Verfügung gestellt werden. Art. 5 Abs. 1 a.E. VRRL schränkt die Informationspflicht des Unternehmers ein, wenn sich diese Informationen bereits unmittelbar aus den Umständen ergeben. Diese Umstände, die insoweit eine Informationspflicht vor Vertragsschluss entbehrlich machen, sind nicht näher definiert.

Um solche Umstände näher zu umschreiben, kann auf die Sitten und Gewohnheiten im Rahmen der allgemeinen Verkehrsanschauung abgestellt werden. Umstände, nach denen der Unternehmer in seinem Geschäftsraum bei gleichzeitiger körperlicher Anwesenheit nicht über den Preis vor Vertragsschluss gesondert informieren muss, sind beispielsweise Bestellvorgänge in einem Restaurant. Der Unternehmer genügt seiner Informationspflicht durch das Bereitstellen von Speisekarten oder durch allgemein ersichtliche Preisauszeichnung, wenn der Kunde diese zur Kenntnis nehmen kann.

Nach Art. 5 Abs. 1 lit. d) VRRL, umgesetzt durch Art. 246 Abs. 1 Nr. 4 EGBGB,[107] sind gegebenenfalls Informationen bezogen auf Zahlungs-, Liefer-

106 BT-Drucks. 817/12, 121.
107 BT-Drucks. 817/12, 121.

und Leistungsbedingungen zur Verfügung zu stellen, wenn entsprechende Bedingungen Vertragsbestandteil werden sollen. Aus dem Vergleich des Wortlautes von Art. 5 Abs. 1 lit. c) VRRL mit Art. 5 Abs. 1 lit. d) VRRL zeigt sich, dass Art. 5 Abs. 1 lit. d) VRRL insbesondere Nebenkosten umfasst,[108] welche zusätzlich zum Gesamtpreis der Waren oder Dienstleistungen einschließlich aller Steuern und Abgaben anfallen können.

b) Informationspflichten über das Entgelt nach Art. 6 Abs. 1 lit. e) und lit. f) VRRL

Art. 6 Abs. 1 lit. e) S. 1 VRRL, umgesetzt durch Art. 246a § 1 Abs. 1 S. 1 Nr. 4 EGBGB,[109] regelt die Informationspflicht bezüglich des Gesamtpreises oder der Preisberechnungsmethode für Fernabsatzverträge und für Verträge, die außerhalb von Geschäftsräumen geschlossen werden. Der Unternehmer muss über den Gesamtpreis der Waren oder Dienstleistungen informieren. Ist dies nicht möglich, hat er über die Art der Preisberechnung zu informieren. Zudem muss der Unternehmer über alle zusätzlich anfallenden Kosten, die unmittelbar mit der Vertragsdurchführung zwingend verbunden sind, informieren. Vergleichbar mit Art. 5 Abs. 1 lit. c) VRRL sind die Fracht-, Liefer- und Versandkosten (mit) anzugeben oder die Tatsache, dass solche Kosten anfallen können. Wenn der Unternehmer dieser Informationspflicht über unmittelbare Zusatzkosten nicht nachkommt, hat der Verbraucher diese gemäß Art. 6 Abs. 6 VRRL nicht zu tragen. Diese Norm ist durch § 312e BGB umgesetzt worden.[110]

Bezogen auf unbefristete Verträge sowie auf Abonnementverträge wird statuiert, dass der Gesamtpreis die Gesamtkosten pro Abrechnungszeitraum umfasst, Art. 6 Abs. 1 lit. e) S. 2 VRRL. Dies ist durch Art. 246a § 1 Abs. 1 S. 1 Nr. 5 2. Hs. EGBGB umgesetzt worden. Entsprechend Art. 6 Abs. 1 lit. e) S. 3 VRRL umfassen Festbeträge für solche Vertragstypen den Gesamtpreis, berechnet auf der Grundlage der monatlichen Gesamtkosten. Können diese Gesamtkosten vernünftigerweise nicht im Voraus berechnet werden, ist die Art der Preisberechnung anzugeben.

Um den Verbraucher über möglichst alle Kosten zu informieren, die unmittelbar im Zusammenhang mit dem Vertragsschluss entstehen, muss der Unternehmer nach Art. 6 Abs. 1 lit. f) VRRL über die Kosten für den Einsatz der für den Vertragsabschluss genutzten Fernkommunikationsmittel informieren, sofern

108 Vgl. *Grundmann*, Die EU-Verbraucherrechte-Richtlinie, JZ 2013, 53 (60).
109 BT-Drucks. 817/12, 121.
110 BT-Drucks. 817/12, 88.

diese nicht nach dem Grundtarif berechnet werden. Diese Vorgabe ist durch Art. 246a § 1 Abs. 1 S. 1 Nr. 6 EGBGB umgesetzt worden. Ein Beispiel hierfür sind sog. Sonderrufnummern. Hier zeigt sich ein Unterschied zu Art. 5 Abs. 1 VRRL. Im Anwendungsbereich von Art. 5 Abs. 1 VRRL muss nicht über Kosten informiert werden, die dem Verbraucher notwendigerweise entstehen, wenn er sich zum Geschäftsraum begibt. Beispielsweise müssen keine Informationen über Fahrtkosten, gleich welcher Art, zur Verfügung gestellt werden. I.S.d. Preistransparenz beziehen sich solche Kosten nicht unmittelbar auf das Entgelt für eine bestimmte oder bestimmbare Gegenleistung.

Im Gegensatz zu Art. 5 Abs. 1 VRRL enthält Art. 6 Abs. 1 VRRL keine Einschränkung der Informationspflicht, wenn sich Informationen bereits unmittelbar aus den Umständen ergeben. Vom Sinn und Zweck her gibt es bei Fernabsatzverträgen und bei Verträgen, die außerhalb von Geschäftsräumen geschlossen werden, keine Umstände, aus denen sich beispielsweise der Preis ergibt. Bei diesen Vertragstypen müssen dem Verbraucher alle notwendigen Informationen zur Verfügung gestellt werden.

c) Angepasste Informationsanforderungen nach Art. 8 Abs. 1, Abs. 4 VRRL

Gemäß Art. 8 Abs. 1 VRRL muss der Unternehmer die Informationen nach Art. 6 Abs. 1 VRRL in klarer und verständlicher Sprache und in einer Art und Weise zur Verfügung stellen, die dem benutzten Fernkommunikationsmittel angepasst sind. Diese Vorgabe ist durch Art. 246a § 3 EGBGB umgesetzt worden. Aus Erwägungsgrund Nr. 36 der VRRL folgt, dass beispielsweise die Zeichenbeschränkung auf Displays von Mobiltelefonen zu beachten ist. In Fällen dieses sog. M-Commerce, oder Mobile Commerce,[111] soll sich der Unternehmer an die Mindestanforderungen hinsichtlich der Informationen halten und den Verbraucher auf eine andere Informationsquelle hinweisen (Erwägungsgrund Nr. 36 S. 2 VRRL). Als Beispiele werden eine gebührenfreie Telefonnummer und der Verweis auf eine Webseite des Unternehmers genannt. Diese Informationsquellen müssen unmittelbar abrufbar und leicht zugänglich sein.

Die Mindestinformationen, die zur Verfügung zu stellen sind, werden durch Art. 8 Abs. 4 VRRL normiert. Diese Mindestanforderungen werden erfüllt, wenn der Unternehmer Informationen über die wesentlichen Merkmale der Ware oder der Dienstleistung, die Identität des Unternehmers, den Gesamtpreis, das Widerrufsrecht, die Vertragslaufzeit und über die Kündigungsbedingungen bei unbefristeten Verträgen zur Verfügung stellt. Über den Gesamtpreis ist demnach in

111 *Brönneke* in Tamm/Tonner, Verbraucherrecht, § 15, Rdnr. 69.

jedem Fall zu informieren, unabhängig von etwaigen Beschränkungen durch Kommunikationsmittel. Dies bedeutet, dass zwar eine unmittelbare Reduzierung der Informationspflichten im M-Commerce gegeben ist, jedoch auf jeden Fall über den Gesamtpreis zu informieren ist.[112] Diese Informationsreduzierung kann mit der begrenzten Darstellbarkeit von Informationen im Rahmen des M-Commerce begründet werden. Die Informationspreisgabe soll an die Darstellungsmöglichkeiten des „Abschlussmedium[s]" angepasst werden.[113] Zur Informationsbereitstellung auf mobilen Bildschirmen ergeben sich im Grunde nur zwei Möglichkeiten. Entweder die Informationen werden umfassend in kleiner Schriftgröße dargestellt oder sie werden auf die wesentlichen Vertragsinhalte beschränkt. Im erstgenannten Fall könnte die umfassende Informationserteilung wiederum zu einer Intransparenz führen, wenn die Informationen nur noch schwer wahrgenommen werden können.

Erwägungsgrund Nr. 36 VRRL enthält einen Hinweis zu den Mindestinformationen bezogen auf die Kostentragung im Falle der Rücksendung einer Ware. Wenn die Rücksendung der Ware aufgrund ihrer Beschaffenheit nicht auf dem normalen Postweg erfolgen kann, genügt der Unternehmer den Mindestanforderungen, wenn er einen Beförderer und einen Preis für die Rücksendung der Ware angibt (Erwägungsgrund Nr. 36 S. 3 VRRL). Wenn diese Kosten nicht im Voraus berechnet werden können, soll der Unternehmer erklären, dass Kosten zu entrichten sind und dass diese Kosten hoch sein können (Erwägungsgrund Nr. 36 S. 4 VRRL). In diesem Fall soll der Unternehmer eine vernünftige Schätzung der Höchstkosten abgeben, welche auf den Kosten basieren können, die der Unternehmer hat, wenn er die Ware an den Verbraucher liefert.

Aus Art. 8 Abs. 1 VRRL, verdeutlicht durch Erwägungsgrund Nr. 36 VRRL, folgt, dass der Gesamtpreis in jedem Fall anzugeben ist. Können bestimmte Kosten nicht vor Vertragsschluss festgelegt werden, so ist auf die Möglichkeit der Kostenentstehung hinzuweisen und eine vernünftige Schätzung abzugeben. Diese Schätzung wiederum kann auf den eigenen internen Kostenelementen des Unternehmers beruhen.

d) Beschränkung auf die tatsächlichen Kosten im Rahmen des Einsatzes von Zahlungsmitteln, Art. 19 VRRL

Art. 19 VRRL, umgesetzt durch § 312a Abs. 4 Nr. 2 BGB, könnte ebenfalls zur Erreichung der Preistransparenz beitragen.

---

112 *Föhlisch*, Endlich Vollharmonisierung im Fernabsatzrecht? – Auswirkungen der geplanten Europäischen Verbraucherrechtsrichtlinie, MMR 2009, 75 (76).

113 *Grundmann*, Die EU-Verbraucherrechte-Richtlinie, JZ 2013, 53 (58).

Danach sind Unternehmer verpflichtet, Entgelte für die Verwendungen bestimmter Zahlungsmittel, beispielsweise für Kreditkarten, auf die tatsächlichen Kosten zu beschränken. Anstelle von Pauschalen müssen die tatsächlichen Kosten angesetzt werden. Unternehmer dürfen von Verbrauchern nur die Kosten verlangen, die ihnen selbst für die Nutzung solcher Zahlungsmittel entstehen. Beispielsweise soll dadurch verhindert werden, dass Unternehmen für die Bezahlung mittels Kreditkarten überhöhte Kosten verlangen.[114] Ein Angebot eines Unternehmens kann nicht mehr durch Gebühren für Zahlungsmittel quersubventioniert werden.[115]

Art. 19 VRRL enthält indes keine Verpflichtung für den Unternehmer nachzuweisen, dass ihm exakt der vom Verbraucher geforderte Betrag als Kostenpunkt entstanden ist. Der Unternehmer muss seine eigene interne Preisbildung nicht offenlegen. Der Verbraucher kann demnach nicht nachprüfen, ob der von ihm geforderte Betrag tatsächlich der Betrag ist, welcher beispielsweise durch das jeweilige Kreditkartenunternehmen gegenüber diesem Unternehmer abgerechnet wird. Ein möglicher Verstoß gegen Art. 19 VRRL wäre nur erkennbar, wenn ein Marktvergleich ergibt, dass ein konkurrierender Unternehmer niedrigere Preise für den Einsatz des entsprechenden Zahlungsmittels von dem Verbraucher fordert. In diesem Fall müsste der Unternehmer nachweisen, dass ihm diese Kosten tatsächlich entstehen. Dabei müsste er offenlegen, dass er in seinem Vertragsverhältnis gegenüber dem Kreditkartenunternehmen zu einer höheren Entgeltzahlung verpflichtet ist.

e) *Verbot von zusätzlichen Zahlungsverpflichtungen über den Grundtarif hinaus, wenn im Zusammenhang mit dem geschlossenen Vertrag eine telefonische Kontaktaufnahme erfolgt, Art. 21 VRRL*

Gemäß Art. 21 VRRL, umgesetzt durch § 312a Abs. 5 BGB, sorgen die Mitgliedstaaten dafür, dass der Verbraucher nicht verpflichtet ist, bei einer telefonischen Kontaktaufnahme mit dem Unternehmer mehr als den Grundtarif zu zahlen, wenn der Unternehmer eine Telefonleitung eingerichtet hat, um mit ihm im Zusammenhang mit dem geschlossenen Vertrag telefonisch Kontakt aufzunehmen. Durch diese Norm soll verhindert werden, dass die Vertragsabwicklung von zusätzlichen Kosten abhängig gemacht wird. Entsprechende (zwingende) Preiselemente kann die (potenzielle) Vertragspartei in der Regel nicht vor dem Vertragsschluss erkennen.[116]

---

114 *Schwab/Giesemann*, Die Verbraucherrechte-Richtlinie: Ein wichtiger Schritt zur Vollharmonisierung im Binnenmarkt, EuZW 2012, 253 (256).
115 *Grundmann*, Die EU-Verbraucherrechte-Richtlinie, JZ 2013, 53 (61).
116 *Grundmann*, Die EU-Verbraucherrechte-Richtlinie, JZ 2013, 53 (61).

f) Verbot von Zahlungsverpflichtungen durch sog. „pre-checked boxes", Art. 22 VRRL

Gemäß Art. 22 VRRL, umgesetzt durch § 312a Abs. 3 BGB, muss der Unternehmer für jede Extrazahlung die ausdrückliche Zustimmung des Verbrauchers einholen. Diese Regelung soll der Preistransparenz dienen.[117] Extrazahlungen sind Beträge, die über das vertraglich vereinbarte Entgelt für die Hauptleistungspflicht des Unternehmers hinausgehen, Art. 22 S. 1 VRRL. Die (potenzielle) Vertragspartei muss sich also aktiv für Zusatzleistungen entscheiden und soll nicht nur aufgrund eines möglichen „Übersehens"[118] verpflichtet sein.

Wenn der Unternehmer diese Zustimmung in der Weise eingeholt hat, dass er im Rahmen der Vertragsanbahnung Voreinstellungen verwendet hat, die vom Verbraucher abgelehnt werden müssen, wenn der Verbraucher diese zusätzliche Zahlung vermeiden will, so hat der Verbraucher Anspruch auf Erstattung dieser Zahlung. Diese sog. „pre-checked boxes" stellen keine ausdrückliche Zustimmung durch den Verbraucher dar. Der Wille des Verbrauchers kommt nicht ausreichend zum Ausdruck, wenn die Zahlungsverpflichtung für Extraleistungen bereits ausgewählt ist und er aktiv dieses Feld abwählen muss. Sein Schweigen auf diese Vorauswahl würde als Zustimmung i.S.d. §§ 145 ff. BGB angesehen werden.

Beispielsweise kann dies bei Reiseportalen der Fall sein, wenn eine zusätzliche Versicherung abgeschlossen wird, durch welche der ursprüngliche Preis erhöht wird.[119] Der Kunde sieht diese Erhöhung im Zweifel erst nach Vertragsschluss bei der Vertragsbestätigung. Im Gegensatz zu Art. 8 Abs. 2 UAbs. 2 S. 3 VRRL wird als Rechtsfolge nicht angeordnet, dass der Verbraucher nicht an den Vertrag bzw. nicht an seine Willenserklärung gebunden ist.

2. Button-Lösung i.S.d. Art. 8 Abs. 2 VRRL

Durch Art. 8 Abs. 2 VRRL wird die Button-Lösung für auf elektronischem Wege geschlossene Fernabsatzverträge normiert. Sinn und Zweck dieser Regelung ist

---

117 Vgl. die Antwort auf Frage 2 des Fragenkatalogs vom 27.01.2012 im Anhang dieser Arbeit.

118 *Grundmann*, Die EU-Verbraucherrechte-Richtlinie, JZ 2013, 53 (61).

119 Schlussantrag des Generalanwalts des Europäischen Gerichtshofs Ján Mazák vom 01.03.2012, Az.: C-112/11 (ebookers.com Deutschland./. Bundesverband der Verbraucherzentralen und Verbraucherverbände – Vorabentscheidungsersuchen des OLG Köln), Rdnr. 47 = BeckRS 2012, 80451; *Tacou*, Verbraucherschutz auf hohem Niveau oder Mogelpackung? Der Vorschlag für eine Richtlinie über Rechte der Verbraucher, ZRP 2009, 140 (143); *Schwab/Giesemann*, Die Verbraucherrechte-Richtlinie: Ein wichtiger Schritt zur Vollharmonisierung im Binnenmarkt, EuZW 2012, 253 (257).

die Verhinderung sog. Kostenfallen im Internet. Diese Anforderung der VRRL ist in Deutschland bereits durch die Reform des § 312j Abs. 2–4 BGB n. F. (§ 312g Abs. 2–4 BGB a. F.) umgesetzt worden.[120]

Wenn ein Verbraucher auf elektronischem Wege zur Zahlung verpflichtet werden soll, muss der Unternehmer ihn unmittelbar vor seiner Bestellung darauf hinweisen, dass mit der Bestellung eine Zahlungsverpflichtung verbunden ist. Diese Schaltfläche soll ausschließlich mit den Worten „zahlungspflichtig bestellen" oder einer entsprechenden eindeutigen Formulierung gekennzeichnet sein. Der Verbraucher muss diese Schaltfläche aktivieren. Dadurch soll dem Kunden verdeutlicht werden, dass für ihn Kosten entstehen. Wenn ein Unternehmer die Vorgaben des Unterabsatzes von Art. 8 Abs. 2 VRRL nicht einhält, ist der Verbraucher nicht an den Vertrag oder die Bestellung gebunden. Aus der Formulierung des Art. 8 Abs. 2 VRRL folgt, dass diese Schaltfläche nicht zusätzlich den Gesamtpreis ausweisen muss. Ausreichend ist der Hinweis auf die Zahlungsverpflichtung dem Grunde nach.

Aus dem Wortlaut von Art. 6 Abs. 1 VRRL und aus dem Wortlaut von Art. 8 Abs. 2 VRRL folgt jeweils eine Anforderung bezogen auf die Informationszeitpunkte. Nach Art. 6 Abs. 1 VRRL müssen entsprechende Informationen zur Verfügung gestellt werden, „bevor" der Verbraucher durch einen entsprechenden Vertrag oder durch seine Bestellung gebunden ist. Die Schaltfläche im Sinne von Art. 8 Abs. 2 VRRL muss „unmittelbar, bevor" der Verbraucher eine Bestellung abgibt, zur Verfügung gestellt werden. Dies bedeutet, dass zunächst Informationen im Sinne von Art. 6 Abs. 1 VRRL zur Verfügung gestellt werden müssen und im unmittelbaren Zeitpunkt vor Abgabe der Willenserklärung noch einmal ausdrücklich auf die Zahlungspflicht hingewiesen werden muss. Der Begriff „unmittelbar" hat dabei sowohl eine zeitliche als auch eine räumliche Komponente.[121]

Durch Erwägungsgrund Nr. 39 VRRL wird hervorgehoben, dass ein Ziel der VRRL darin besteht, sicherzustellen, dass Verbraucher bei Fernabsatzverträgen, die über Webseiten abgeschlossen werden, die Hauptbestandteile eines zu schließenden Vertrages vor Abgabe ihrer Willenserklärung vollständig lesen und verstehen können. Die Hauptvertragsbestandteile sollen in unmittelbarer Nähe der für die Abgabe der Bestellung erforderlichen Bestätigung angezeigt werden (Erwägungsgrund Nr. 39 S. 2 VRRL). Ein weiteres Ziel besteht darin, die Verbraucher explizit auf den Zeitpunkt hinzuweisen, zu dem sie eine Zahlungsverpflichtung gegenüber einem Unternehmer eingehen (Erwägungsgrund Nr. 39 S. 3 VRRL).

---

120 *Schwab/Giesemann*, Die Verbraucherrechte-Richtlinie: Ein wichtiger Schritt zur Vollharmonisierung im Binnenmarkt, EuZW 2012, 253 (255).

121 Vgl. BR-Drucks. 525/11, 14.

a) *Einordnung der Button-Lösung*

Die dogmatische Einordnung von §§ 312j Abs. 3 und Abs. 4 BGB n. F. ist problematisch.[122]

Einerseits statuiert § 312j Abs. 3 BGB Anforderungen an die Art und Weise der Gestaltung des Webseitenangebotes eines Unternehmers.[123] Andererseits schreibt § 312j Abs. 4 BGB vor, dass ein Vertrag nach § 312j Abs. 2 S. 1 BGB nur zustande kommt, wenn der Unternehmer seine Pflicht aus § 312j Abs. 3 BGB erfüllt hat und der Kunde notwendigerweise die entsprechende Schaltfläche betätigt hat. Hierbei handelt es sich nicht um einen rein formellen Aspekt der Art und Weise des Webseitenangebotes. Diese Norm statuiert keine Anforderung an das vertragliche Umfeld, sondern an den Vertragsschluss selbst.[124]

Die Formulierung „Ein Vertrag … kommt nur zustande, …“ zeigt, dass es sich bei den Pflichten aus § 312j Abs. 3 BGB um eine zwingende Tatbestandsvoraussetzung für einen wirksamen Vertragsschluss handelt. In der Gesetzesbegründung zu § 312g Abs. 3 BGB[125] heißt es, dass ein Vertrag nicht zustande komme, wenn diese Pflicht nicht erfüllt worden sei. Die Begründung für diese scharfe Rechtsfolge folge daraus, dass die Schutzwirkung von § 312j Abs. 4 BGB mit der Schutzwirkung einer Formvorschrift vergleichbar sein solle. Ferner wird ausgeführt, dass § 312j Abs. 4 BGB unbeschadet der Beachtung der allgemeinen Grundsätze über das Zustandekommen und die Wirksamkeit von Verträgen anzusehen sei. Die Gestaltung der Bestellsituation liege dabei im Machtbereich des Unternehmers.

Bei einem Verstoß durch den Unternehmer ist der Verbraucher gemäß § 312j Abs. 4 BGB nicht an den Vertrag gebunden.[126] Damit wird die Art und Weise der Preisgestaltung geregelt und eine materielle Anforderung in Bezug auf die Preistransparenz im Moment des Vertragsschlusses statuiert. Daraus folgt, dass § 312j

---

122 Das VRRL-UmsetzungsG hat insoweit nur zu einer anderen Nummerierung geführt; vgl. *Wendehorst*, Das neue Gesetz zur Umsetzung der Verbraucherrechterichtlinie, NJW 2014, 577 (579 f.); *Fervers*, Die Button-Lösung im Lichte der Rechtsgeschäftslehre, NJW 2016, 2289.

123 *Kirschbaum*, Die gesetzliche Neuregelung der sog. „Internetfalle“ – Zur dogmatischen Einordnung des § 312g Abs. 3 und 4 BGB n. F., MMR 2012, 8 (9).

124 Vgl. *Kirschbaum*, Die gesetzliche Neuregelung der sog. „Internetfalle“ – Zur dogmatischen Einordnung des § 312g Abs. 3 und 4 BGB n. F., MMR 2012, 8 (9); *Wendehorst*, Das neue Gesetz zur Umsetzung der Verbraucherrechterichtlinie, NJW 2014, 577 (580).

125 BT-Drucks. 17/7745, 12.

126 Vgl. *Alexander*, Neuregelungen zum Schutz vor Kostenfallen im Internet, NJW 2012, 1985 (1988); a.A. wohl *Kredig/Uffmann*, Kostenfallen im elektronischen Geschäftsverkehr, ZRP 2011, 36 (39).

Abs. 3 BGB Bestandteil des materiellen Preisrechts ist. Wenn die vertragliche Preisfestsetzung im Anwendungsbereich der Button-Lösung nicht ausreichend transparent i.S.d. der § 312j Abs. 2–4 BGB ist, dann ist der Verbraucher nicht zur etwaigen Zahlung verpflichtet. Daraus folgt, dass die Button-Lösung die Preistransparenz bei der vertraglichen Preisfestsetzung fördert, indem sog. Kostenfallen im Internet verhindert werden sollen.

Diese Einordnung steht im Einklang mit dem Ziel der VRRL, die Preistransparenz zu fördern. Durch diese hohe Anforderung sind Unternehmen gehalten, ihre Angebote transparent zu gestalten. Dies ist ein Vorteil für die Verbraucher. Aus Unternehmersicht ergibt sich ebenfalls ein Vorteil. Durch die Betätigung dieser Schaltfläche bringt ein Verbraucher objektiv zum Ausdruck, dass er die Zahlungsverpflichtung zur Kenntnis genommen hat. Auch wenn der Verbraucher einem Irrtum unterliegt, besteht für den Unternehmer mehr Rechtssicherheit. Er kann sich auf die Zahlungsverpflichtung berufen.[127] Dies ist gerechtfertigt, denn durch die Schaltfläche wird ein deutlicher Warnhinweis zugunsten des Verbrauchers eingeführt. Der Kunde kann erkennen, wann und wodurch er seine verbindliche Willenserklärung abgibt.[128]

b) Verhältnis von § 312j Abs. 2–4 BGB zu § 119 Abs. 1 Fall 1 BGB

Fraglich ist das Verhältnis von § 119 Abs. 1 Fall 1 BGB zur Umsetzung der Button-Lösung nach § 312j Abs. 2–4 BGB aufgrund von Art. 8 Abs. 2 VRRL. Die Button-Lösung soll den Verbraucher gerade vor einem Irrtum über die Entgeltlichkeit eines Vertragsabschlusses schützen. Diese Informationen können einen solchen Irrtum allerdings nicht gänzlich verhindern. Wenn der Verbraucher den Texthinweis zur Zahlungspflicht nicht wahrnimmt oder nicht versteht, kann folglich ein Irrtum im Moment der Willenserklärung gegeben sein.

§ 312j Abs. 2–4 BGB schließt die Anfechtung nach § 119 Abs. 1 Fall 1 BGB nicht aus. Die Button-Lösung dient dem Schutz von Verbrauchern. Daher ist eine Verkürzung des Rechtsschutzes aufgrund des Ausschlusses einer Anfechtungsmöglichkeit nicht angezeigt. Eine Anfechtungsmöglichkeit aufgrund eines solchen Irrtums wird indes im Zusammenhang mit § 312j Abs. 2–4 BGB erschwert. Der Anfechtende muss, unter Beachtung der erhöhten Anforderungen an die Preistransparenz, nachweisen, dass er sich über die Entgeltlichkeit an sich

127 Vgl. *Kredig/Uffmann*, Kostenfallen im elektronischen Geschäftsverkehr, ZRP 2011, 36 (39).

128 *Brönneke* in Tamm/Tonner, Verbraucherrecht, § 15, Rdnr. 21; vgl. *Wendehorst* in MüKo, BGB, Band 2, § 312j BGB, Rdnr. 1.

geirrt hat. Dies bedeutet, dass der Anfechtende nachweisen muss, dass er subjektiv im Moment der Abgabe seiner Willenserklärung davon ausgegangen ist, keinen entgeltlichen Vertrag abzuschließen.[129] Der Anfechtende muss belegen, dass er der jeweiligen Schaltfläche im Sinne von § 312j Abs. 2–4 BGB einen falschen Bedeutungsinhalt beigemessen hat.

3. Informationspflichten gemäß dem Vorschlag für ein Gemeinsames Europäisches Kaufrecht

Die EU Kommission hat am 11. Oktober 2011 einen Vorschlag für ein Gemeinsames Europäisches Kaufrecht veröffentlicht.[130] Dieser Vorschlag wurde inzwischen wieder zurückgezogen.[131] Die EU Kommission plant eine Änderung dieses Vorschlages für spezielle Vertragstypen.[132] Daher werden im Folgenden die ursprünglich vorgeschlagenen Informationspflichten bezogen auf die Preisfestsetzung untersucht.

Art. 13 GEK regelt Informationspflichten bei Fernabsatzverträgen und bei außerhalb von Geschäftsräumen geschlossenen Verträgen. Nach Art. 13 Abs. 1 lit. b) GEK muss der Unternehmer den Verbraucher in klarer und verständlicher Form vor Vertragsschluss über den Gesamtpreis und über zusätzliche Kosten nach Art. 14 GEK informieren. Art. 14 GEK entspricht seinem Regelungsgehalt nach Art. 6 Abs. 1 lit. e) und lit. f) VRRL.

Wenn bei der Verwendung eines Fernkommunikationsmittels nur eine begrenzte Darstellung von Informationen möglich ist, kann sich der Unternehmer nach Art. 19 Abs. 2 GEK auf die in Art. 19 Abs. 3 GEK genannten Informationen beschränken. Die übrigen in Art. 13 GEK genannten Informationen sind in geeigneter Weise zur Verfügung zu stellen. Nach Art. 19 Abs. 3 lit. c) GEK gehört zu den notwendigen Mindestinformationen der Gesamtpreis einschließlich aller

129 Vgl. *Kredig/Uffmann*, Kostenfallen im elektronischen Geschäftsverkehr, ZRP 2011, 36 (39).

130 Vorschlag für eine Verordnung des Europäischen Parlaments und des Rates über ein Gemeinsames Europäisches Kaufrecht, KOM (2011) 635.

131 Vgl. Nr. 60, Anhang zur Mitteilung der Kommission an das Europäische Parlament, den Rat, den Europäischen Wirtschafts- und Sozialausschuss und den Ausschuss der Regionen, Arbeitsprogramm der Kommission für 2015, KOM (2014) 910 final, Anhang II, 6.

132 Vgl. Nr. 60, Anhang zur Mitteilung der Kommission an das Europäische Parlament, den Rat, den Europäischen Wirtschafts- und Sozialausschuss und den Ausschuss der Regionen, Arbeitsprogramm der Kommission für 2015, KOM (2014) 910 final, Anhang II, 6.

in Art. 13 Abs. 1 lit. b) und Art. 14 Abs. 1 und 2 GEK genannten Kostenelemente. Damit entspricht Art. 19 Abs. 2 und 3 GEK dem Art. 8 Abs. 4 VRRL. Für Fernabsatzverträge, die auf elektronischem Wege geschlossen werden, enthält Art. 24 Abs. 2 GEK die zusätzliche Vorschrift, dass der Unternehmer der anderen (potentiellen) Vertragspartei die Möglichkeit eröffnen muss, Eingabefehler zu erkennen und zu korrigieren. Nach dem Sinn und Zweck dieser Vorschrift soll sich die andere (potentielle) Vertragspartei unmittelbar vor Vertragsschluss noch einmal Klarheit unter anderem über die Vertragsbestimmungen, Art. 24 Abs. 3 lit. e) GEK, verschaffen können. Dies entspricht dem Sinn und Zweck von Art. 8 Abs. 2 VRRL und der Zielsetzung von Erwägungsgrund Nr. 39 VRRL.

Für andere als im Fernabsatz und außerhalb von Geschäftsräumen geschlossene Verträge verpflichtet Art. 20 Abs. 1 lit. b) GEK, unter Verweis auf Art. 14 Abs. 1 lit. a) GEK, zur Information über den Gesamtpreis. Art. 20 Abs. 1 lit. b) GEK entspricht damit Art. 5 Abs. 1 lit. c) VRRL.

Gemäß Art. 29 Abs. 2 GEK schuldet der Verbraucher keine zusätzlichen Kosten, wenn der Unternehmer ihn hierüber nicht informiert hat. Dies entspricht dem Regelungsgehalt von Art. 22 VRRL.

Im Rahmen des Standard-Informationsblattes nach Anhang II zum GEK wird hervorgehoben, dass der Verkäufer den Käufer über „wesentliche Vertragsdetails" informieren muss. Als Beispiel für ein wesentliches Vertragsdetail wird der Preis angeführt. Nach dem Wort „Preis" findet sich noch der in Klammern gesetzte Zusatz, nach dem über den Preis inklusive aller Abgaben und sonstigen Kosten informiert werden muss.

4. Schlussfolgerungen

Die VRRL und das GEK normieren verschiedene Pflichten, damit dem Verbraucher, vor Abgabe seiner Willenserklärung, Informationen über den Gesamtpreis und die Preisberechnung zur Verfügung gestellt werden.

Gemäß Art. 8 Abs. 4 VRRL gehört der Gesamtpreis i.S.d. VRRL zu den Mindestanforderungen in Bezug auf die notwendigen vorvertraglichen Informationen. Durch den sprachlichen Unterschied „Preis" gegenüber „Gesamtpreis" sowie durch die Systematik der VRRL kommt der Wille des Richtliniengebers zum Ausdruck, dass der Verbraucher über alle Kostenelemente, die ihm unmittelbar aus dem Vertragsschluss entstehen können, zu informieren ist. Informationen über den Gesamtpreis dürfen nicht erst durch eine weitere Quelle zur Verfügung gestellt werden. Entsprechende Informationen müssen unmittelbar erteilt werden. Zwar wird der Begriff Preistransparenz nicht im Rahmen der Erwägungsgründe der VRRL verwendet, aber durch Informationspflichten zum Gesamtpreis, durch die Button-Lösung und durch die Regelung zu den sog. „pre-checked boxes“ soll dies erreicht werden.[133] Diese beiden letztgenannten Regelungen stellen eine grundlegende Neuregelung dar.[134] Die Button-Lösung stellt eine Verbesserung des Verbraucherschutzes dar, denn der Verbraucher wird vor einer überraschenden Zahlungspflicht geschützt.[135] Wenn ein Unternehmen sein Webseitenangebot sowohl an Verbraucher als auch an Unternehmer richtet und die Button-Lösung einsetzt, wird dadurch auch die Preistransparenz im Rahmen von B2B-Geschäften erhöht. In diesem Fall werden auch B2B-Kunden auf eine etwaige Zahlungspflicht hingewiesen. Alternativ müsste ein Webseitenbetreiber eine Portalseite schaffen, um die potenziellen Kunden zu selektieren.

Dabei ist der Verbraucher nicht über jeden Aspekt der Preisgestaltung zu informieren. Lässt sich der Gesamtpreis nicht bestimmen, so ist die Art der Preisberechnungsmethode offenzulegen. Durch die VRRL wird der Unternehmer indes nicht verpflichtet, umfassend über die internen Preisbestandteile, als Bestandteil seiner eigenen internen Preisbildung, zu informieren. Dies zeigt sich am Wortlaut von Art. 5 Abs. 1 VRRL sowie am Wortlaut von Art. 6 Abs. 1 VRRL, denn der Unternehmer muss lediglich „über Folgendes“ Informationen zur Verfügung stellen.[136] Der Unternehmer muss informieren, wie der Gesamtpreis berechnet wird. Er muss nicht informieren, wie und warum er die einzelnen Preisbestandteile bildet. Dem Verbraucher müssen demnach die Informationen gegeben werden, die für ihn notwendig sind, um eine autonome, rational-kritische Entscheidung zu treffen. Der Verbraucher muss wissen, ob und wann er eine Zahlungsverpflichtung eingeht und in welchem Umfang diese Zahlungsverpflichtung gegebenenfalls besteht. Hinsichtlich der Transaktionskosten muss der Unternehmer gegebenenfalls nachweisen, dass für die Verwendung bestimmter Zahlungsmittel genau die an den Verbraucher weitergegebenen Kosten entstehen.

Die Regelungen der VRRL beziehen sich somit auf den Zeitpunkt nach der eigenen internen Preisbildung durch den Unternehmer. Sie betreffen die vorver-

133 Antwort auf Frage 2 des Fragenkatalogs vom 27.01.2012 im Anhang dieser Arbeit.

134 *Schwab/Giesemann*, Die Verbraucherrechte-Richtlinie: Ein wichtiger Schritt zur Vollharmonisierung im Binnenmarkt, EuZW 2012, 253 (255 ff.); *Föhlisch*, Endlich Vollharmonisierung im Fernabsatzrecht? – Auswirkungen der geplanten Europäischen Verbraucherrechtsrichtlinie, MMR 2009, 75 (80); vgl. zu „pre-checked boxes“: *Tacou*, Verbraucherschutz auf hohem Niveau oder Mogelpackung? Der Vorschlag für eine Richtlinie über Rechte der Verbraucher, ZRP 2009, 140 (143).

135 Vgl. *Kirschbaum*, Die gesetzliche Neuregelung der sog. „Internetfalle“ – Zur dogmatischen Einordnung des § 312g Abs. 3 und 4 BGB n. F., MMR 2012, 8 (12).

136 Vgl. *Grundmann*, Die EU-Verbraucherrechte-Richtlinie, JZ 2013, 53 (60).

tragliche Kommunikation des Preises gegenüber der potenziellen Vertragspartei. Durch die VRRL werden weitergehende vorvertragliche Informationspflichten bezogen auf den Gesamtpreis und den Zeitpunkt von Zahlungsverpflichtungen statuiert. Zudem sollen durch Art. 19, 21 und 22 VRRL Praktiken verhindert werden, mit denen „versteckte Zahlungsverpflichtungen“[137] begründet werden. Die Preistransparenz ist durch die Informationsvorgaben der VRRL erhöht worden.[138]

Demgegenüber wird durch keine Anforderung der VRRL oder des – inzwischen zurückgezogenen – GEK die Pflicht des Unternehmers normiert, seine eigene interne Preisbildung offenzulegen.

II. Preistransparenz im Rahmen von kaufmännischen Bestätigungsschreiben

Im Folgenden ist zu untersuchen, welche Anforderungen an das notwendige Niveau der Preistransparenz im Rahmen der Grundsätze der kaufmännischen Bestätigungsschreiben zu stellen sind. Durch diese kann die vertragliche Hauptleistungspflicht zur Erbringung eines vereinbarten Entgeltes modifiziert werden. Daher ist fraglich, welche Grenzen der vertraglichen Preisfestsetzung oder Preisänderung gesetzt sind. Problematisch ist, dass unter Anwendung dieser Grundsätze dem Schweigen des Empfängers eine rechtsgeschäftliche Bedeutung zuerkannt wird.[139] Die Auswirkungen einer intransparenten oder einer abweichenden Preisfestsetzung könnten sich unterscheiden, je nachdem ob ein geschäftlicher Kontakt erstmalig aufgenommen wird oder ob laufende Geschäftsbeziehungen gegeben sind.

1. Preisfestsetzung im Rahmen des erstmaligen geschäftlichen Kontaktes

Wenn ein solches Schreiben den Grundsätzen genügt, insbesondere wenn ein kaufmännischer Kontakt stattgefunden hat und der Inhalt sich nicht weit von dem Besprochenen entfernt hat, sodass der Absender nicht nach § 242 BGB mit der Annahme durch Schweigen rechnen kann, wirkt der Vertragsinhalt konstituierend.[140] Der Preis muss daher bestimmt oder bestimmbar sein im Sinne von § 145 BGB.[141] Diese Preisvereinbarung muss sich nach Treu und Glauben im

---

137 *Grundmann*, Die EU-Verbraucherrechte-Richtlinie, JZ 2013, 53 (61).

138 Vgl. *Grundmann*, Die EU-Verbraucherrechte-Richtlinie, JZ 2013, 53 (60).

139 *Busche* in MüKo, BGB, Band 1, § 147 BGB, Rdnr. 9 und 13; BGH, Urteil vom 27.01.1965, Az. VIII ZR 11/63, NJW 1965, 965 (966).

140 *Busche* in MüKo, BGB, Band 1, § 147 BGB, Rdnr. 18; *Schmidt* in MüKo, HGB, Band 5, § 346 HGB, Rdnr. 165.

141 *Busche* in MüKo, BGB, Band 1, § 145 BGB, Rdnr. 6; *Medicus*, BGB AT, Rdnr. 431.

Rahmen dessen halten, in welchem der Bestätigende mit einer Annahme durch seine zukünftige Vertragspartei rechnen darf.[142]

2. Preisfestsetzung im Rahmen laufender Geschäftsbeziehungen

Fraglich ist, ob im Rahmen laufender Geschäftsbeziehungen eine besondere Hinweispflicht gegeben ist. Diese könnte gegeben sein, wenn unter Verwendung eines kaufmännischen Bestätigungsschreibens zukünftig ein höherer Preis für eine bestimmte Leistung vereinbart oder bestätigt werden soll. Ein solches Schreiben könnte dem Empfänger – ggf. erneut – verdeutlichen, dass eine Preiserhöhung gegeben ist und diese jetzt bestätigt wird. Die erhöhte Preisfestsetzung muss sich dabei im Rahmen der Grundsätze des kaufmännischen Bestätigungsschreibens bewegen. Daher darf der Preis beispielsweise nicht so hoch festgesetzt werden, dass der Bestätigende nach § 242 BGB nicht von einer Annahmeerklärung ausgehen darf.

Die Vertragspartei hat im Rahmen laufender Geschäftsbeziehungen eine Erwartung bzw. ein Vertrauen bezogen auf die Beibehaltung der bisherigen Preisfestsetzung, als Bestandteil der bisherigen Übung, aufgebaut.[143] Durch diese laufenden Geschäftsbeziehungen werden Schutzpflichten statuiert.[144] Die Geschäftspartner stehen bereits gegenseitig in der jeweils anderen Rechtssphäre.[145]

In Anknüpfung an das bereits entstandene Vertrauen kann im Rahmen eines kaufmännischen Bestätigungsschreibens bei laufenden Geschäftsbeziehungen ein gesonderter Hinweis auf eine erhöhte Preisfestsetzung erforderlich sein. Dieser gewachsenen Erwartungshaltung, dass der bisherig gezahlte Preis auch weiterhin gilt, kann durch eine besondere Mitteilung entsprochen werden,[146] dass die Preisfestsetzung sich gegenüber den bisherigen Einzelverträgen verändert hat bzw. verändern wird.

---

142 Vgl. BGH, Urteil vom 31.01.1994, Az. II ZR 83/93, NJW 1994, 1288; *Medicus*, BGB AT, Rdnr. 440.

143 *Müller-Graff*, Rechtliche Auswirkungen einer laufenden Geschäftsverbindung im amerikanischen und deutschen Recht, 137; *Canaris*, Die Vertrauenshaftung im deutschen Privatrecht, 491 ff.

144 *Müller-Graff*, Rechtliche Auswirkungen einer laufenden Geschäftsverbindung im amerikanischen und deutschen Recht, 249 f.

145 Vgl. *Müller-Graff*, Rechtliche Auswirkungen einer laufenden Geschäftsverbindung im amerikanischen und deutschen Recht, 250; vgl. *Canaris*, Die Vertrauenshaftung im deutschen Privatrecht, 318; *Emmerich* in MüKo, BGB, Band 2, § 311 BGB, Rdnr. 12.

146 Vgl. *Müller-Graff*, Rechtliche Auswirkungen einer laufenden Geschäftsverbindung im amerikanischen und deutschen Recht, 256.

Dies entspricht der Interessenlage im Rahmen von § 242 BGB. Der Bestätigende kann nicht davon ausgehen, dass seine Vertragspartei der Preiserhöhung in jedem Fall zustimmen wird. Wenn der Bestätigende einen höheren Preis vereinbaren möchte, dann muss er diese Preiserhöhung auch ausreichend transparent erklären. Dies kann durch einen entsprechenden deutlichen Hinweis erfolgen.

Daraus folgt, dass im Rahmen einer laufenden Geschäftsbeziehung eine besondere Mitteilung bei der Versendung eines kaufmännischen Bestätigungsschreibens zu machen ist, um den Geschäftspartner über die Preiserhöhung ausreichend transparent zu unterrichten. Nur wenn ein solcher ausdrücklicher Hinweis gegeben ist, darf der Bestätigende nach § 242 BGB damit rechnen, dass die Vertragspartei durch sein Schweigen dieser Preiserhöhung zustimmt.

III. Preistransparenz durch Preisbestimmbarkeit nach §§ 315 ff. BGB

Das notwendige Niveau an Preistransparenz könnte durch eine objektivierte Preisfestsetzung gemäß §§ 315 ff. BGB[147] erreicht werden.

Eine Leistungsbestimmung nach §§ 315 ff. BGB setzt voraus, dass im Zeitpunkt des Vertragsschlusses eine Einigung über die Entgeltlichkeit und über die Leistungsbestimmung durch eine Vertragspartei gegeben ist.[148] Die Anwendung von §§ 315 ff. BGB ist in bestimmten Fällen ausgeschlossen. Hierzu gehören die Fälle, in denen der Vertrag zur Festlegung des Entgeltes auf einen allgemeinen Tarif verweist oder die (Preis-)Berechnungsfaktoren für eine Preisänderung vertraglich dergestalt geregelt sind, dass bei der Berechnung kein Ermessensspielraum mehr besteht.[149] Zudem ist die Anwendung von §§ 315 ff. BGB ausgeschlossen, wenn die §§ 612 Abs. 2, 632 Abs. 2, 653 Abs. 2 oder 689 BGB anwendbar sind.

Nach dem Wortlaut der §§ 315 Abs. 1, 317 Abs. 1 BGB ist die Bestimmung der Leistung im Zweifel nach billigem Ermessen zu treffen. Ob eine Leistungsbestimmung dem billigen Ermessen entspricht, ist unter Berücksichtigung der Parteiinteressen und anhand eines Vergleiches mit entsprechenden Fällen, in denen ein Bestimmungsrecht ausgeübt worden ist, zu ermitteln.[150]

---

147 *Musielak,* Grundkurs BGB, Rdnr. 137.

148 BGH, Urteil vom 01.02.1984, Az. VIII ZR 54/83, NJW 1984, 1177.

149 *Grüneberg* in Palandt, § 315 BGB, Rdnr. 4; BGH, Urteil vom 20.03.2007, Az. VIII ZR 144/06, NJW 2007, 1672 (1673).

150 *Grüneberg* in Palandt, § 315 BGB, Rdnr. 10; *Stadler* in Jauernig, BGB, § 315 BGB, Rdnr. 7; BGH, Urteil vom 02.04.1964, Az. KZR 10/62, NJW 1964, 1617 (1619 f.).

Legen die Vertragsparteien keine eigenständigen Richtlinien zur Bestimmung fest,[151] sind im Rahmen der Preisbestimmung nach § 315 Abs. 1 BGB vor allem die Marktverhältnisse und die Wirtschaftslage maßgeblich.[152] Anhand der Wirtschaftslage kann der Wert der zu vergütenden Leistung ermittelt werden.[153] Im Rahmen der Berücksichtigung der jeweiligen Parteiinteressen können beispielsweise auch die Preiskalkulation anhand der Herstellungs- und Gestehungskosten sowie des Verkaufspreises und die Preise konkurrierender Anbieter herangezogen werden.[154] Die eigene interne Preiskalkulation kann, als ein möglicher Faktor, zur Präzisierung des Begriffes billiges Ermessen beitragen.[155]

Kommt der Gläubiger seiner Pflicht zur Ausübung seines Leistungsbestimmungsrechts unter Beachtung von Billigkeitserwägungen nicht nach, kann ein Gericht nach § 315 Abs. 3 BGB durch rechtsgestaltendes Urteil entscheiden.[156] Aus Sicht der Vertragsparteien erfolgt die vertragliche Preisfestsetzung somit in einem objektiven Verfahren. Diese Objektivierung zeigt, dass die §§ 315 ff. BGB ein Ausdruck des Gedankens der objektiven Äquivalenz sind.[157] Durch diese soll eine objektive Austauschgerechtigkeit erreicht werden.[158]

Durch einen Vergleich mit den Preisen konkurrierender Anbieter ist eine Offenlegung der eigenen internen Kalkulation nicht notwendig.[159] Die zwingende Offenlegung der Preiskalkulation würde dem Interesse der (potentiellen) Vertragspartei an der Geheimhaltung der eigenen Kalkulation zuwiderlaufen. Daher würde eine Entscheidung, die auf dieser Offenlegung beruht, nicht dem billigen Ermessen nach § 315 Abs. 1, Abs. 3 S. 1 BGB entsprechen, solange noch eine Leistungsbestimmung ohne entsprechende Offenlegung denkbar ist. Für eine Offenlegung der Kalkulation, als Bestandteil der eigenen internen Preisbildung, müssten somit im Rahmen von § 315 Abs. 1 BGB überragende Interessen der anderen Vertragspartei gegeben sein, verbunden mit dem Ausschluss jeder anderen Erkenntnismöglichkeit.

---

151 *Grüneberg* in Palandt, § 315 BGB, Rdnr. 5; *Stadler* in Jauernig, BGB, § 315 BGB, Rdnr. 7.

152 *Gehrlein* in Beck'scher Online-Kommentar BGB, § 315 BGB, Rdnr. 5; *Würdinger* in MüKo, BGB, Band 2, § 315 BGB, Rdnr. 29.

153 *Gehrlein* in Beck'scher Online-Kommentar BGB, § 315 BGB, Rdnr. 5.

154 *Würdinger* in MüKo, BGB, Band 2, § 315 BGB, Rdnr. 31; *Ehricke*, Die Kontrolle von einseitigen Preisfestsetzungen in Gaslieferungsverträgen, JZ 2005, 599 (605).

155 Vgl. *Würdinger* in MüKo, BGB, Band 2, § 315 BGB, Rdnr. 31.

156 *Stadler* in Jauernig, BGB, § 315 BGB, Rdnr. 12.

157 *Hübner*, „Der gerechte Preis" in FS Steindorff, 589 (591).

158 Vgl. *Würdinger* in MüKo, BGB, Band 2, § 315 BGB, Rdnr. 31.

159 *Ehricke*, Die Kontrolle von einseitigen Preisfestsetzungen in Gaslieferungsverträgen, JZ 2005, 599 (605).

IV. Preistransparenz durch Ordnungsrecht am Beispiel von Art. 23 VO (EG) 1008/2008

Art. 23 Abs. 1 VO (EG) 1008/2008,[160] eine Norm des formellen Preisrechts, könnte als Idealtyp einer Regelung zur Preistransparenz angesehen werden. Diese Norm enthält spezielle Vorgaben zur Art und Weise der Darstellung von Preisinformationen von Flugpreisen. Dadurch könnte eine intransparente Preisfestsetzung verhindern werden.

Die Einordnung unter einen bestimmten Vertragstypus ist für den Anwendungsbereich des Art. 23 VO (EG) 1008/2008 nicht relevant. Der Verordnungsgeber wollte mit diesen Normen unter anderem ausdrücklich die Preistransparenz fördern, nachdem in der Vergangenheit regelmäßig Flugpreise ohne zusätzlich notwendige Preisbestandteile ausgewiesen worden waren.[161] Sinn und Zweck der Preistransparenz bestehe in der Förderung des Wettbewerbs, denn eine unzureichende Preistransparenz führe zu Wettbewerbsverfälschungen, wodurch die Verbraucher durchschnittlich höhere Flugpreise zu zahlen hätten.[162]

Die Wertigkeit eines Flugpreises ist nicht transparent.[163] Nach Art. 22 VO (EG) 1008/2008 können Luftfahrtunternehmen den Flugpreis grundsätzlich frei festlegen.[164] Gemäß Art. 23 Abs. 1 S. 3 VO (EG) 1008/2008 sind neben dem Endpreis grundsätzlich auch der Flugpreis bzw. die Luftfrachtrate, die Steuern, die Flughafengebühren und die sonstigen Gebühren, Zuschläge und Entgelte, wie etwa diejenigen, die mit der Sicherheit oder dem Kraftstoff in Zusammenhang

---

160 Amtsblatt der Europäischen Union Nr. L 293 vom 31.10.2018, 3.

161 Vorschlag für eine Verordnung des Europäischen Parlaments und des Rates über gemeinsame Vorschriften für die Durchführung von Luftverkehrsdiensten in der Gemeinschaft, KOM(2006) 396 endgültig, 10.

162 Vorschlag für eine Verordnung des Europäischen Parlaments und des Rates über gemeinsame Vorschriften für die Durchführung von Luftverkehrsdiensten in der Gemeinschaft, KOM(2006) 396 endgültig, 10.

163 Im Rahmen einer Studie hat der Mathematiker *Carl de Marcken* die möglichen Flugpreise für einen Hin- und Rückflug zwischen San Francisco und Boston untersucht; *de Marcken*, Studie „Computational Complexity of Air Travel Planning", abrufbar unter „http://www.demarcken.org/carl/papers/ITA-software-travel-complexity/img0.html" (zuletzt abgerufen am 25.03.2016); siehe auch *König*, Flugticket-Irrsinn – Der Preis ist Glückssache, Spiegel Online vom 25.12.2011, abrufbar unter: „http://www.spiegel.de/wirtschaft/service/0,1518,803807,00.html" (zuletzt abgerufen am 25.03.2016).

164 Vgl. *Müggenborg/Frenz*, Versteckte Servicegebühren bei Flugbuchungen im Internet, NJW 2012, 1537.

stehen, anzugeben. Endpreis im Sinne von Art. 23 VO (EG) 1008/2008 bedeutet Gesamtpreis und umfasst auch eine anfallende Buchungsgebühr.[165]

Der Wortlaut des Art. 23 Abs. 1 S. 4 VO (EG) 1008/2008 zeigt, dass fakultative Zusatzkosten auf klare, transparente und eindeutige Art und Weise am Beginn jedes Buchungsvorgangs mitgeteilt werden müssen. Damit fakultative Zusatzkosten Bestandteil des Vertrages werden, muss der Kunde seine Einwilligung ausdrücklich erklären, sog. „Opt-In", Art. 23 Abs. 1 S. 4 VO (EG) 1008/2008. Entsprechend Erwägungsgrund Nr. 16 S. 1 der VO (EG) 1008/2008 soll dies der Vergleichbarkeit der Kosten für den Flugdienst dienen. Daraus folgt, dass für die Darstellung des Flugpreises spezifische Vorgaben gegeben sind.

Entsprechend dem Urteil des OLG Dresden vom 17. August 2010, Az. 14 U 551/10, muss der nach Art. 23 Abs. 1 VO (EG) 1008/2008 auszuweisende Preis alle Preisbestandteile einschließen, welche unvermeidbar und zum Zeitpunkt der Veröffentlichung des Preises vorhersehbar gewesen sind.[166] Im Rahmen eines Internetportals für die Vermittlung von Flugreisen dürfe demnach nicht zwischen den Kosten für die Vermittlung und den Kosten für die Flugleistung unterschieden werden, denn die Kosten für die Vermittlung fallen unvermeidbar an, wenn ein Kunde mit dem Betreiber dieses Internetportals kontrahiert. Nach dem Schutzzweck von Art. 23 VO (EG) 1008/2008 sei die Verpflichtung zur Einpreisung von fakultativen Zusatzkosten nicht auf solche Kosten beschränkt, die mit der Transportleistung in einem „sachlichen Zusammenhang" stehen. Diese enge Auslegung sei mit dem Ziel des Verbraucherschutzes nicht vereinbar. Je geringer der Zusammenhang zwischen bestimmten Kosten und Kosten für die eigentliche Transportleistung sei, desto stärker müsse der Verbraucher geschützt werden. Diese Kosten dürften nicht im Wege eines sog. „Opt-Outs" angezeigt werden, denn dadurch sei die Gefahr gegeben, dass der Verbraucher versehentlich Waren oder Leistungen bestellt, die von seinem Willen zum Vertragsschluss nicht erfasst seien. Nach Ansicht des EuGH-Generalanwaltes *Ján Mazák* dürfen beispielsweise Kosten für eine zusätzliche Versicherung nur im Wege des „Opt-Ins" nach Art. 23 Abs. 1 S. 4 VO (EG) 1008/2008 dargestellt werden.[167] Die Kosten für den Abschluss einer Versicherung seien grundsätzlich

---

165 LG Düsseldorf, Urteil vom 03.02.2010, Az. 12 O 173/09, MMR 2010, 620 f.

166 OLG Dresden, Urteil vom 17.08.2010, Az. 14 U 551/10, GRUR 2011, 248 (249); Die Nichtzulassungsbeschwerde hat der BGH zurückgewiesen, BGH, Beschluss vom 17.08.2011, Az. I ZR 168/10.

167 Schlussantrag des EuGH-Generalanwaltes *Ján Mazák* vom 01.03.2012, Az. C-112/11 (ebookers.com Deutschland./. Bundesverband der Verbraucherzentralen und Verbraucherverbände – Verbraucherzentrale Bundesverband e. V.), Rdnr. 48.

vorhersehbar und vermeidbar, wenn eine Flugreise gebucht wird. Für die Darstellung des Preises nach Art. 23 VO (EG) 1008/2008 sei es unerheblich, ob die Preisbestandteile gegebenenfalls nur durch Leistungen von Dritten anfallen. Auch im Rahmen von verbundenen Verträgen sind die entsprechenden Vorgaben zu beachten. In ihrer Entscheidung vom 19. Juli 2012, Az. C-112/11, ist die Dritte Kammer des EuGH dieser Ansicht gefolgt.[168]

Die Verpflichtung zur Bildung eines Endpreises kann entfallen, wenn es für den Betreiber des Internetportals unmöglich wäre, den Endpreis zu bilden.[169] Dies ist beispielsweise anzunehmen, wenn aufgrund der Zeit- und Verbrauchsabhängigkeit von einzelnen Preiskomponenten ein Endpreis nicht gebildet werden kann.[170] Die Bildung eines Endpreises ist bei Flugreisen regelmäßig möglich, denn die relevanten Faktoren lassen sich, gegebenenfalls kurzfristig, ermitteln.[171] Der Betreiber eines entsprechenden Internetportals trägt somit das Kalkulationsrisiko bezogen auf den Endpreis.[172]

1. Divergierende Auslegungen des Begriffes „fakultative Zusatzkosten“ nach Art. 23 Abs. 1 S. 4 VO (EG) 1008/2008

a) Rechtslage in Deutschland und Österreich

Die Frage, wann der Endpreis im Sinne von Art. 23 VO (EG) 1008/2008 angezeigt werden muss, wird, bezogen auf vergleichbare Sachverhalte, von der Rechtsprechung in Deutschland[173] und Österreich[174] unterschiedlich beantwortet. Problematisch ist, ob sog. „Service Charges“ im Zusammenhang mit Buchungsportalen im Internet als fakultative Zusatzkosten im Sinne von Art. 23 Abs. 1 S. 4 VO (EG) 1008/2008 anzusehen sind.

In den zugrunde liegenden Sachverhalten aus Deutschland und Österreich müssen zur Buchung eines Fluges jeweils mehrere vergleichbare Buchungsschritte

---

168 EuGH, Urteil vom 19.07.2012, Az. C-112/11 („ebookers.com“), MMR 2012, 584 f.

169 Vgl. OLG Dresden, Urteil vom 17.08.2010, Az. 14 U 551/10, GRUR 2011, 248 (249); BGH, Urteil vom 29.04.2010, Az. I ZR 23/08 („Costa del Sol“), GRUR 2010, 652 (654); BGH, Urteil vom 08.10.1998, Az. I ZR 187/97 („Handy für 0,00 DM“), GRUR 1999, 264 (267).

170 Vgl. OLG Dresden, Urteil vom 17.08.2010, Az. 14 U 551/10, GRUR 2011, 248 (249); BGH, Urteil vom 29.04.2010, Az. I ZR 23/08 („Costa del Sol“), GRUR 2010, 652 (654).

171 Vgl. BGH, Urteil vom 29.04.2010, Az. I ZR 23/08 (Costa del Sol), GRUR 2010, 652 (654).

172 Vgl. OLG Dresden, Urteil vom 17.08.2010, Az. 14 U 551/10, GRUR 2011, 248 (249); BGH, Urteil vom 29.04.2010, Az. I ZR 23/08 (Costa del Sol), GRUR 2010, 652 (654).

173 Kammergericht Berlin, Urteil vom 04.01.2012, Az. 24 U 90/10, MMR 2013, 308.

174 OLG Wien, Urteil vom 11.05.2009, Az. 5 R 103/09t.

vorgenommen werden.[175] In einem 1. Buchungsschritt sind Abflugs- und Ankunftsort, sowie die Reisedaten einzugeben. Im Rahmen des 2. Buchungsschrittes muss der Kunde eine der angebotenen Flugverbindungen wählen. Daran orientiert sich ein Preis, welcher im Zusammenhang mit diesem 2. Buchungsschritt ausgewiesen wird. Dieser Preis umfasst den Flugpreis, die zu entrichtenden Steuern und Gebühren sowie den Kerosinzuschlag und diese Preisbestandteile werden gesondert ausgewiesen. Zusätzlich ist ein Hinweis zu geben, dass dieser Preis nicht die sog. „Service Charge" umfasst. Eine „Service Charge" ist ein variabler Kostenfaktor und soll jene Kosten abdecken, die dem Betreiber des Internetportals aufgrund der jeweiligen Buchung entstehen. Im Zusammenhang mit dem Hinweis auf die „Service Charge" erfolgt auch eine Übersicht über verschiedene Gründe für eine etwaige „Service Charge" und die jeweils entsprechende Höhe. Beispielsweise beträgt diese „Service Charge" 15,– €, wenn ein Kunde die Zahlung des gewählten Flugpreises mit der Kreditkarte durchführen möchte. Wird ein Flug für ein Kleinkind bis zum vollendeten 2. Lebensjahr gebucht, entfällt die „Service Charge".

In einem 3. Buchungsschritt hat der Kunde die Personalien der Reiseteilnehmer anzugeben. Im 4. Buchungsschritt muss der Kunde die gewünschte Zahlungsart, beispielsweise die Zahlung mit der Kreditkarte, und seine Rechnungsadresse angeben. Daraus folgt, dass erst nach dem 4. Buchungsschritt feststeht, ob eine Service Charge dem Grunde nach zu entrichten ist und wenn ja, in welcher Höhe. Dementsprechend wird der tatsächlich vom Kunden zu zahlende Preis erst nach diesem Buchungsschritt ausgewiesen. Der Kunde hat im 5. Buchungsschritt die Möglichkeit, alle Angaben auf ihre Richtigkeit zu prüfen. Zudem wird nochmals der tatsächliche Gesamtpreis angezeigt.

Nach Auffassung des OLG Wien, Urteil vom 11. Mai 2009, Az. 5 R 103/09t, fällt die Service Charge nicht unter den Begriff der fakultativen Zusatzkosten.[176] Diese Service Charge sei nicht vorhersehbar und sie sei vermeidbar. Ob und in welcher Höhe diese anfallen würde, hängt von der persönlichen Eigenschaft des Kunden ab. Zudem sei es dem Kunden im Rahmen dieser Buchungsschritte möglich, den Flugpreis zu vergleichen. Dadurch werde dem Sinn und Zweck von Erwägungsgrund Nr. 16 der VO (EG) 1008/2008 entsprochen. Die Tatsache, dass der Kunde bestimmte Kosten addieren müsse, steht dieser Annahme nicht entgegen. Das österreichische Buchungsportal gebe, zumindest nach Durchführung der relevan-

175 OLG Wien, Urteil vom 11.05.2009, Az. 5 R 103/09t, 2 ff.; Kammergericht Berlin, Urteil vom 04.01.2012, Az. 24 U 90/10, MMR 2013, 308.

176 OLG Wien, Urteil vom 11.05.2009, Az. 5 R 103/09t, 9 ff.

ten Buchungsschritte, den jeweils ermittelbaren und letztlich den maßgeblichen Gesamtpreis an. Für einen verständigen Durchschnittsverbraucher werde in ausreichender Form darauf hingewiesen, dass zum Preis gemäß dem 2. Buchungsschritt unter Umständen noch relative Kosten der „Service Charge“ hinzukommen könnten. Die vertragliche Festlegung des Preises erfolge erst im Rahmen des 4. Buchungsschrittes. Die rechtsverbindliche Willenserklärung zum Vertragsabschluss werde erst danach im Rahmen des 5. Buchungsschrittes abgegeben.

Das Kammergericht Berlin bejaht in seinem Urteil vom 4. Januar 2012 einen Verstoß gegen Art. 23 Abs. 1 S. 4 VO (EG) 1008/2008, wenn die „Service Charge“ nicht bereits im 2. Buchungsschritt angezeigt wird.[177] Die „Service Charge“ stelle ein Entgelt dar, welches unvermeidbar und zum Zeitpunkt der Veröffentlichung des Preises vorhersehbar sei. Dieses Entgelt sei unvermeidbar, denn es sei bei jedem Buchungsvorgang zu entrichten und es variiere lediglich nach der konkreten Höhe. Die Nichterhebung der „Service Charge“ erfolge lediglich ausnahmsweise und stelle somit nicht den Regelfall dar. Der Flugpreis nach Art. 2 Nr. 18 VO (EG) 1008/2008 sei der Preis, welcher für die Beförderung von Fluggästen im Flugverkehr an Luftfahrtunternehmen oder deren Bevollmächtigte oder an andere Flugscheinverkäufer zu zahlen sei. Zudem schließe dieser Preis das Entgelt für Leistungen durch Agenturen und andere Hilfsdienste ein. Wenn Zahlungen an Vermittler von Flugreisen vom Flugpreis i.S.d. VO (EG) 1008/2008 erfasst sind, müsse dies erst recht für eine Buchungsgebühr gelten.

b) *Stellungnahme*

Die Vergleichbarkeit von Flugpreisen wird erschwert, wenn zusätzlich noch die „Service Charge“ addiert werden muss. Ferner kann diese „Service Charge“ von Buchungsportal zu Buchungsportal unterschiedlich ausgestaltet sein, sodass die Vergleichbarkeit von Flugpreisen „faktisch unterminiert“[178] werden würde. Daraus folgt, dass der Buchungsvorgang technisch so ausgestaltet sein muss, dass keine divergierenden Preise angezeigt werden.[179] Um ein möglichst hohes Niveau an Preistransparenz i.S.d. Art. 22 ff. VO (EG) 1008/2008 zu erreichen, müssen die obligatorischen und die fakultativen Kosten im Rahmen eines Buchungsschrittes feststellbar sein. Für fakultative Kosten ist zudem nach Art. 23 Abs. 1 S. 4 VO (EG) 1008/2008 zu beachten, dass diese „zu Beginn jedes Buchungsvorgangs“ mitgeteilt werden müssen.

177 Kammergericht Berlin, Urteil vom 04.01.2012, Az. 24 U 90/10, MMR 2013, 308 (309 f.).

178 Vgl. Schlussantrag des EuGH-Generalanwaltes *Ján Mazák* vom 01.03.2012, Az. C-112/11 (ebookers.com Deutschland./. Bundesverband der Verbraucherzentralen und Verbraucherverbände – Verbraucherzentrale Bundesverband e. V.), Rdnr. 34.

179 Vgl. Kammergericht Berlin, Urteil vom 04.01.2012, Az. 24 U 90/10, MMR 2013, 308 (310).

Wird diese „Service Charge“ als unvermeidbar angesehen, ist sie nach Art. 23 Abs. 1 S. 2 VO (EG) 1008/2008 im Rahmen der Darstellung des Endpreises auszuweisen. Ist eine solche „Service Charge“ unter dem Begriff der sonstigen Gebühren, Zuschläge und Entgelte im Sinne von Art. 23 Abs. 1 S. 3 lit. d) VO (EG) 1008/2008 zu subsumieren, so ist sie im Rahmen der Ausweisung des Endpreises ebenfalls auszuweisen. Als fakultative Zusatzkosten im Sinne von Art. 23 Abs. 1 S. 4 VO (EG) 1008/2008 ist sie bereits ab dem Beginn des Buchungsvorganges mitzuteilen. Die nachträgliche Ausweisung und Addierung der „Service Charge“, nach der Ausweisung des Gesamtpreises, lässt sich daher nicht mit Art. 23 Abs. 1 VO (EG) 1008/2008 vereinbaren.

Daher ist der Ansicht des Kammergerichts Berlin zu folgen. Diese Entscheidung entspricht dem Sinn und Zweck von Art. 23 VO (EG) 1008/2008, unter Berücksichtigung von Erwägungsgrund Nr. 16 der VO (EG) 1008/2008.

Obwohl im Rahmen von Art. 23 VO (EG) 1008/2008 hohe Transparenzanforderungen gegeben sind, wird nicht verlangt, dass Informationen über die eigene interne Preisbildung zur Verfügung gestellt werden. Beispielsweise muss ein Buchungsportal keine Angaben zu internen Preisbestandteilen machen, wenn eine bestimmte Gebühr ausgewiesen wird.

2. Divergierende Auslegungen zur Art und Weise der Preisdarstellung bezogen auf den zu bezahlenden Endpreises nach Art. 23 Abs. 1 S. 2 VO (EG) 1008/2008

Mit Beschluss des BGH vom 18. September 2013, Az. I ZR 29/12, hatte der I. Zivilsenat des BGH dem EuGH zwei Fragen zur Auslegung von Art. 23 Abs. 1 S. 2 VO (EG) 1008/2008 vorgelegt.[180] Die erste Vorlagefrage beschäftigte sich mit der Frage, ob der zu zahlende Endpreis im Rahmen eines elektronischen Buchungssystems bei der erstmaligen Angabe von Preisen für Flugdienste auszuweisen sei. Problematisch ist dabei der Zeitpunkt der Angabe des zu zahlenden Endpreises. Der früheste Zeitpunkt sei dabei der früheste Moment der Wahrnehmbarkeit. Diese Wahrnehmungsmöglichkeit habe neben der zeitlichen auch eine räumliche Komponente, bezogen auf die Art und Weise der Darstellung. In Übereinstimmung mit dem Kammergericht Berlin seien im Rahmen dieses Buchungsschrittes allerdings alle Preisbestandteile nach Art. 23 Abs. 1 VO (EG) 1008/2008 auszuweisen.

---

180 BGH, Beschluss vom 18.09.2013, Az. I ZR 29/12 („Buchungssystem“), GRUR Int. 2014, 64.

Anhand der zweiten Auslegungsfrage wollte der I. Zivilsenat des BGH klären lassen, ob der zu zahlende Endpreis im Rahmen eines elektronischen Buchungssystems allein für die von der potenziellen Vertragspartei konkret ausgewählte Flugleistung oder für jede angezeigte mögliche Flugleistung zeitgleich auszuweisen sei. Insoweit ist die Vergleichbarkeit von Angebotspreisen anhand der Art und Weise der Preisdarstellung problematisch.

Die Beklagte betreibt ein Buchungsportal. Eine Buchung erfolgte durch verschiedene Buchungsschritte (siehe oben). Im Rahmen des 2. Buchungsschrittes wurde der Flugpreis für einen ausgewählten Flugdienst (1. Buchungsschritt) nebst den gesondert ausgewiesenen Steuern und Gebühren sowie dem Kerosinzuschlag dargestellt. Diese Angaben sowie die Summe dieser Preisbestandteile wurden mit den Abflug- und Ankunftszeiten in einer Tabelle angezeigt. Unterhalb dieser Tabelle, innerhalb des 2. Buchungsschrittes, wurden in einem gesonderten Kasten der aus diesen Angaben gebildete Preis und die „Service Charge" mit einem noch im selben Buchungsschritt aufgelösten Sternhinweis angegeben. Darunter wurde der daraus berechnete Preis pro Person ausgewiesen. Der Sternhinweis enthielt die Informationen:

> „Der Preis beinhaltet Flugpreis, Steuern und Gebühren pro Person; jedoch nicht die Service-Charge. Die Service-Charge beträgt bei Internetbuchungen 10 € pro Person und Buchung. Für Kleinkinder bis zum vollendeten 2. Lebensjahr entfällt diese Gebühr. Bitte beachten Sie, dass die Service Charge nicht erstattungsfähig ist. Die Service Charge fällt nicht an auf innerbalearischen Flügen, für topbonus Kunden mit dem Status Gold und bei besonderen Angebotspreisen."[181]

Die „Service Charge" ist demnach nicht unmittelbar in die Preisdarstellung im Rahmen der oberen Tabelle einbezogen.[182] Der Endpreis wird jedoch im Rahmen dieses 2. Buchungsschrittes dargestellt, jedenfalls unterhalb dieser Tabelle. In einem nachfolgenden Buchungsschritt und vor Abgabe der rechtsverbindlichen Willenserklärung, waren ferner Angaben zu Kundendaten, Zusatzleistungen und Zahlungsmodalitäten notwendig.

a) Problemstellung der ersten Vorlagefrage

Problematisch ist die Formulierung „stets" in Art. 23 Abs. 1 S. 2 VO (EG) 1008/2008. Fraglich ist, ob dies voraussetzt, dass der Endpreis immer einheitlich ausgewiesen werden muss, oder ob es ausreicht, dass Preisbestandteile innerhalb eines Buchungssystems getrennt dargestellt werden und erst im weiteren Verlauf

---

181 LG Berlin, Urteil vom 20.04.2010, Az. 16 O 27/09 = BeckRS 2013, 18846.

182 Vgl. LG Berlin, Urteil vom 20.04.2010, Az. 16 O 27/09 = BeckRS 2013, 18846.

dieses konkreten Buchungsvorgangs der Endpreis ausgewiesen wird. Nach einer möglichen Auslegung bedeutet der Begriff stets, dass der Endpreis einschließlich aller Preisbestandteile auch im Rahmen eines mehrstufigen Buchungssystems von der ersten Preisausweisung bis zur Abgabe der verbindlichen Willenserklärung angezeigt wird. Demgegenüber lässt sich der Begriff so auslegen, dass der Endpreis im Rahmen eines jeden Buchungsschrittes unmittelbar mit der Auswahl einer konkreten Flugstrecke vor der Abgabe der verbindlichen Willenserklärung dargestellt wird. Demnach wäre Art. 23 Abs. 1 S. 2 VO (EG) 1008/2008 nicht so zu verstehen, dass es notwendig ist, den Endpreis bereits bei der erstmaligen Preisangabe auszuweisen.

b) Stellungnahme zur ersten Vorlagefrage

Im Rahmen der Auslegung einer Sekundärrechtsnorm sind neben dem Wortlaut auch der Sinn und Zweck entscheidend.[183] Die unterschiedlichen Sprachfassungen können ebenfalls herangezogen werden.[184] Diese ergeben jedoch für die vorliegende Fragestellung keinen weiteren Aufschluss, denn beispielsweise die englische Sprachfassung „at all times“ und französische Sprachfassung „à tout moment“ haben keine unterschiedliche Bedeutung.

Sowohl aus der Überschrift als auch aus dem Wortlaut von Art. 23 Abs. 1 VO (EG) 1008/2008 ergibt sich eindeutig, dass diese Bestimmung im Hinblick auf die Preise von Luftverkehrsdiensten (Preis-)Information und (Preis-)Transparenz gewährleisten soll. Dies dient dem Schutz der potenziellen Vertragspartei,[185] unabhängig davon, ob es sich um ein B2C- oder ein B2B-Geschäft handelt. Wie bereits gezeigt, soll ein effektiver Preisvergleich zwischen verschiedenen Luftfahrtunternehmen ermöglicht werden (Erwägungsgrund Nr. 16 S. 1 der VO (EG) 1008/2008). Ein effektiver Preisvergleich ist auch möglich, wenn der Endpreis bestehend aus dem Flugpreis zuzüglich unvermeidbarer Preisbestandteile zeitlich unmittelbar vor der möglichen Abgabe der verbindlichen Willenserklärung dargestellt wird. Vorliegend war der Endpreis, einschließlich aller Preisbestandteile, bereits unmittelbar nach der Auswahl einer konkreten Flugstrecke innerhalb dieses 2. Buchungsschrittes ausgewiesen.

---

183 EuGH, Entscheidung vom 27.03.1980, Rs. 61/79, NJW 1980, 2008 (2009); *Schwarze* in Schwarze/Becker/Hatje/Schoo, EU-Kommentar, Art. 267 AEUV, Rdnr. 18.

184 EuGH, Entscheidung vom 07.02.1985, Rs. 135/83 („H.B.M. Abels / Bestuur van de Bedrijfsvereniging voor de Metaalindustrie en de Electrotechnische Industrie“) = BeckRS 2004, 71563; *Schwarze* in Schwarze/Becker/Hatje/Schoo, EU-Kommentar, Art. 19 EUV, Rdnr. 37.

185 EuGH, Urteil vom 19.07.2012, Az. C-112/11 („ebookers.com“), MMR 2012, 584 (585).

Ein effektiver Preisvergleich setzt dabei voraus, dass der für den gewünschten Flug tatsächlich zu bezahlende Endpreis einschließlich aller Preisbestandteile zu einem Zeitpunkt ausgewiesen ist, zu dem die potenzielle Vertragspartei noch keine rechtsverbindliche Willenserklärung abgegeben hat. Andernfalls könnte der Sinn und Zweck eines Vergleichs, die Entscheidung zum Vertragsschluss auf der Grundlage dieses Endpreises, nicht mehr erreicht werden. Zudem folgt aus dem „effet utile"-Grundsatz des Unionsrechts, dass die entsprechende Preisangabe nicht irreführend, sondern klar und wahr sein muss, also hinreichend transparent. Dies entspricht der Intention des Verordnungsgebers.[186] Der Preisvergleich ist nur effektiv möglich, wenn die potenzielle Vertragspartei einen Flug auswählt und dann der zu zahlende Endpreis unmittelbar mit dieser Auswahl angezeigt wird. Eine effektive Preisvergleichsmöglichkeit wäre dagegen nicht mehr möglich, wenn die potenzielle Vertragspartei zunächst alle weiteren Buchungsschritte absolvieren müsste. Dem Sinn und Zweck von Art. 23 Abs. 1 S. 2 VO (EG) 1008/2008 würde es widersprechen, wenn innerhalb von verschiedenen Buchungsschritten unterschiedliche Endpreise angezeigt werden würden. Dies würde zu mehr Informationen führen und dadurch würde wiederum der Preisvergleich im Sinne von Erwägungsgrund Nr. 16 S. 1 der VO (EG) 1008/2008 erschwert werden.

Strengere Anforderungen an die Gestaltung der Darstellung des Endpreises lassen sich weder aus dem Erwägungsgrund Nr. 16 der VO (EG) 1008/2008, der Intention des Verordnungsgebers noch aus dem „effet utile"-Grundsatz entnehmen. Solange die potenzielle Vertragspartei den Endpreis zu einem Zeitpunkt zur Kenntnis nehmen kann, zu dem die Buchung noch nicht verbindlich erfolgt ist und zu dem die Buchung auch noch nicht weiter personalisiert worden ist, kann sie, wenn die Informationen nach Art. 23 Abs. 1 VO (EG) 1008/2008 angezeigt werden, einen effektiven Preisvergleich mit einem anderen Wettbewerber vornehmen.

Ob der Endpreis, i.S.d. ersten Vorlagefrage, als oberer Preis, oder als unterer Preis innerhalb eines Buchungsschrittes angezeigt wird, kann nicht entscheidend sein. Die Nutzung eines elektronischen Buchungssystems darf nicht in unnatürliche Lebensvorgänge aufgespalten werden. Als einheitlicher Lebensvorgang ist der Endpreis vor Abgabe der verbindlichen Willenserklärung wahrnehmbar. Dabei entspricht es der oben genannten Rechtsprechung sowohl in Österreich als auch in Deutschland, dass eine Gesamtbetrachtung notwendig ist.[187] Zwar sind die Urteile

---

186 Vgl. Vorschlag für eine Verordnung des Europäischen Parlaments und des Rates über gemeinsame Vorschriften für die Durchführung von Luftverkehrsdiensten in der Gemeinschaft, KOM(2006) 396 endgültig, 10.

187 OLG Wien, Urteil vom 11.05.2009, Az. 5 R 103/09t, 11; BGH, Urteil vom 03.04.2003, Az. I ZR 222/00 („Internet-Reservierungssystem"), GRUR 2003, 889; OLG Köln, Urteil vom 23.03.2007, Az. 6 U 227/06 („Mindestpreis Oneway"), GRUR-RR 2007, 329 (330).

des BGH, Urteil vom 3. April 2003, Az. I ZR 222/00, und des OLG Köln, Urteil vom 23.03.2007, Az. 6 U 227/06, zu Fragen der Preisauszeichnung vor dem Inkrafttreten der VO (EG) 1008/2008 am 1. November 2008 veröffentlicht worden, Art. 28 VO (EG) 1008/2008, jedoch ergeben sich aus der VO (EG) 1008/2008 keine Anhaltspunkte dafür, einen Buchungsvorgang jetzt aufzuspalten. Zudem sind diese Urteile zu § 1 Abs. 1, Abs. 6 PAngV (a.F.) ergangen. Demnach entspricht es den Grundsätzen der Preisklarheit und Preiswahrheit, wenn der Endpreis bei einem fortlaufenden Buchungssystem jedenfalls durch fortlaufende Eingaben festgestellt werden kann und die potenzielle Vertragspartei darauf klar und unmissverständlich hingewiesen wird.[188] Die Merkmale einer „optimalen“ Preisvergleichsmöglichkeit aufgrund der PAngV[189] und einer „effektiven“ Preisvergleichsmöglichkeit i.S.d. Erwägungsgrund Nr. 16 S. 1 der VO (EG) 1008/2008 entsprechen sich insoweit.

Aufgrund eines argumentum e contrario kann geschlossen werden, dass ein verständiger Nutzer die Angabe des Endpreises als innerhalb des gleichen Buchungsschrittes wahrnimmt, wenn die Preisaufschlüsselung zeitlich und räumlich im Zusammenhang erfolgt. Die potenzielle Vertragspartei wird vor Überraschungen im Zusammenhang mit dem zu zahlenden Endpreis soweit geschützt, wie dies für eine rational-kritische Entscheidung notwendig ist.

Ferner spricht ein Vergleich des Wortlautes von Art. 23 Abs. 1 S. 2 VO (EG) 1008/2008 mit dem Wortlaut des Art. 23 Abs. 1 S. 4 VO (EG) 1008/2008 dafür, dass der Begriff „stets“ nicht „so früh wie zeitlich und räumlich möglich“ bedeutet. Für fakultative Zusatzkosten sieht Art. 23 Abs. 1 S. 4 VO (EG) 1008/2008 vor, dass diese „am Beginn jedes Buchungsvorgangs“ angezeigt werden. Insoweit handelt es sich bei Art. 23 Abs. 1 S. 2 und S. 4 VO (EG) 1008/2008 um zwei unterschiedliche Kategorien von Preisen.[190] Während der Endpreis im Sinne von Art. 23 Abs. 1 S. 2 VO (EG) 1008/2008 eine Vergleichbarkeit ermöglichen soll, soll Art. 23 Abs. 1 S. 4 VO (EG) 1008/2008 darüber hinaus auch die potenzielle Vertragspartei vor zusätzlichen Preisbestandteilen schützen, die nicht obligatorisch im Zusammen-

188 BGH, Urteil vom 03.04.2003, Az. I ZR 222/00 („Internet-Reservierungssystem“), GRUR 2003, 889 (890); OLG Köln, Urteil vom 23.03.2007, Az. 6 U 227/06 („Mindestpreis Oneway“), GRUR-RR 2007, 329 (330).

189 BGH, Urteil vom 03.07.2003, Az. I ZR 211/01 („Telefonischer Auskunftsdienst“), NJW 2003, 3343 (3344); BGH, Urteil vom 04.10.2007, Az. I ZR 143/04 („Versandkosten“), NJW 2008, 1384 (1387).

190 Schlussantrag des EuGH-Generalanwaltes *Ján Mazák* vom 01.03.2012, Az. C-112/11 (ebookers.com Deutschland ./. Bundesverband der Verbraucherzentralen und Verbraucherverbände – Verbraucherzentrale Bundesverband e. V.), Rdnr. 26; vgl. EuGH, Urteil vom 19.07.2012, Az. C-112/11 („ebookers.com“), MMR 2012, 584 (585).

hang mit der angestrebten Leistung stehen. Dabei wird bezogen auf fakultative Zusatzkosten die strengere Vorgabe statuiert, dass diese Kosten zu einem ganz bestimmten Zeitpunkt dargestellt werden. Der Zeitpunkt „am Beginn jedes Buchungsvorgangs" hat dabei eine zeitliche und eine räumliche Wahrnehmungskomponente zur Willensbildung. Daraus folgt, dass Art. 23 Abs. 1 S. 4 VO (EG) 1008/2008 bezogen auf den Zeitpunkt der Informationsdarstellung enger zu verstehen ist, als Art. 23 Abs. 1 S. 2 VO (EG) 1008/2008.

Diese Schlussfolgerungen zu Art. 23 Abs. 1 S. 2 VO (EG) 1008/2008 stehen auch im Einklang mit den Anforderungen von Art. 6 Abs. 1 lit. e) und 8 Abs. 2 VRRL bezogen auf Fernabsatzverträge. Der Gesamtpreis nach Art. 6 Abs. 1 lit. d) VRRL ist anzugeben, „bevor" der Verbraucher seine rechtsverbindliche Willenserklärung abgibt. Die Zahlungspflichtigkeit einer Bestellung muss „unmittelbar bevor" der Verbraucher seine entsprechende Willenserklärung abgibt ausgewiesen werden, Art. 8 Abs. 2 VRRL.

Die VO (EG) 1008/2008 schreibt nicht vor, dass alle elektronischen Buchungssysteme einheitlich auszugestalten sind. Dies würde auch dem Grundsatz des freien Wettbewerbs im Binnenmarkt widersprechen, welcher gerade durch diese Verordnung gefördert werden soll. Daraus folgt, dass der Endpreis im Sinne von Art. 23 Abs. 1 S. 2 VO (EG) 1008/2008 nicht zwingend bei der erstmaligen Angabe von Flugpreisen innerhalb eines Buchungsvorganges angegeben werden muss. Entscheidend ist, dass der Endpreis im Rahmen eines Buchungsvorganges im Zusammenhang mit der konkret gewählten Leistung vor Abgabe der rechtsverbindlichen Willenserklärung in transparenter Weise dargestellt wird.

c) *Problemstellung der zweiten Vorlagefrage*

Problematisch ist, ob Art. 23 Abs. 1 S. 2 VO (EG) 1008/2008 entsprechend auszulegen sei, dass der Endpreis einschließlich sämtlicher Preisbestandteile für jeden angezeigten Flugpreis ausgewiesen werden muss, oder ob der gesamte Endpreis nur für einen konkret ausgewählten Flug auszuweisen sei.

Nach Eingabe der Flugstrecke im Rahmen des 1. Buchungsschrittes wurden im Rahmen des 2. Buchungsschrittes unterschiedliche Verbindungsmöglichkeiten angezeigt. Dabei wurde der entsprechende Endpreis jeweils in einer Tabelle neben den Auswahlmöglichkeiten angezeigt (siehe oben). Der in der unteren Tabelle dargestellte Gesamtpreis konnte sich jedoch je nach Auswahl ändern. Daher waren diese ausgewiesenen Angebote nicht zeitlich und räumlich gleichzeitig miteinander anhand des jeweiligen Gesamtpreises vergleichbar.

d) Stellungnahme zur zweiten Vorlagefrage

Nachdem der Wortlaut des Art. 23 Abs. 1 S. 2 VO (EG) 1008/2008 auch hierzu keine ausdrückliche Vorgabe enthält, ist eine Auslegung unter Beachtung von Erwägungsgrund Nr. 16 der VO (EG) 1008/2008 erforderlich. Preistransparenz bedeutet Klarheit und Wahrheit bezogen auf das Entgelt für eine bestimmte bzw. bestimmbare Gegenleistung. Daher können vom Sinn und Zweck her nur konkrete Angebote vergleichbar sein. Bevor eine potenzielle Vertragspartei einen Preisvergleich vornehmen kann, muss ein konkretes Leistungsangebot ausgewählt werden. Zunächst muss demnach eine Gleichartigkeit der Angebote erreicht werden,[191] um einen Vergleich zu ermöglichen. Dies erfolgt im Rahmen eines elektronischen Buchungssystems durch die Auswahl eines konkreten Angebotes. Im Rahmen dieser Auswahl muss der Gesamtpreis transparent dargestellt werden (siehe oben). Erst dann sind zwei Flugangebote überhaupt vergleichbar. Daher kann der Sinn und Zweck von Erwägungsgrund Nr. 16 der VO (EG) 1008/2008 erst ab dem Zeitpunkt einer konkreten Leistungsauswahl erreicht werden.

Zudem ist es bei der Anzeige von verschiedenen Angeboten und einer Vielzahl von Kombinationsmöglichkeiten, wie sie gerade bei Flugreisen mit Hin- und Rückflügen üblicherweise gegeben sind, eine unmittelbare Anzeige des zu zahlenden Gesamtpreises für alle möglichen Angebotskombinationen problematisch. Ob dies Schuld befreiend ist im Sinne von § 275 Abs. 1–3 BGB, kann dahinstehen, denn eine effektive Preisvergleichsmöglichkeit bedeutet gerade auch, dass eine Informationsüberfrachtung zu verhindern ist. Diese würde wiederum zu einer Preisintransparenz führen.

Ferner wären die an sich zulässigen sog. „ab"-Preise[192] im Rahmen von Angeboten[193] rechtlich letztlich unzulässig, wenn im Rahmen eines Angebots, unabhängig vom jeweiligen Medium, alle Gesamtpreise ausgewiesen werden müssten. Dies würde jedenfalls für den Anwendungsbereich des Art. 23 Abs. 1 S. 2 VO (EG) 1008/2008 gelten.

Daher ist nach Art. 23 Abs. 1 S. 2 VO (EG) 1008/2008 nicht für jedes dargestellte Angebot räumlich und zeitlich gleichzeitig der jeweilige Gesamtpreis

---

191 Vgl. Schlussantrag des EuGH-Generalanwaltes *Ján Mazák* vom 01.03.2012, Az. C-112/11 (ebookers.com Deutschland./. Bundesverband der Verbraucherzentralen und Verbraucherverbände – Verbraucherzentrale Bundesverband e. V.), Rdnr. 30.

192 „Ab"-Preise sind Preisangaben, bei denen es sich nicht um den Endpreis handelt; vgl. LG Bonn, Urteil vom 22.12.2009, Az. 11 O 92/09, MMR 2010, 180 (181).

193 EuGH, Entscheidung vom 12.05.2011, Az. C-122/10 („Ving Sverige"), GRUR 2011, 930 (932).

auszuweisen. Lediglich der zu zahlende Gesamtpreis für die von der potenziellen Vertragspartei gewählte Flugleistung muss ausgewiesen werden.

e) *Entscheidung des EuGH vom 15. Januar 2015, Az. C-573/13*

Durch Entscheidung vom 15. Januar 2015, Az. C-573/13,[194] hat der EuGH entschieden, dass Art. 23 Abs. 1 S. 2 der VO (EG) 1008/2008 dahin gehend auszulegen sei, dass der zu zahlende Endpreis im Rahmen eines elektronischen Buchungssystems bei jeder Angabe von Preisen für Flugdienste, einschließlich bei ihrer erstmaligen Angabe, auszuweisen ist. Zudem sei die Norm in der Weise auszulegen, dass der zu zahlende Endpreis im Rahmen eines elektronischen Buchungssystems nicht nur für den vom Kunden ausgewählten Flugdienst, sondern auch für jeden Flugdienst auszuweisen ist, dessen Preis angezeigt wird. Dies entspreche jeweils dem Wortlaut und dem Sinn und Zweck der Vorschrift, Preistransparenz zu erreichen.[195]

3. Schlussfolgerungen

Durch die hohen Anforderungen an die Darstellung von Preisinformationen statuiert Art. 23 Abs. 1 VO (EG) 1008/2008 ein hohes Niveau an Preistransparenz. Die Luftfahrtunternehmen sind dennoch in ihrer eigenen internen Preisbildung frei, Art. 22 Abs. 1 VO (EG) 1008/2008. Diese eigene interne Preisbildung des Flugpreises bzw. der Luftfrachtrate ist nicht nach Art. 23 Abs. 1 VO (EG) 1008/2008 offenzulegen.

V. Preisfestsetzungen im Rahmen von B2B-, Miet-, Leasing- und Verbraucherdarlehensverträgen

Preistransparenz könnte im Rahmen unterschiedlicher Vertragstypen unterschiedlich erreicht werden. Dazu sind im Folgenden Verträge zwischen Unternehmern (B2B-Geschäfte), Miet-, Leasing- und Verbraucherdarlehensverträgen zu untersuchen.

B2B-Geschäfte sind zu untersuchen, denn in diesem Bereich finden keine typisierten Schutzvorschriften Anwendung. Das Mietrecht ist als Beispiel eines im besonderen Schuldrecht geregelten Vertragstyp zu prüfen. Leasingverträge werden demgegenüber als Beispiel für Vertragstypen untersucht, die nicht im besonderen

194 EuGH, Entscheidung vom 15.01.2015, C-573/13 („Air Berlin"), MMR 2015, 178 f.

195 EuGH, Entscheidung vom 15.01.2015, C-573/13 („Air Berlin"), MMR 2015, 178 (180 f.).

Schuldrecht ausdrücklich geregelt sind. Anschließend werden Verbraucherdarlehensverträge als Beispiel eines Rechtsbereiches mit speziellen Anforderungen an die Preistransparenz zum Verbraucherschutz analysiert.

1. Individualvereinbarungen über Preisbestimmungsklauseln bei B2B-Geschäften

Bei B2B-Geschäften können Preisbestimmungsklauseln ausreichend sein. Durch diese kann beispielsweise auf den Marktpreis, den Börsenpreis oder einen Listenpreis abgestellt werden.[196] Der Marktpreis ist der am Erfüllungsort zur Erfüllungszeit für Waren einer bestimmten Gattung gezahlte Durchschnittspreis.[197] Der Marktpreis wird durch eine fortlaufende Preisnotierung durch eine offiziell bestellte oder allgemein anerkannte Stelle festgesetzt.[198] Zu diesen Stellen können Börsen, Broker, Händler, Branchengruppen, Preisberechnungsdienste oder Aufsichtsbehörden gehören, wenn der Preis leicht und regelmäßig erhältlich ist und auf Markttransaktionen zwischen unabhängigen Dritten beruht.[199] Dieser Marktpreis ist unabhängig vom Status der beteiligten Personen zu ermitteln.[200] Der Marktpreis kann auch nachträglich anhand einer erheblichen Anzahl von Kaufverträgen festgestellt werden.[201] Dabei ist auf einen bestimmten Ort, eine bestimmte Zeit und auf Gegenstände der gleichen Art abzustellen. Der Börsenpreis ist eine Unterart des Marktpreises.[202] Gemäß § 24 Abs. 1 BörsG ist dies der Preis, der während der Börsenzeit an einer Börse im Präsenzhandel, im elektronischen Handel oder an einer Warenbörse ermittelt wird.[203]

Im Unterschied zum Marktpreis, der anhand objektiver Kriterien ermittelt werden kann, ist ein Listenpreis ein einseitig festgesetzter Preis.[204] Dieser Listenpreis muss nicht vom Verkäufer bestimmt sein. Der Listenpreis kann auch durch Dritte, beispielsweise durch den Hersteller,[205] festgesetzt werden.

---

196 *Westermann* in MüKo, BGB, Band 3, § 433 BGB, Rdnr. 18.

197 BGH, Urteil vom 24.01.1979, Az. VIII ZR 16/78, NJW 1979, 758 (759); *Westermann* in MüKo, BGB, Band 3, § 433 BGB, Rdnr. 18.

198 Vgl. *Müller* in Ebenroth/Boujong/Joost/Strohn, HGB, Band 2, § 373 HGB, Rdnr. 29 ff.

199 *Merkt* in Baumbach/Hopt, HGB, § 255 HGB, Rdnr. 25.

200 BGH, Urteil vom 24.01.1979, Az. VIII ZR 16/78, NJW 1979, 758 (759).

201 Vgl. *Müller* in Ebenroth/Boujong/Joost/Strohn, HGB, Band 2, § 373 HGB, Rdnr. 33 ff.

202 Vgl. *Müller* in Ebenroth/Boujong/Joost/Strohn, HGB, Band 2, § 373 HGB, Rdnr. 35.

203 *Groß* in Groß, Kapitalmarktrecht, § 24 BörsG, Rdnr. 5.

204 *Müller* in Ebenroth/Boujong/Joost/Strohn, HGB, Band 2, § 373 HGB, Rdnr. 34.

205 Vgl. BGH, Urteil vom 18.05.1983, Az. VIII ZR 20/82 NJW 1983, 1603 (1604); *Sosnitza* in Piper/Ohly/Sosnitza, UWG, § 5 UWG, Rdnr. 476.

Ferner ist die Vereinbarung eines ortsüblichen Preises zulässig. Dadurch wird Bezug genommen auf örtliche Einrichtungen oder Instanzen zur Preisbestimmung.[206] Beispiele hierfür sind die §§ 373, 376, 379 HGB sowie §§ 385 ggf. in Verbindung mit 386 HGB und § 385 BGB.

Nach § 373 Abs. 2 S. 1 2. Hs. HGB ist der Verkäufer befugt, die Ware, wenn diese einen Börsen- oder Marktpreis hat, aus freier Hand durch einen zu solchen Verkäufen öffentlich ermächtigten Handelsmakler oder durch eine zur öffentlichen Versteigerung befugte Person zum laufenden Preise zu veräußern. Der laufende Preis, im Rahmen der vertraglichen Preisfestsetzung, wird durch die Berechnung des mittleren Durchschnittspreises bestimmt, den eine Ware an einem bestimmten Tag und Ort erzielt.[207] Als Berechnungsgrundlage können amtliche oder sonst anerkannte Tagespreisnotierungen verwendet werden. Diese müssen sich auf den tatsächlich erzielten Durchschnittspreis beziehen und dürfen nicht nur anhand von Angebot und Nachfrage berechnet worden sein. Beispielsweise ist der Börsenkurs i.S.d. §§ 27 ff. BörsG ein „laufender Preis".[208]

Wenn es für eine Ware keinen aktiven Markt gibt, kann der Zeitwert mithilfe allgemein anerkannter Bewertungsmethoden berechnet werden.[209]

Daraus folgt, dass im Rahmen von B2B-Geschäften geringere Anforderungen an die Preistransparenz der vertraglichen Preisfestsetzung gegeben sind als im Rahmen von B2C-Geschäften. Unternehmer verfügen regelmäßig über ausreichende Marktkenntnisse, um einen Preis aufgrund einer Preisbestimmungsklausel festzusetzen.

2. Mietverträge

a) Bestimmung des konkreten Betrages des Mietzinses

Wenn sich die Vertragsparteien geeinigt haben, dass das Mietobjekt gegen Entgelt überlassen wird, aber keine Vereinbarung über den konkreten Betrag des Mietzinses gegeben ist, so kann die Entgelthöhe im Wege der ergänzenden Vertragsauslegung oder hilfsweise über die analoge Anwendung der §§ 612 Abs. 2, 632

206 Vgl. *Westermann* in MüKo, BGB, Band 3, § 433 BGB, Rdnr. 18.

207 *Fetzer* in MüKo, BGB, Band 2, § 385, Rdnr. 2; OLG Köln, Urteil vom 06.06.1994, Az. 19 U 150/93, NJW-RR 1995, 52 (54); *Müller* in Ebenroth/Boujong/Joost/Strohn, HGB, Band 2, § 373 HGB, Rdnr. 33.

208 *Müller* in Ebenroth/Boujong/Joost/Strohn, HGB, Band 2, § 373 HGB, Rdnr. 33.

209 Vgl. § 255 Abs. 4 S. 2 HGB.

Abs. 2 BGB bzw. § 354 HGB[210] ermittelt werden.[211] Diese Analogien sind zulässig, denn insoweit ist eine planwidrige Regelungslücke gegeben, eine vergleichbare Regelung im Mietrecht fehlt, die Interessenslagen sind vergleichbar und durch eine Analogie kann die Regelungslücke im Mietrecht geschlossen werden.[212] Dies führt zur Mietzinsfestsetzung nach dem angemessenen oder ortsüblichen Mietzinssatz gemäß § 558 BGB.[213] Ausreichend ist, wenn die Höhe der Miete notfalls unter Einschaltung eines Sachverständigen ermittelt wird.[214]

Der ortsübliche Mietzinssatz nach § 558 BGB wird durch einen Vergleich ermittelt, sog. Vergleichsmietensystem. Die ortsübliche Vergleichsmiete nach § 558 Abs. 2 BGB entspricht den gezahlten Mieten, die tatsächlich und üblicherweise für vergleichbare Wohnungen gezahlt werden. Dies ist eine marktorientierte Miete.[215] Nach § 558 Abs. 2 S. 2 BGB sind daher Wohnungen ausgenommen, deren Mietzins nicht frei vereinbart worden ist.[216]

Neben der Nettokaltmiete sind auch die Betriebskosten zu beachten.[217] In Abweichung von § 535 Abs. 1 S. 3 BGB können die Vertragsparteien vereinbaren, dass der Mieter die Betriebskosten nach § 1 BetrKV, sog. Nebenkosten, zu tragen hat (§ 556 Abs. 1 S. 1 BGB).[218] Zur notwendigen Bestimmbarkeit kann der Verweis auf die Betriebskostenverordnung i.S.d. § 556 Abs. 1 S. 3 BGB genügen. Dabei muss der entsprechende Text der Verordnung nicht dem Mietvertrag beigefügt werden,[219] obwohl dies gerade zur Transparenz beitragen würde. Die Betriebskostenverordnung legt die zulässigen Nebenkosten dem Grunde nach fest. Die Höhe ist im Einzelfall zu ermitteln. Vorauszahlungen dürfen nur in angemessener Höhe vereinbart werden, § 556 Abs. 2 S. 2 BGB.

Nach § 259 BGB muss die Nebenkostenabrechnung so abgefasst sein, dass diese auch durch einen juristisch und betriebswirtschaftlich nicht vorgebildeten

---

210 *Häublein* in MüKo, BGB, Band 4, § 535 BGB, Rdnr. 154; OLG Düsseldorf, Urteil vom 19.01.1995, Az. 10 U 43/94, NJW-RR 1996, 287 (288).

211 *Häublein* in MüKo, BGB, Band 4, § 535 BGB, Rdnr. 4; *Ehlert* in Beck'scher Online-Kommentar BGB, § 535 BGB, Rdnr. 212.

212 Vgl. OLG Düsseldorf, Urteil vom 19.01.1995, Az. 10 U 43/94, NJW-RR 1996, 287 (288).

213 *Häublein* in MüKo, BGB, Band 4, § 535 BGB, Rdnr. 4; BGH, Urteil vom 03.07.2002, Az. XII ZR 39/00, NJW 2002, 3016 (3018).

214 BGH, Urteil vom 03.07.2002, Az. XII ZR 39/00, NJW 2002, 3016 (3018).

215 Vgl. *Artz* in MüKo, BGB, Band 4, § 558 BGB, Rdnr. 7; *Teichmann* in Jauernig, BGB, § 558 BGB, Rdnr. 4 ff.

216 Vgl. *Artz* in MüKo, BGB, Band 4, § 558 BGB, Rdnr. 32 ff.

217 Vgl. *Häublein* in MüKo, BGB, Band 4, § 535 BGB, Rdnr. 155 ff.

218 Vgl. *Häublein* in MüKo, BGB, Band 4, § 535 BGB, Rdnr. 161.

219 Vgl. *Schmid* in MüKo, BGB, Band 4, § 556 BGB, Rdnr. 17.

Empfänger nachvollzogen und überprüft werden kann.[220] Dafür ist eine geordnete Zusammenstellung mit einer zweckmäßigen und übersichtlichen Aufgliederung in Abrechnungsposten erforderlich.[221] Die Art und Weise der Angabe muss eine rechnerische Nachvollziehbarkeit ermöglichen.[222]

b) Anpassung des Mietzinses

Im Unterschied zur Geschäftsraummiete sind die Möglichkeiten des Vermieters zur Anpassung der Wohnraummiete aus sozialen Gesichtspunkten begrenzt.[223] Preisgleitklauseln, die aufgrund einer Indexierung eine automatische Anpassung der Miete bewirken, sind unter bestimmten Voraussetzungen möglich. Wenn die Vertragsparteien keine spezielle Vereinbarung nach § 557b BGB getroffen haben, findet das PrKlG Anwendung.[224] Nach § 3 Abs. 1 PrKlG sind bestimmte Preisklauseln zulässig,[225] beispielsweise in Mietverträgen, die für die Dauer von mindestens zehn Jahren, gerechnet vom Vertragsabschluss an, vereinbart worden sind.[226] Die Änderung des geschuldeten Betrages muss anhand eines Preisindexes ermittelt werden. Ein solcher Preisindex muss vom Statistischen Bundesamt, einem Statistischen Landesamt oder vom Statistischen Amt der Europäischen Gemeinschaften (Eurostat) ermittelt worden sein.

Eine entsprechende Klausel muss gemäß § 2 PrKlG hinreichend bestimmt sein und sie darf zu keiner unangemessenen Benachteiligung einer Vertragspartei führen.[227] Die Anforderungen des § 2 Abs. 2 PrKlG decken sich mit den Anforderungen an das Transparenzgebot nach § 307 Abs. 1 S. 2 BGB.[228]

---

220 BGH, Urteil vom 09.10.2013, Az. VIII ZR 22/13, NJW-RR 2014, 76 (77); BGH, Urteil vom 22.10.2014, Az. VIII ZR 97/14, NJW 2015, 51.

221 Vgl. *Schmid* in MüKo, BGB, Band 4, § 556 BGB, Rdnr. 68; BGH, Urteil vom 28.04.2010, Az. VIII ZR 263/09, NJW 2010, 1965 (1966).

222 Vgl. *Schmid* in MüKo, BGB, Band 4, § 556 BGB, Rdnr. 68.

223 *Häublein* in MüKo, BGB, Band 4, § 535 BGB, Rdnr. 158.

224 *Kirchhoff*, Das Verbot von Wertsicherungsklauseln im neuen Preisklauselgesetz, DNotZ 2007, 913 (924).

225 *Grüneberg* in Palandt, BGB, Anhang zu § 245 BGB (PrKlG), § 3 PrKlG, Rdnr. 1; *Häublein* in MüKo, BGB, Band 4, § 535 BGB, Rdnr. 159.

226 *Kirchhoff*, Das Verbot von Wertsicherungsklauseln im neuen Preisklauselgesetz, DNotZ 2007, 913 (919).

227 *Grüneberg* in Palandt, BGB, Anhang zu § 245 BGB (PrKlG), § 2 PrKlG, Rdnr. 1; *Häublein* in MüKo, BGB, Band 4, § 535 BGB, Rdnr. 159.

228 *Grüneberg* in Palandt, BGB, Anhang zu § 245 BGB (PrKlG), § 2 PrKlG, Rdnr. 2 f.

3. Leasingverträge

Leasingverträge, als Verträge sui generis im Sinne von § 311 Abs. 1 BGB,[229] können intransparente Preisgestaltungen beinhalten. Das Problem liegt in der Mehrschichtigkeit dieser Vertragsgestaltung. Die typischen Vertragsbeziehungen bei einem Leasingvertrag, das Grundgeschäft und das Finanzierungsgeschäft, müssen jeweils für sich und in ihrer Verbindung transparent sein. Nachdem Leasingverträge nicht kodifiziert sind, werden je nachdem welche Art von Leasingvertrag gegeben ist, unterschiedliche Normen herangezogen.[230]

Grundsätzlich ergeben sind im Rahmen der Preistransparenz keine Besonderheiten bei Leasingverträgen. Gemäß § 307 Abs. 3 S. 1 BGB ist eine AGB-Prüfung der jeweiligen Höhe des zu erbringenden Leasingentgeltes ausgeschlossen.[231] § 309 Nr. 1 BGB ist aufgrund der regelmäßigen Qualifizierung als Dauerschuldverhältnis nicht anwendbar. Daher sind Preisanpassungsklauseln an § 307 BGB zu messen.[232] Eine Preisanpassungsklausel muss auf die Abwälzung konkreter Kosten begrenzt sein, welche auch tatsächlich vom Leasingnehmer zu übernehmen sind. Ändern sich die Rahmenbedingungen der Kalkulationsgrundlage in der Risikosphäre des Leasinggebers, muss dieser auch dieses Risiko tragen.[233] Durch eine Preisanpassungsklausel darf der Leasinggeber zudem keinen zusätzlichen Gewinn erwirtschaften.[234]

Zudem „besteht keine uneingeschränkte Offenlegungspflicht im Hinblick auf die interne Kalkulation des Leasinggeschäfts."[235] Dem (Preis-)Transparenzgebot aus § 307 Abs. 1 S. 2 BGB wird entsprochen, wenn eine Klausel alle notwendigen Informationen zur Berechnung eines nach dieser Klausel geschuldeten Betrages

---

229 Vgl. *Martinek* in Martinek/Stoffels/Wimmer-Leonhardt, Handbuch des Leasingrechts, § 4, Rdnr. 53.

230 Vgl. *Wittberg/Freiherr von Fölkersamb/Reuber* in Aufsichts- und Verwaltungsräte in Kreditinstituten, Besondere Themenstellungen für den Aufsichtsrat bei Leasing- und Factoringgesellschaften, 273.

231 *J. Koch* in MüKo, BGB, Band 3, Finanzierungsleasing (Nach § 512 BGB), Rdnr. 44.

232 *J. Koch* in MüKo, BGB, Band 3, Finanzierungsleasing (Nach § 512 BGB), Rdnr. 47.

233 *Graf von Westphalen* in Graf von Westphalen, Der Leasingvertrag, Kap. F, Rdnr. 20.

234 *Stoffels* in Martinek/Stoffels/Wimmer-Leonhardt, Handbuch des Leasingrechts, § 18, Rdnr. 7; *Graf von Westphalen* in Graf von Westphalen, Vertragsrecht und AGB-Klauselwerke, Frühere Fassungen, Leasing (Stand Juni 2003), Rdnr. 78 sowie *Graf von Westphalen* in Graf von Westphalen, Vertragsrecht und AGB-Klauselwerke, Teil „Klauselwerke", Leasing, Rdnr. 84.

235 *Stoffels* in Martinek/Stoffels/Wimmer-Leonhardt, Handbuch des Leasingrechts, § 8, Rdnr. 46.

enthält. Daher muss die eigene interne Kalkulation nicht offengelegt werden, um dem Transparenzgebot nach § 307 Abs. 1 S. 2 BGB zu entsprechen.[236] Bezogen auf die Amortisation bedeutet dies, dass die Gesamtkosten des Leasinggebers auch eine Provision als Gewinnzuschlag umfassen dürfen.[237] Zusätzliche interne Kostenbestandteile sind regelmäßig die Kosten des Leasinggebers für die Anschaffung des Leasinggutes beim Lieferanten sowie die Zinsen für die Finanzierungsleistung des Leasinggebers.[238]

Ferner muss das Verbot einer unangemessenen Benachteiligung nach § 307 Abs. 1 S. 1, Abs. 2 BGB beachtet werden. Wird bei einer vorzeitigen Kündigung eine bestimmte Abschlusszahlung fällig, so muss eine entsprechende Klausel auch die Vorteile des Leasinggebers berücksichtigen, wie beispielsweise ersparte Kosten und Aufwendungen.[239] Dem Leasinggeber darf aus der vorzeitigen Kündigung kein Vorteil entstehen, welchen er bei kündigungsfreier Vertragsabwicklung nicht hätte.[240]

§ 506 BGB trägt dem Umstand Rechnung, dass das Finanzierungsleasing Elemente eines Darlehensvertrages beinhaltet.[241] Wenn es sich um B2C-Finanzierungsleasing handelt, ist folglich eine vergleichbare Interessenslage gegenüber dem Verbraucherdarlehensvertrag gegeben. Daher verweist § 506 Abs. 1 BGB unter anderem auf die §§ 491a ff. BGB.

Für den kreditierten Teil eines Leasingvertrages sind zudem die §§ 6, 6a PAngV zu beachten.[242]

Die Komplexität verschiedener Arten von Leasingverträgen ist bei der Vertragsausgestaltung zu berücksichtigen. Dies bezieht sich zum einen auf Art und Weise des zu erbringenden Entgeltes und zum anderen auf die Gegenleistungstransparenz. Der Leasingnehmer muss insbesondere wissen, wie sich eine vorzeitige Beendigung des Leasingvertrages auswirkt, ob Sonderzahlungen zu leisten sind und welche Abschlusszahlung er unter Umständen zu erbringen hat, ins-

236 *Graf von Westphalen* in Graf von Westphalen, Der Leasingvertrag, Kap. J, Rdnr. 58; BGH, Urteil vom 04.06.1997, Az. VIII ZR 312/96, NJW 1997, 3166 f.

237 BGH, Urteil vom 12.06.1985, Az. VIII ZR 148/84, NJW 1985, 2253 (2256).

238 *Stoffels* in Martinek/Stoffels/Wimmer-Leonhardt, Handbuch des Leasingrechts, § 16, Rdnr. 1.

239 *Wurmnest* in MüKo, BGB, Band 2, § 307 BGB, Rdnr. 102; *Graf von Westphalen* in Graf von Westphalen, Der Leasingvertrag, Kap. J, Rdnr. 70 ff.

240 BGH, Urteil vom 12.06.1985, Az. VIII ZR 148/84, NJW 1985, 2253 (2257).

241 *Tamm* in Tamm/Tonner, Verbraucherrecht, § 22, Rdnr. 620.

242 Vgl. *Sosnitza* in Piper/Ohly/Sosnitza, UWG, § 6 PAngV, Rdnr. 7; *Köhler* in Köhler/Bornkamm, UWG, § 6 PAngV, Rdnr. 3.

besondere wenn eine Vollamortisation erreicht werden soll.[243] Eine rational-kritische Entscheidung setzt dabei voraus, dass die (potenzielle) Vertragspartei Informationen bezogen auf das Leasinggut erhält sowie über die mit dem Leasinggut verbundenen Kosten, die sich aus dem jeweiligen Leasingvertrag ergeben oder ergeben können.

Für verbundene Geschäfte ist demnach zum einen von einer vertikalen Preistransparenz auszugehen, denn jedes Geschäft für sich muss den Anforderungen der Preistransparenz genügen. Zum anderen ist eine horizontale Preistransparenz gegeben, denn wenn die jeweiligen Geschäfte verbunden werden, dann darf dies nicht zu einer Preisintransparenz führen.

4. Verbraucherdarlehensverträge nach §§ 491 ff. BGB

Gemäß § 491a Abs. 1 BGB in Verbindung mit Art. 247 § 1 EGBGB sind bestimmte Informationen „rechtzeitig vor dem Abschluss eines Verbraucherdarlehensvertrages in Textform" zu erteilen. Der Umfang dieser Informationspflichten ergibt sich aus Art. 247 §§ 3–5 und 8–13 EGBGB. Aus § 491a Abs. 2 BGB folgt zudem ein grundsätzlicher Anspruch auf Übermittlung eines Vertragsentwurfs. Nach § 491a Abs. 3 S. 1 BGB ist der Darlehensgeber zu einer angemessenen Erläuterung verpflichtet. Eine angemessene Erläuterung soll es dem Darlehensnehmer ermöglichen, selbst zu beurteilen, ob der Sinn und Zweck des potenziellen Vertrages seinen Vermögensverhältnissen gerecht wird. Die Erläuterungspflicht des Unternehmers nach § 491a Abs. 3 S. 1 BGB statuiert eine Pflicht, die sich bisher aus § 241 Abs. 2 BGB ergeben hat.[244]

Diese Pflicht gilt grundsätzlich auch für den Darlehensvermittler, § 655a Abs. 2 S. 2 BGB.[245]

Gemäß Art. 247 § 3 Abs. 1 EGBGB sind unter anderem Informationen über den effektiven Jahreszins, den Nettodarlehensbetrag, den Sollzinssatz, über den Betrag, Zahl und Fälligkeit der einzelnen Teilzahlungen, den Gesamtbetrag sowie über alle sonstigen Kosten vor Vertragsschluss zur Verfügung zu stellen. Art. 247 § 3 Abs. 2 S. 1 EGBGB definiert den Gesamtbetrag als die Summe aus Nettodarlehensbetrag und Gesamtkosten. Nach Art. 247 § 3 Abs. 2 S. 3 EGBGB wird zur Berechnung der Gesamtkosten und des effektiven Jahreszinses auf § 6 PAngV verwiesen.

---

243 Vgl. *Wittberg/Freiherr von Fölkersamb/Reuber* in Aufsichts- und Verwaltungsräte in Kreditinstituten, Besondere Themenstellungen für den Aufsichtsrat bei Leasing- und Factoringgesellschaften, 274 f.

244 *Weidenkaff* in Palandt, BGB, § 491a BGB, Rdnr. 4; BT-Drucks. 16/11643, 78.

245 Vgl. BT-Drucks. 16/11643, 78.

Nach § 6 Abs. 3 PAngV müssen bei den Gesamtkosten die vom Kreditnehmer zu entrichtenden Zinsen und alle sonstigen Kosten einschließlich etwaiger Vermittlungskosten, die der Kreditnehmer im Zusammenhang mit dem Kreditvertrag zu entrichten hat und die dem Kreditgeber bekannt sind, berücksichtigt werden. Bestimmte Kosten sind nach § 6 Abs. 3 Nr. 1–6 PAngV ausgenommen, wenn sie fakultativ sind.

Anhand eines repräsentativen Beispiels sind der Gesamtbetrag und der effektive Jahreszins zu erläutern, Art. 247 § 3 Abs. 3 EGBGB. Wenn der Verbraucher Notarkosten zu tragen hat, dann ist über diese in räumlich getrennterweise ebenfalls vor Vertragsschluss gemäß Art. 247 § 4 Abs. 1 Nr. 1, Abs. 2 EGBGB zu informieren.

Die Informationsbereitstellung ist nicht völlig standardisiert, denn es ist je nach der Art des Verbraucherdarlehens zu unterscheiden. Geäußerte Präferenzen des Verbrauchers sowie die von ihm vorgelegten Informationen sind zu berücksichtigen.[246] Im Rahmen eines Allgemein-Verbraucherdarlehensvertrages gemäß § 491 Abs. 2 S. 1 BGB ergibt sich eine Standardisierung der Informationsbereitstellung aus Art. 247 § 2 Abs. 1 EGBGB.[247] Demnach ist das Muster „Europäische Standardinformationen für Verbraucherkredite", welches in Anlage 3 EGBGB abgedruckt ist, zu verwenden.

Sinn und Zweck der Regelungen zum Verbraucherdarlehensvertrag ist der Verbraucherschutz. Sowohl die Anlage zur Berechnung des effektiven Jahreszinses nach § 6 Abs. 2 S. 1 PAngV als auch das Muster „Europäische Standardinformationen für Verbraucherkredite" sind Beispiele für eine Informationsstandardisierung. Durch Standardisierungen wird eine Objektivierung der obligatorischen Gesamtkosten ermöglicht. Bereits § 6a PAngV standardisiert Informationsanforderungen im Rahmen der Werbung für Verbraucherkreditverträge. Dadurch können Kreditangebote von Verbrauchern effektiv verglichen werden. Dies fördert die Transparenz in diesem Markt. Daraus folgt, dass die umfangreichen Informationspflichten, insbesondere standardisierte Informationen, im Rahmen eines Verbraucherdarlehensvertrages zu einem hohen Niveau an Preistransparenz führen.

5. Schlussfolgerungen

Preistransparenz wird im Rahmen unterschiedlicher Vertragstypen unterschiedlich erreicht. Neben Informationspflichten sind insbesondere Objektivierungen geeignet, um Preistransparenz zu erreichen. Dabei setzen die Anforderungen an die Preistransparenz in keinem untersuchten Bereich, soweit ersichtlich, die Offenlegung der eigenen internen Preisbildung voraus.

---

246 Vgl. *Rott* in Tamm/Tonner, Verbraucherrecht, § 22, Rdnr. 428.

247 Vgl. *Rott* in Tamm/Tonner, Verbraucherrecht, § 22, Rdnr. 429.

VI. Preisfestsetzungen im Anwendungsbereich des UN-Kaufrechts (CISG), der „UNIDROIT Principles of International Commercial Contracts“ und der „Principles of European Contract Law“ (sog. Lando-Principles)

Im internationalen Kontext könnten vergleichbare Anforderungen an die notwendige Preistransparenz im Moment des privatrechtlichen Vertragsschlusses gegeben sein.

1. UN-Kaufrecht (CISG)

Nach Art. 14 Abs. 1 S. 2 CISG kann ein Vorschlag zum Abschluss eines Vertrages als Angebot i.S.d. Art. 14 Abs. 1 S. 1 CISG angesehen werden, wenn er die Ware bezeichnet und ausdrücklich oder stillschweigend die Menge und den Preis festsetzt oder deren Festsetzung ermöglicht. Dieses Angebot kann nach Art. 18 CISG angenommen werden. Eine Antwort auf ein Angebot, durch welches dieses Angebot wesentlich ergänzt werden soll, ist, vergleichbar mit § 150 Abs. 2 BGB, als neues Angebot anzusehen, Art. 19 Abs. 1 CISG. Im Gegensatz zu § 150 BGB, wird durch Art. 19 Abs. 3 CISG ausdrücklich auf Preisänderungen Bezug genommen. Diese Norm regelt unter anderem expressis verbis, dass Ergänzungen oder Abweichungen, die sich insbesondere auf Preis, Bezahlung, Qualität und Menge der Ware beziehen, so angesehen werden, als würden sie die Bedingungen des Angebots wesentlich ändern.

Der Wortlaut des Art. 55 CISG zeigt, dass ein Vertrag im Anwendungsbereich des CISG wirksam geschlossen sein kann, ohne dass der Kaufpreis ausdrücklich oder stillschweigend festgesetzt oder dessen Festsetzung zumindest möglich ist. Sind keine weiteren Anhaltspunkte für die Kaufpreisfestsetzung gegeben, wird gemäß Art. 55 CISG der Kaufpreis als festgelegt angesehen, der bei Vertragsabschluss allgemein für derartige Ware berechnet wird, die in dem betreffenden Geschäftszweig unter vergleichbaren Umständen verkauft wird.

Art. 55 CISG ist aufgrund seines Wortlauts und seiner Systematik eine Auslegungshilfe.[248] Maßgeblich für Art. 55 CISG sind objektive Kriterien.[249] Hat die

---

248 Vgl. *Magnus* in Staudinger, BGB, Buch 2, Wiener UN-Kaufrecht (CISG), Art. 55 CISG, Rdnr. 1; *Mankowski* in Ferrari/Kieninger/Mankowski, Internationales Vertragsrecht, Art. 55 CISG, Rdnr. 1.

249 Vgl. *Hager/Maultzsch* in Schlechtriem/Schwenzer, Kommentar zum einheitlichen UN-Kaufrecht, Art. 55 CISG, Rdnr. 8; *Magnus* in Staudinger, BGB, Buch 2, Wiener UN-Kaufrecht (CISG), Art. 55 CISG, Rdnr. 9; *Mankowski* in Ferrari/Kieninger/Mankowski, Internationales Vertragsrecht, Art. 55 CISG, Rdnr. 12.

Ware einen Marktpreis im Sinne von Art. 76 Abs. 2 CISG, so kann dieser regelmäßig zur Preisfestsetzung herangezogen werden.[250] Wenn für eine Ware, beispielsweise einen Spezialartikel, kein Marktpreis ermittelt werden kann, kann die Preisfestsetzung zunächst anhand der Standardwaren, die als Grundlage für den Spezialartikel dienen, unter Beachtung eines Aufschlages für die Modifikation, erfolgen.[251] Ist eine Preisfestlegung selbst nach Art. 55 CISG nicht möglich, kann von einem „gescheiterten Vertrag“[252] ausgegangen werden.[253]

2. UNIDROIT Principles

Die UNIDROIT Principles von 2010[254] (im Folgenden UNIDROIT) sind Teil der Bestrebung, an der Harmonisierung des Privatrechts mitzuwirken, vgl. Art. 1 Satzung des Internationalen Instituts für die Vereinheitlichung des Privatrechts. Durch Parteivereinbarung können die UNIDROIT Regelungen angewendet werden. Im Folgenden sind daher die UNIDROIT Regelungen zur vertraglichen Preisfestsetzung zu untersuchen.

Die UNIDROIT Regelungen enthalten mit Art. 5.1.7 UNIDROIT (Bestimmung des Preises) eine ausdrückliche Regelung zur Preisfestsetzung. Eine entsprechende Regelung enthielten bereits die UNIDROIT Principles von 1994, Art. 5.7, und 2004, Art. 5.1.7.[255]

Nach Art. 5.1.7 Abs. 1 UNIDROIT wird, wenn die Vertragsparteien keinen Preis oder keine Preisberechnungsmethode festgesetzt haben und keine Anhaltspunkte gegeben sind, dass eine Preisfestsetzung nicht erfolgen soll, der bei

---

250 Vgl. *Hager/Maultzsch* in Schlechtriem/Schwenzer, Kommentar zum einheitlichen UN Kaufrecht, Art. 55 CISG, Rdnr. 8.

251 Vgl. *Mankowski* in Ferrari/Kieninger/Mankowski, Internationales Vertragsrecht, Art. 55 CISG, Rdnr. 13.

252 *Hager/Maultzsch* in Schlechtriem/Schwenzer, Kommentar zum einheitlichen UN Kaufrecht, Art. 55 CISG, Rdnr. 8.

253 Vgl. BGH, Urteil vom 27.06.1990, Az. VIII ZR 122/89, NJW 1990, 3077 (3078).

254 Abrufbar unter: „http://www.unidroit.org/“ (zuletzt abgerufen am 25.03.2016).

255 Abrufbar unter: „http://www.unidroit.org/“ (zuletzt abgerufen am 25.03.2016). Soweit ersichtlich ist für Art. 5.1.7 UNIDROIT Principles 2010 noch keine Kommentierung durch das UNIDROIT Council veröffentlicht. Aufgrund der Tatsache, dass sich die Versionen von 1994, 2004 und 2010 insoweit entsprechen, wird die UNIDROIT Kommentierung von 2004 herangezogen. Eine Synopse findet sich unter: „http://www.unidroit.org/english/principles/contracts/principles2010/tableofcorrespondence.pdf“ (zuletzt abgerufen am 25.03.2016). Die Kommentierung von 2004 ist abrufbar unter: „http://www.unidroit.org/english/principles/contracts/principles2004/integralversionprinciples2004-e.pdf“ (zuletzt abgerufen am 25.03.2016).

Vertragsabschluss allgemein für eine derartige Leistung in dem betreffenden Geschäftszweig unter vergleichbaren Umständen anzusetzende, oder, wenn kein solcher Preis verfügbar ist, ein angemessener Preis festgesetzt. Systematisch findet sich die Norm im Kapitel 5 über die Inhalte und Rechte Dritter im Rahmen von Schuldverhältnissen. Sinn und Zweck dieser Norm besteht darin, den Inhalt des Schuldverhältnisses zu bestimmen, wenn insoweit keine Bestimmung gegeben ist. Zudem bringt diese Norm zum Ausdruck, dass es in internationalen Handelsverträgen unüblich ist, eine unentgeltliche Leistung zu erbringen. Ein entsprechender Gedanke wird auch durch § 354 Abs. 1 HGB zum Ausdruck gebracht.[256]

Der Wortlaut von Art. 5.1.7 Abs. 1 UNIDROIT zeigt, dass zunächst der Parteiwille, entsprechend Art. 1.1 UNIDROIT, zu untersuchen ist. Regelmäßig legen die Vertragsparteien einen Preis oder eine Preisberechnungsmethode fest.[257] Art. 55 CISG wurde als Muster herangezogen, denn diese Norm bietet die notwendige Flexibilität für den internationalen Handelsverkehr.[258]

Gemäß Art. 5.1.7 Abs. 2 UNIDROIT können die Vertragsparteien ein einseitiges Leistungsbestimmungsrecht, vergleichbar zu § 315 Abs. 1 BGB, vereinbaren. Wenn dieser Preis unangemessen ist, kann ein staatliches Gericht oder ein Schiedsgericht einen angemessenen Preis bestimmen.[259]

Nach Art. 5.1.7 Abs. 3 UNIDROIT kann der Preis auch durch einen Dritten festgesetzt werden. Aus dem systematischen Zusammenhang mit Art. 5.1.7 Abs. 1 und Abs. 3 UNIDROIT sowie dem letzten Halbsatz des Art. 5.1.7 Abs. 3 UNIDROIT folgt, dass dieser Preis ebenfalls angemessen festzusetzen ist. Es wird ein Beispiel[260] angeführt, in dem die Vertragsparteien vereinbaren, dass sich der Preis nach dem öffentlichen Preisverzeichnis für den Bausektor, festgelegt durch einen Hoheitsträger, richten soll. Nachdem dieses Preisverzeichnis außer Kraft getreten ist, beschließt der Verband des Baugewerbes, eine juristische Person des Privatrechts, ein ähnliches Preisverzeichnis zu nutzen. Dieses kann als der nächste gleichwertige Umstand an die Stelle des ursprünglichen Verzeichnisses treten, Art. 5.1.7 Abs. 3 UNIDROIT.

256 *Hopt* in Baumbach/Hopt, HGB, § 354 HGB, Rdnr. 1.

257 Vgl. International Institute for the Unification of Private Law, Kommentierung zu UNIDROIT 2004, 138.

258 Vgl. International Institute for the Unification of Private Law, Kommentierung zu UNIDROIT 2004, 138.

259 Vgl. International Institute for the Unification of Private Law, Kommentierung zu UNIDROIT 2004, 139.

260 Vgl. für den restlichen Absatz: International Institute for the Unification of Private Law, Kommentierung zu UNIDROIT 2004, 139.

Art. 5.1.7 Abs. 4 UNIDROIT bestimmt, dass ein Bezugspunkt zur Preisbestimmung außerhalb des Machtbereiches der Vertragsparteien ersetzt werden kann, wenn dieser Bezugspunkt nicht mehr gegeben ist oder zumindest nicht mehr zugänglich ist.[261]

In Art. 5.1.7 UNIDROIT wird nicht expressis verbis festgelegt, welcher Preis angemessen ist. Nach Art. 1.7 UNIDROIT sind die Vertragsparteien zur Beachtung der Grundsätze von Treu und Glauben und des redlichen Geschäftsverkehrs im internationalen Handel verpflichtet. Daraus folgt, dass ein angemessener Preis der Preis ist, welcher im Rahmen des redlichen Geschäftsverkehrs im internationalen Handel zustande kommt.[262] Entweder ist eine Vergleichsmöglichkeit gegeben oder die Preisfestsetzung erfolgt unter Beachtung aller Umstände des Einzelfalles.

Die Kommentierung zu UNIDROIT 2004 enthält dazu zwei Beispiele.[263] Im ersten Beispiel geht es um eine Express-Luftfrachtlieferung von Frankreich in die USA. Wird keine Preisvereinbarung getroffen, ist der Preis, der üblicherweise in diesem Markt verlangt wird, festzusetzen. Das zweite Beispiel betrifft den Fall, dass eine dringende Nachschublieferung zu einer Expedition nach Antarktika geliefert werden soll. Nachdem aufgrund der Eigenart des sehr spezifischen Rechtsgeschäftes ein Vergleich kaum möglich ist, hat die Preisfestsetzung nach Treu und Glauben zu erfolgen. Nach Treu und Glauben ist davon auszugehen, dass im Rahmen von Rechtsgeschäften im Handelsverkehr jedenfalls kein Verlust erfolgen soll. Daher sind insbesondere die Kosten und ein möglicher Gewinn zu berücksichtigen. Zudem sind die Interessen aller beteiligten Vertragsparteien zu berücksichtigen. Daraus folgt wiederum, dass das Interesse der liefernden Vertragspartei zu berücksichtigen ist, ihre eigene interne Preiskalkulation, jedenfalls bezüglich ihrer eigenen Gewinnrealisierung, nicht offenzulegen.

3. Principles of European Contract Law (sog. Lando-Principles)

Nach Art. 6:104 der Lando-Principles kommt der Vertrag mit dem angemessenen Preis zustande, wenn die Vertragsparteien den Preis oder das Verfahren zur Preisbestimmung nicht selbst vertraglich festlegen. Dies zeigt, dass die Vertragsparteien einen Vertrag schließen können, ohne sich ausdrücklich oder konkludent auf einen bestimmten Preis oder eine Preisberechnungsmethode zu einigen.

---

261 Vgl. International Institute for the Unification of Private Law, Kommentierung zu UNIDROIT 2004, 139.

262 Vgl. International Institute for the Unification of Private Law, Kommentierung zu UNIDROIT 2004, 138.

263 Vgl. International Institute for the Unification of Private Law, Kommentierung zu UNIDROIT 2004, 138.

Als Mindestmaß der vertraglichen Vereinbarung muss lediglich eine Einigung über den Abschluss eines entgeltlichen Vertrages gegeben sein.[264] Beginnt eine Vertragspartei oder beginnen beide Vertragsparteien mit der Vertragserfüllung, soweit diese bereits vereinbart ist, zeigen sie, dass sie von der Existenz eines bindenden Vertrages ausgehen. Als ein Beispiel für die Anwendung von Art. 6:104 der Lando-Principles wird die Anmietung eines Hubschraubers zum Transport dringend benötigter Medikamente angeführt. In diesem Notfall sprechen die Vertragsparteien nicht über den Preis.[265] Der Vertrag ist dennoch wirksam geschlossen und es ist von einer Einigung auf einen angemessenen Preis auszugehen.

Art. 6:104 der Lando-Principles kann nicht angewendet werden, wenn sich die Vertragsparteien während der Vertragsverhandlungen nicht auf einen Preis einigen konnten.[266] Wenn die Vertragsparteien vereinbart haben, erst zu einem späteren Zeitpunkt über den Preis zu verhandeln, ist Art. 6:104 der Lando-Principles grundsätzlich nicht anwendbar, es sei denn, eine spätere Einigung über den Preis unterbleibt. Hierfür wird als Beispiel angeführt, dass die Baufirma A gewöhnlich von der Firma B die benötigten Baukräne mietet. B informiert A darüber, dass sich der Preis für die zukünftigen Mietverträge erhöhen wird. Dabei wird kein neuer Preis genannt, sondern der Preis soll erst noch durch Verhandlungen festgelegt werden. Bevor es zu einer neuen Vereinbarung kommt, mietet A erneut einen Baukran bei B. Dieser wird übergeben und eingesetzt. Dieser Vertrag ist so anzusehen, als wäre er zu einem angemessenen Preis geschlossen worden.[267]

Übt eine Vertragspartei ihr vereinbartes einseitiges Bestimmungsrecht, wozu nach Art. 6:105 der Lando-Principles ausdrücklich auch die Preisfestsetzung zählt, grob unangemessen aus, so ist dieser Preis durch einen angemessenen Preis zu ersetzen. Gemäß Art. 6:106 der Lando-Principles gilt dies auch für die Preisfestsetzung durch einen Dritten. Art. 6:107 der Lando-Principles entspricht Art. 5.1.7 Abs. 4 UNIDROIT. Falls notwendig, kann der „nächstverwandte Index“[268] durch ein Gericht bestimmt werden.

264 Vgl. *von Bar/Zimmermann*, Grundregeln des Europäischen Vertragsrechts, Teil I und II, 368.

265 Vgl. *von Bar/Zimmermann*, Grundregeln des Europäischen Vertragsrechts, Teil I und II, 368.

266 Vgl. *von Bar/Zimmermann*, Grundregeln des Europäischen Vertragsrechts, Teil I und II, 369.

267 Vgl. *von Bar/Zimmermann*, Grundregeln des Europäischen Vertragsrechts, Teil I und II, 369.

268 *von Bar/Zimmermann*, Grundregeln des Europäischen Vertragsrechts, Teil I und II, 376.

Um festzustellen, wie die Angemessenheit eines Preises gekennzeichnet ist, ist Art. 1:302 der Lando-Principles anzuwenden. Nach Art. 1:302 der Lando-Principles sind bei der Würdigung, ob etwas angemessen und vernünftig ist, insbesondere die Art und der Zweck des Vertrages, die Umstände des Einzelfalles und die Gebräuche und Gepflogenheiten der betroffenen Handelsbranchen und Berufe zu berücksichtigen. Dadurch wird die Preisfestsetzung objektiviert.

VII. Schlussfolgerungen

Preistransparenz bei der vertraglichen Preisfestsetzung i.S.d. §§ 145 ff. BGB kann durch die Einhaltung von Informationspflichten (s. o. I. und V.), durch Mitteilungen der (potenziellen) Vertragsparteien (s. o. II.), durch ein objektiviertes Verfahren (s. o. III.) sowie durch Vorgaben des formellen Preisrechts (s. o. IV.) erreicht werden. Diese Mechanismen finden sich auch im CISG sowie in internationalen Untersuchungen des Zivilrechts (s. o. VI.). Die Erkenntnisse aus diesen internationalen Untersuchungen decken sich mit den Untersuchungen zum deutschen Zivilrecht.

Je nach Komplexität des Rechtsgeschäftes sowie nach den Umständen der Vertragsanbahnung sind dabei unterschiedlich hohe Anforderungen an die Preistransparenz zu stellen. Wenn der vertraglich festzusetzende Preis bestimmt oder bestimmbar ist, dann ist er ausreichend transparent. Die potenzielle Vertragspartei der preisbildenden Vertragspartei kann sich seinen Willen im notwendigen Maße selbst bilden, ob er kontrahieren möchte oder nicht. Soweit ersichtlich, ist es in keinem der untersuchten Fälle notwendig, dass die Gegenseite umfassende Informationen über die eigene interne Preisbildung zur Verfügung stellt. Die Art der Preisberechnung, als Teil der eigenen internen Preisbildungsmethode, ist nur offenzulegen, wenn eine Gesamtpreisbildung nicht möglich ist.

2. Kapitel: Rechtsfolgen einer intransparenten Preisfestsetzung

Preistransparenz bei der vertraglichen Preisfestsetzung kann auf unterschiedliche Art und Weise erreicht werden. Daraus folgt, dass im Einzelfall geprüft werden muss, welche Rechtsfolge jeweils gegeben ist, wenn eine intransparente Preisfestsetzung gegeben ist.

Fälle einer intransparenten Preisfestsetzung sind gegeben, wenn keine Klarheit und Wahrheit bezogen auf das Entgelt gegeben ist. Dieses ist nicht bestimmt oder nicht ausreichend bestimmbar. Die Vertragspartei weiß nicht, ob sie etwas zahlen muss bzw. welchen Preis sie zu zahlen hat, oder sie irrt sich über den Preis oder über Preisbestandteile. Wie oben im Einzelnen dargelegt, ist eine vertragliche Preisfestsetzung daher intransparent, wenn eine unklare Preisbestimmung, ein Verstoß gegen Informationspflichten, gegen Hinweispflichten oder gegen Vorgaben des formellen Preisrechts gegeben ist.

Nach § 312j Abs. 3 BGB ist eine Preisfestsetzung beispielsweise intransparent, wenn im Anwendungsbereich dieser Vorschrift eine Zahlung gefordert wird, obwohl die Anforderungen nach der sog. Button-Lösung nicht eingehalten worden sind. Im Rahmen laufender geschäftlicher Kontakte i.R. eines kaufmännischen Bestätigungsscheibens ist eine Preiserhöhung beispielsweise intransparent, wenn kein ausdrücklicher Hinweis gegeben ist, dass eine solche Preiserhöhung gegeben ist. In einem solchen Fall darf der Bestätigende nicht nach § 242 BGB damit rechnen, dass die Vertragspartei durch Schweigen einer solchen Preiserhöhung zustimmt.

Fraglich ist, welche Rechtsfolgen an intransparente Preisfestsetzungen anknüpfen. Dabei ist problematisch, ob jede fragwürdige Preisfestsetzung bzw. Preisgestaltung zugleich Rechte für eine Vertragspartei statuiert.

I. Willenserklärung ist kein Antrag i.S.d. § 145 BGB bzw. ein Dissens liegt vor

Wenn die Preisfestsetzung durch den Antragenden nicht hinreichend bestimmt oder bestimmbar ist, dann ist bereits kein Antrag zum Abschluss eines entgeltlichen Vertrages i.S.d. § 145 BGB gegeben.[269] Bezogen auf die Preisfestsetzung

---

269 *Busche* in MüKo, BGB, Band 1, § 145 BGB, Rdnr. 6; *Larenz/Wolf*, BGB AT, § 29, Rdnr. 16 ff.

muss der Antragende mindestens erkennen lassen, dass die Entgeltlichkeit an sich gewollt ist.[270]

Wenn eine Einigung über die Entgeltlichkeit dem Grunde nach und über einen bestimmten oder bestimmbaren Preis gewollt ist und insoweit keine Einigung zustande kommt, dann ist gemäß § 154 Abs. 1 S. 1 BGB ein Dissens gegeben.[271]

II. Vertragsauslegung zur Ermittlung des gewollten Preises

Zunächst ist bei einer intransparenten Preisfestsetzung zu untersuchen, ob überhaupt eine Einigung über die Entgeltlichkeit an sich gegeben ist. Im Zweifel kann von der Vereinbarung der Entgeltlichkeit einer Leistung ausgegangen werden, wenn der Leistende diese im Zusammenhang mit der Ausübung seiner Berufs- oder Gewerbetätigkeit erbringt.[272] Wird dagegen eine Leistung im Internet angeboten und der Kostenhinweis ist in einer Art gestaltet, dass dieser regelmäßig nicht wahrgenommen wird, kommt kein entgeltlicher Vertrag zustande. Der durchschnittliche Nutzer gibt in diesen Fällen keine Willenserklärung gerichtet auf den Abschluss eines entgeltlichen Vertrages ab.[273] Die Einigung über die Entgeltlichkeit an sich ist folglich die Mindestvoraussetzung einer transparenten Preisfestsetzung i.S.d. essentialia negotii.

Steht fest, dass der Parteiwille den Abschluss eines entgeltlichen Vertrages umfasst, ist zu untersuchen, ob eine Vereinbarung über den Preis gegeben ist. Wenn die Vertragsparteien die Einigung über die Höhe des konkreten Preises bewusst offen gelassen haben, ist im Wege der ergänzenden Vertragsauslegung zu ermitteln, was die Vertragsparteien vereinbart hätten, wenn sie als vernünftige und redlich handelnde Vertragspartner entschieden hätten.[274] Dies führt dazu, dass auf den angemessenen Preis abzustellen ist, wenn keine Gründe für eine abweichende Preisfestsetzung erkennbar sind.[275] Der marktübliche Preis ist regelmäßig angemessen.[276]

---

270 Vgl. *Larenz/Wolf*, BGB AT, § 29, Rdnr. 17.

271 *Musielak*, Grundkurs BGB, Rdnr. 140; *Busche* in MüKo, BGB, Band 1, § 154 BGB, Rdnr. 3 sowie § 155 BGB, Rdnr. 2; *Medicus*, BGB AT, Rdnr. 438; *Diederichsen, „Der logische Dissens"* in FS 125 Jahre Juristische Gesellschaft Berlin, 81 f.; *Schiemann* in Staudinger, Eckpfeiler des Zivilrechts, C. Das Rechtsgeschäft, Rdnr. 86.

272 *Larenz/Wolf*, BGB AT, § 28, Rdnr. 103.

273 *Köhler*, BGB AT, § 8, Rdnr. 59.

274 OLG Hamm, Urteil vom 24.10.1975, Az. 20 U 37/75, NJW 1976, 1212 (1213).

275 OLG Hamm, Urteil vom 24.10.1975, Az. 20 U 37/75, NJW 1976, 1212 (1213); *Musielak*, Grundkurs BGB, Rdnr. 137.

276 *Musielak*, Grundkurs BGB, Rdnr. 137.

Daraus folgt, dass im Rahmen der Auslegung nach §§ 133, 157 BGB sowie der ergänzenden Vertragsauslegung eine Objektivierung der Preisfestsetzung erfolgt. Diese Objektivierung der Preisfestsetzung folgt daraus, dass nicht ausschließlich auf die Interessen der beteiligten Vertragsparteien abzustellen ist. Die Preisfestsetzung erfolgt daher nicht allein im Rahmen der Willensbildungen der Vertragsparteien. Durch die Rücksichtnahme auf die Verkehrssitte sind auch die Interessen Dritter mit zu berücksichtigen.[277] Dabei können Vorschriften der PAngV zur Vertragsauslegung nach §§ 133, 157 BGB herangezogen werden. Im Anwendungsbereich dieser Normen wird der Empfängerhorizont insoweit modifiziert. Der Erklärungsempfänger darf damit rechnen, dass der Erklärende die Vorgaben der PAngV zur Preisgestaltung einhält.[278]

III. Gesetzliche Regelungen zur Preisermittlung nach §§ 612 Abs. 2, 632 Abs. 2, 653 Abs. 2, 689 BGB sowie nach § 354 HGB

Anstatt einer Vertragsauslegung könnte eine transparente Preisfestsetzung im Rahmen bestimmter Verträge nach §§ 612, 632, 653, 689 BGB sowie nach § 354 HGB erfolgen. Im Anwendungsbereich dieser Vorschriften könnten verschiedene Probleme einer intransparenten Preisfestsetzung gelöst werden. Neben der Frage nach der Entgeltlichkeit an sich könnte das Entgelt ausreichend transparent bestimmt werden.

1. Preisfestsetzungen bei Arbeitsverträgen unter Anwendung des § 612 BGB

Im Gegensatz zum Kauf- und Mietrecht enthält das Arbeits- bzw. Dienstrecht gemäß § 612 BGB eine gesetzliche Regelung, wenn zwar die Entgeltlichkeit vereinbart wurde, aber die Höhe des Entgeltes nicht festgelegt worden ist.[279] Als Rechtsfolge einer in diesem Sinne intransparenten Preisfestsetzung könnte § 612 BGB angewendet werden.

Nach § 612 BGB wird eine unwiderlegbare Vermutung angeordnet, ob überhaupt eine Einigung über eine Vergütung an sich gegeben ist. Eine Vergütungsregelung wird gesetzlich fingiert.[280] Daraus folgt, dass diesbezüglich

277 *Säcker* in MüKo, BGB, Band 1, Einleitung, Rdnr. 160; vgl. *Mugdan*, Band I, 232.
278 Vgl. *Köhler* in Köhler/Bornkamm, UWG, PAngV, Vorbemerkungen, Rdnr. 7; *Weidert/Völker* in Harte-Bavendamm/Henning-Bodewig, UWG, PAngV, Einführung, Rdnr. 3.
279 *Müller-Glöge* in MüKo, BGB, Band 4, § 612 BGB, Rdnr. 3.
280 *Müller-Glöge* in MüKo, BGB, Band 4, § 612 BGB, Rdnr. 1.

grundsätzlich kein Dissens nach §§ 154, 155 BGB gegeben ist, denn diese gesetzliche Regelung wird zur Schließung der vertraglichen Regelungslücke herangezogen.[281] Eine Vergütung gilt als stillschweigend vereinbart, wenn die Dienstleistung den Umständen nach nur gegen eine Vergütung zu erwarten ist (§ 612 Abs. 1 BGB). Diese Umstände sind objektiv zu ermitteln. Dabei sind die Verkehrssitte, die Art, der Umfang, die Dauer der Dienstleistung sowie die persönlichen Beziehungen der Beteiligten zueinander zu berücksichtigen.[282] Zudem sind der Beruf und die Erwerbsverhältnisse der dienstleistenden Vertragspartei zu beachten.[283]

Zum anderen wird § 612 BGB angewendet, wenn beispielsweise Überstunden geleistet werden[284] oder eine höherwertigere oder umfangreichere als die vertraglich geschuldete Leistung erbracht wird.[285]

Ferner kann § 612 Abs. 2 BGB angewendet werden, um die Höhe der Vergütung inhaltlich zu bestimmen.[286] Nach § 612 Abs. 2 BGB ist entweder, wenn eine Taxe besteht, auf die taxmäßige Vergütung abzustellen oder, wenn keine Taxe besteht, die übliche Vergütung als vertraglich vereinbart anzusehen. § 612 Abs. 2 BGB ist weit zu verstehen und umfasst neben dem Entgelt im engeren Sinne, beispielsweise dem Lohn, auch Sonderzahlungen, beispielsweise Provisionen, Gewinnanteile und Gratifikationen.[287] Das Bestimmungsrecht nach §§ 316 in Verbindung mit 315 BGB kann angewendet werden, wenn eine Taxe oder eine übliche Vergütung nicht ermittelt werden kann.[288]

Der Begriff Taxe ist in § 76 S. 1 VVG legal definiert als bestimmter Betrag.[289] Taxen i.S.d. § 612 Abs. 2 BGB sind bundes- oder landesrechtlich zugelassene,

281 *Ellenberger* in Palandt, BGB, § 154 BGB, Rdnr. 2; *Müller-Glöge* in MüKo, BGB, Band 4, § 612 BGB, Rdnr. 1.

282 Vgl. *Müller-Glöge* in MüKo, BGB, Band 4, § 612 BGB, Rdnr. 6.

283 Vgl. *Müller-Glöge* in MüKo, BGB, Band 4, § 612 BGB, Rdnr. 6.

284 *Joussen* in Beck'scher Online-Kommentar Arbeitsrecht, § 612 BGB, Rdnr. 21.

285 *Müller-Glöge* in MüKo, BGB, Band 4, § 612 BGB, Rdnr. 2.

286 *Müller-Glöge* in MüKo, BGB, Band 4, § 612 BGB, Rdnr. 3; *Joussen* in Beck'scher Online-Kommentar Arbeitsrecht, § 612 BGB, Rdnr. 27.

287 *Müller-Glöge* in MüKo, BGB, Band 4, § 612 BGB, Rdnr. 26; *Joussen* in Beck'scher Online-Kommentar Arbeitsrecht, § 612 BGB, Rdnr. 31.

288 *Sprau* in Palandt, BGB, § 632 BGB, Rdnr. 17; *Ebert* in Schulze u. a., BGB, § 632 BGB, Rdnr. 6; *Peters/Jacoby* in Staudinger, BGB, Buch 2, §§ 631–651 (Werkvertragsrecht), § 632 BGB, Rdnr. 54; BGH, Urteil vom 13.03.1985, Az. IV a ZR 211/82, NJW 1985, 1895 (1896).

289 Vgl. *Halbach* in MüKo, VVG, § 76 VVG, Rdnr. 1 ff.

durch staatliche Verwaltungen festgesetzte Vergütungssätze.[290] Für Dienstleister bestehen solche Taxen, nicht jedoch für Arbeitnehmer.[291] Das RVG enthält beispielsweise Vergütungssätze i.S.d. § 612 Abs. 2 BGB.[292]

Fehlt eine solche Taxe, so ist die übliche Vergütung zu leisten. Die übliche Vergütung wird durch einen Vergleich von maßgeblichen Kriterien ermittelt.[293] Zu diesen Kriterien gehören die persönlichen Verhältnisse des Dienstverpflichteten wie beispielsweise das Alter, die Berufserfahrung, der Familienstand, die Kinderzahl und, soweit nichts anderes vereinbart ist, die Mehrwertsteuer.[294] Zudem ist der vergleichbare Wirtschaftskreis zu untersuchen. Sind arbeitsrechtliche Tarifverträge mit einer Vergütungsregelung gegeben, so kann angenommen werden, dass diese tarifliche Vergütung die übliche Vergütung im Sinne von § 612 Abs. 2 BGB darstellt.[295]

2. Preisfestsetzungen bei Werkverträgen unter Anwendung des § 632 BGB

Gemäß § 632 Abs. 1 BGB gilt eine Vergütung als stillschweigend vereinbart, wenn die Herstellung des Werkes den Umständen nach nur gegen eine Vergütung zu erwarten ist. Zu untersuchen ist, welche Rechtsfolgen § 632 BGB statuiert, wenn eine intransparente Preisfestsetzung gegeben ist.

§ 632 Abs. 1 BGB regelt den Fall, dass die Vertragsparteien zwar die Leistungspflicht des Unternehmers vereinbart haben, aber nicht die Entgeltpflicht des Bestellers.[296] Die Vergütungsabrede wird ebenfalls fingiert.[297] Aus § 632 Abs. 1

---

290 *Müller-Glöge* in MüKo, BGB, Band 4, § 612 BGB, Rdnr. 28; *Joussen* in Beck'scher Online-Kommentar Arbeitsrecht, § 612 BGB, Rdnr. 32.

291 *Müller-Glöge* in MüKo, BGB, Band 4, § 612 BGB, Rdnr. 28; *Joussen* in Beck'scher Online-Kommentar Arbeitsrecht, § 612 BGB, Rdnr. 32.

292 AG Mönchengladbach, Urteil vom 11.03.2011, Az. 4 C 418/09 = BeckRS 2011, 05834; *Hommerich/Kilian*, Stundensätze der deutschen Anwaltschaft – Das Vergütungsbarometer des Soldan-Instituts 2009, NJW 2009, 1569.

293 Vgl. *Müller-Glöge* in MüKo, BGB, Band 4, § 612 BGB, Rdnr. 29; *Joussen* in Beck'scher Online-Kommentar Arbeitsrecht, § 612 BGB, Rdnr. 33; BAG, Urteil vom 17.08.2011, Az. 5 AZR 406/10, NZA 2011, 1335 (1337).

294 Vgl. *Müller-Glöge* in MüKo, BGB, Band 4, § 612 BGB, Rdnr. 29; *Joussen* in Beck'scher Online-Kommentar Arbeitsrecht, § 612 BGB, Rdnr. 33.

295 Vgl. *Müller-Glöge* in MüKo, BGB, Band 4, § 612 BGB, Rdnr. 29 f.; *Joussen* in Beck'scher Online-Kommentar Arbeitsrecht, § 612 BGB, Rdnr. 33.

296 *Mansel* in Jauernig, BGB, § 632 BGB, Rdnr. 1; *Voit* in Beck'scher Online-Kommentar BGB, § 632 BGB, Rdnr. 2.

297 *Ebert* in Schulze u. a., BGB, § 632 BGB, Rdnr. 1.

BGB folgt keine Vergütungspflicht für Leistungen, die der Unternehmer ohne vertragliche Grundlage erbringt oder erbracht hat.[298] Wenn die Vertragsparteien die Höhe des Entgeltes nicht bestimmt haben, findet § 632 Abs. 2 BGB Anwendung.[299] Sinn und Zweck des § 632 BGB ist es, wie bei § 612 Abs. 1 und Abs. 2 sowie § 653 BGB, einen Einigungsmangel wegen fehlender Preisangaben zu verhindern.[300] Voraussetzung ist dabei, dass weder eine Absprache noch eine Vereinbarung, sich später zu einigen, gegeben ist.[301]

Die Fiktion der Vergütungsabrede nach § 632 Abs. 1 BGB hat zur Folge, dass eine Irrtumsanfechtung nach § 119 BGB bezogen auf die Annahme, dass der Besteller die Leistung unentgeltlich erhält, ausscheidet.[302] Eine analoge Anwendung des § 119 BGB ist nicht angezeigt, denn aufgrund von § 632 Abs. 1 BGB ist keine Gesetzeslücke gegeben. Durch die Formulierung „den Umständen nach" in § 632 Abs. 1 BGB zeigt sich, dass bei der Prüfung, ob eine Entgeltpflicht gegeben ist, eine Objektivierung erfolgt.[303] Dabei ist die Verkehrsanschauung unter Berücksichtigung des Einzelfalles maßgeblich.[304] Ein starkes Indiz für eine Entgeltpflicht ist gegeben, wenn der Unternehmer gewerblich oder freiberuflich tätig ist und die vereinbarte Tätigkeit in diesen Rahmen fällt.[305] Zudem kann auch aus dem Wert der Werkleistung und dem Aufwand für seine Erstellung, gemessen an der Arbeitszeit und dem notwendigen Material, auf die Erwartung geschlossen werden, dass die Werkleistung vergütet wird.[306]

§ 632 Abs. 2 BGB ist eine Auffangregel, wenn die Vertragsparteien die konkrete Höhe der Vergütung oder die Berechnungsmethode der Vergütung nicht

---

298 *Voit* in Beck'scher Online-Kommentar BGB, § 632 BGB, Rdnr. 2.

299 *Mansel* in Jauernig, BGB, § 632 BGB, Rdnr. 2.

300 *Sprau* in Palandt, BGB, § 632 BGB, Rdnr. 1; *Mansel* in Jauernig, BGB, § 632 BGB, Rdnr. 1.

301 *Peters/Jacoby* in Staudinger, BGB, Buch 2, §§ 631–651 (Werkvertragsrecht), § 632 BGB, Rdnr. 47.

302 *Ebert* in Schulze u. a., BGB, § 632 BGB, Rdnr. 2; *Peters/Jacoby* in Staudinger, BGB, Buch 2, §§ 631–651 (Werkvertragsrecht), § 632 BGB, Rdnr. 45; *Busche* in MüKo, BGB, Band 4, § 632 BGB, Rdnr. 6; *Voit* in Beck'scher Online-Kommentar BGB, § 632 BGB, Rdnr. 2.

303 *Ebert* in Schulze u. a., BGB, § 632 BGB, Rdnr. 2.

304 *Peters/Jacoby* in Staudinger, BGB, Buch 2, §§ 631–651 (Werkvertragsrecht), § 632 BGB, Rdnr. 43; *Sprau* in Palandt, BGB, § 632 BGB, Rdnr. 9.

305 *Peters/Jacoby* in Staudinger, BGB, Buch 2, §§ 631–651 (Werkvertragsrecht), § 632 BGB, Rdnr. 44, OLG Köln, Urteil vom 25.03.1994, Az. 19 U 164/93, NJW-RR 1994, 1208 (1209).

306 *Peters/Jacoby* in Staudinger, BGB, Buch 2, §§ 631–651 (Werkvertragsrecht), § 632 BGB, Rdnr. 44.

festgelegt haben.[307] Diese Norm ist subsidiär zur Auslegung der vertraglichen Vereinbarung.[308] §§ 632 Abs. 2 und 612 Abs. 2 BGB sind wortlautidentisch, sodass auf die bereits erfolgten Ausführungen Bezug genommen wird.

Der Umfang der im Einzelnen zu erbringenden Leistungspflicht ergibt sich aus dem Vertrag unter Berücksichtigung der Verkehrssitte. Daher können auch Leistungen von der Vergütung bereits erfasst sein, die zwar nicht Hauptbestandteil des Vertrages sind, aber von der Verkehrssitte als notwendig angesehen werden, beispielsweise die Säuberung einer Baustelle oder die Einweisung des Bestellers.[309] Daraus folgt, dass für diese Tätigkeiten regelmäßig keine gesonderte Vergütung geschuldet wird. Spätere Änderungen oder Erweiterungen der zu erbringenden Leistung werden nicht von der ursprünglichen Vereinbarung erfasst.[310]

3. Preisfestsetzungen bei Maklerverträgen unter Anwendung des § 653 BGB

Vom Wortlaut her sind keine relevanten Unterschiede bezogen auf Rechtsfolgen einer intransparenten Preisfestsetzung zwischen den §§ 612, 632 Abs. 1 und Abs. 2 BGB und § 653 BGB gegeben. Nach § 653 Abs. 2 BGB ist die angemessene Provision zu leisten.[311] Die Norm setzt vergleichbar zu §§ 612 und 632 Abs. 1 und Abs. 2 BGB voraus, dass ein wirksamer Vertrag geschlossen worden ist und eine Einigung über die Höhe des Entgeltes fehlt.[312] Schlüssiges Verhalten genügt, um eine Einigung über eine grundsätzlich entgeltliche Maklertätigkeit zu erreichen.[313] Zudem ist nach § 653 Abs. 1 BGB von der gesetzlichen Vermutung der Entgeltlichkeit auszugehen, wenn die Leistung den Umständen nach nur gegen eine Vergütung zu erwarten ist.[314]

---

307 *Peters/Jacoby* in Staudinger, BGB, Buch 2, §§ 631–651 (Werkvertragsrecht), § 632 BGB, Rdnr. 47; *Sprau* in Palandt, BGB, § 632 BGB, Rdnr. 13; *Busche* in MüKo, BGB, Band 4, § 632 BGB, Rdnr. 19.

308 *Sprau* in Palandt, BGB, § 632 BGB, Rdnr. 13.

309 Vgl. *Peters/Jacoby* in Staudinger, BGB, Buch 2, §§ 631–651 (Werkvertragsrecht), § 632 BGB, Rdnr. 61.

310 Vgl. *Peters/Jacoby* in Staudinger, BGB, Buch 2, §§ 631–651 (Werkvertragsrecht), § 632 BGB, Rdnr. 60.

311 *Ellenberger* in Palandt, BGB, § 154 BGB, Rdnr. 2; BGH, Urteil vom 13.03.1985, Az. IV a ZR 211/82, NJW 1985, 1895 (1897); BGH, Urteil vom 06.12.2001, Az. III ZR 296/00, NJW 2002, 817 (818).

312 *Roth* in MüKo, BGB, Band 5/2, § 653 BGB, Rdnr. 1 und 3 sowie 13.

313 BGH, Urteil vom 06.12.2001, Az. III ZR 296/00, NJW 2002, 817.

314 Vgl. *Roth* in MüKo, BGB, Band 5/2, § 653 BGB, Rdnr. 2.

Im Maklergewerbe sind Taxen nicht üblich, sodass nach § 653 Abs. 2 a.E. BGB auf den üblichen Lohn abzustellen ist.[315] Bei Maklertätigkeiten ist dies beispielsweise ein gewisser Prozentsatz des Wertes des vermittelten bzw. nachgewiesenen Geschäfts.[316] Dieser richtet sich nach der allgemeinen Verkehrsgeltung innerhalb der beteiligten Kreise.[317] Dabei ist der Durchschnitt zwischen der höchsten und der geringsten Vergütung zu ermitteln.[318] Von diesem Durchschnitt kann dann je nach Einzelfall nach oben oder unten abgewichen werden, wobei die absolute Grenze jeweils durch den höchsten bzw. niedrigsten Preis gebildet wird.[319] Ausreißer von diesen Vergütungsspannen sind für die Ermittlung nicht zu beachten.[320] Auskünfte über das Preisniveau können beispielsweise bei den Industrie- und Handelskammern sowie bei örtlichen Maklerverbänden eingeholt werden.[321] Der maßgebliche Zeitpunkt, um die übliche Vergütung zu bestimmen, ist der Zeitpunkt, in welchem der Maklervertrag abgeschlossen worden ist.[322]

Wenn die Feststellung der genauen Höhe nicht möglich ist, muss diese durch ein Gericht nach den Grundsätzen der ergänzenden Vertragsauslegung ermittelt werden.[323] Ein Rückgriff auf § 316 BGB, wodurch der Makler die Höhe selbst bestimmen könnte, ist daher in der Regel nicht zulässig.[324]

---

315 *Roth* in MüKo, BGB, Band 5/2, § 653 BGB, Rdnr. 14; *Kotzian-Marggraf* in Beck'scher Online-Kommentar BGB, § 653 BGB, Rdnr. 7; *Zerres*, Kurzkommentar zu BGH, Urteil vom 06.12.2001, Az. III ZR 296/00, EWiR 2002, 369 (370).

316 *Zerres*, Kurzkommentar zu BGH, Urteil vom 06.12.2001, Az. III ZR 296/00, EWiR 2002, 369 (370).

317 *Kotzian-Marggraf* in Beck'scher Online-Kommentar BGB, § 653 BGB, Rdnr. 7; BGH, Urteil vom 29.09.1969, Az. VII ZR 108/67, NJW 1970, 699 (700).

318 *Kotzian-Marggraf* in Beck'scher Online-Kommentar BGB, § 653 BGB, Rdnr. 7.

319 BGH, Urteil vom 13.03.1985, Az. IV a ZR 211/82, NJW 1985, 1895 (1897); BGH, Urteil vom 04.04.2006, Az. X ZR 122/05, NJW 2006, 2472 (2473).

320 BGH, Urteil vom 13.03.1985, Az. IV a ZR 211/82, NJW 1985, 1895 (1897); BGH, Urteil vom 04.04.2006, Az. X ZR 122/05, NJW 2006, 2472 (2473).

321 *Kotzian-Marggraf* in Beck'scher Online-Kommentar BGB, § 653 BGB, Rdnr. 7; *Roth* in MüKo, BGB, Band 5/2, § 653 BGB, Rdnr. 14.

322 *Kotzian-Marggraf* in Beck'scher Online-Kommentar BGB, § 653 BGB, Rdnr. 7; *Roth* in MüKo, BGB, Band 5/2, § 653 BGB, Rdnr. 14.

323 *Roth* in MüKo, BGB, Band 5/2, § 653 BGB, Rdnr. 15; *Kotzian-Marggraf* in Beck'scher Online-Kommentar BGB, § 653 BGB, Rdnr. 8; *Zerres*, Kurzkommentar zu BGH, Urteil vom 06.12.2001, Az. III ZR 296/00, EWiR 2002, 369 (370); BGH, Urteil vom 13.03.1985, Az. IV a ZR 211/82, NJW 1985, 1895 (1896).

324 Vgl. *Kotzian-Marggraf* in Beck'scher Online-Kommentar BGB, § 653 BGB, Rdnr. 8; *Roth* in MüKo, BGB, Band 5/2, § 653 BGB, Rdnr. 16; *Zerres*, Kurzkommentar zu BGH, Urteil vom 06.12.2001, Az. III ZR 296/00, EWiR 2002, 369 (370).

4. Preisfestsetzungen bei Verwahrungsverträgen unter Anwendung des § 689 BGB

Intransparente Preisfestsetzungen im Rahmen von Verwahrungsverträgen könnten gemäß § 689 BGB überwunden werden. § 689 BGB enthält die Auslegungsregel, dass ein Verwahrungsvertrag grundsätzlich eine Vergütungspflicht umfasst, wenn die Aufbewahrung den Umständen nach nur gegen eine Vergütung zu erwarten ist.[325] Insoweit entspricht die Norm den §§ 612 Abs. 1, 632 Abs. 1 und 653 Abs. 1 BGB.[326] Im Gegensatz zu diesen Normen enthält § 689 BGB jedoch keinen zweiten Absatz, der eine objektive Festlegung der Höhe der Gegenleistungspflicht ermöglicht. Aufgrund der Vergleichbarkeit des Regelungsgehalts der §§ 612 Abs. 1, 632 Abs. 1 und 653 Abs. 1 BGB mit § 689 BGB, der planwidrigen Regelungslücke im Rahmen von Verwahrungsverträgen und der möglichen Abhilfe durch eine analoge Anwendung ist es zulässig, den Rechtsgedanken der §§ 612 Abs. 2, 632 Abs. 2 und 653 Abs. 2 BGB im Rahmen eines Verwahrungsvertrages anzuwenden.[327] Das bereits Ausgeführte gilt somit entsprechend.

5. Preisfestsetzungen im Rahmen des § 354 HGB

Handelt es sich bei der Geschäftsbesorgung, der Dienstleistung oder der Aufbewahrung um ein Handelsgeschäft, könnte § 354 HGB angewendet werden. Danach gilt der Grundsatz, dass ein Kaufmann nicht unentgeltlich tätig wird.[328] § 354 Abs. 1 HGB erweitert die §§ 612 Abs. 1, 632 Abs. 1, 653 Abs. 1, 689 BGB, indem die grundsätzliche Vermutung der Entgeltlichkeit über den Anwendungsbereich dieser Normen hinaus für Kaufleute generalisiert wird.[329] Aufgrund der Formulierungen Geschäftsbesorgung oder Dienstleistung ist der Anwendungsbereich des § 354 Abs. 1 HGB weit zu fassen.[330] Die Norm ist analog anwendbar

---

325 *Henssler* in MüKo, BGB, Band 5/2, § 689 BGB, Rdnr. 1.

326 *Kotzian-Marggraf* in Beck'scher Online-Kommentar BGB, § 653 BGB, Rdnr. 1a.

327 *Henssler* in MüKo, BGB, Band 5/2, § 689 BGB, Rdnr. 5; *Gehrlein* in Beck'scher Online-Kommentar BGB, § 689 BGB, Rdnr. 2; *Mansel* in Jauernig, BGB, § 689 BGB, Rdnr. 1; *Sprau* in Palandt, BGB, § 689 BGB, Rdnr. 2.

328 *Roth* in Koller/Roth/Morck, HGB, § 354 HGB, Rdnr. 1; *Schmidt* in MüKo, HGB, Band 5, § 354 HGB, Rdnr. 1.

329 *Roth* in Koller/Roth/Morck, HGB, § 354 HGB, Rdnr. 1; *Schmidt* in MüKo, HGB, Band 5, § 354 HGB, Rdnr. 1; *Hopt* in Baumbach/Hopt, HGB, § 354 HGB, Rdnr. 1; *Heße*, Der handelsrechtliche Provisionsanspruch des Zivilmaklers, NJW 2002, 1835 (1836).

330 *Roth* in Koller/Roth/Morck, HGB, § 354 HGB, Rdnr. 3; *Schmidt* in MüKo, HGB, Band 5, § 354 HGB, Rdnr. 7.

auf Leistungen, die nicht vom Wortlaut der Norm umfasst sind, zum Beispiel bei der Überlassung von Sachen zum Gebrauch.[331]

§ 354 HGB ist eine ergänzende Regelung zur Vertragsauslegung.[332] Für den Anwendungsbereich ist eine Form der objektiven Kontaktaufnahme notwendig. Im Gegensatz zu §§ 612, 632, 653, 689 BGB kann die vertragliche Einigung gemäß § 354 Abs. 1 HGB in doppelter Hinsicht, sowohl dem Grunde nach als auch der Höhe nach, ausgelegt werden. Zum einen kann diese dahin gehend ausgelegt werden, dass überhaupt eine entgeltliche Vereinbarung gegeben ist, und ferner, dass eine Vergütung nach den ortsüblichen Sätzen zu leisten ist. Dies kann sich auch aus dem Handelsbrauch im Sinne von § 346 HGB ergeben,[333] wobei dieser nur im Verhältnis von Kaufleuten zueinander Anwendung findet. Der Handelsbrauch ist objektiv feststellbar, ohne dass eine Ermessensausübung möglich ist.[334] Zu vergüten ist nur die konkrete Leistung für die vorgenommene Tätigkeit im Interesse des Kunden und nicht dasjenige, was dem typischen Berufsbild des Leistenden entspricht.[335]

Nach der Rechtsprechung des III. Zivilsenates des BGH ist im Anwendungsbereich des § 354 HGB im Regelfall eine vertragliche Grundlage erforderlich.[336] Beispielsweise kenne die Privatrechtsordnung grundsätzlich keine Pflicht zur Vergütung ungefragt überlassener, geschützter Informationen. Ein Entgelt für geschützte Informationen sei vielmehr lediglich auf vertraglicher Grundlage zu zahlen. Aus § 241a BGB folgt dieser Grundsatz für Sachen.

6. Schlussfolgerungen

Preisintransparenz besteht nicht nur dann, wenn keine ausdrückliche Vereinbarung über die Entgelthöhe getroffen ist, sondern auch, wenn unklar ist, ob überhaupt ein Preis gezahlt werden soll.

---

331 *Roth* in Koller/Roth/Morck, HGB, § 354 HGB, Rdnr. 3; *Schmidt* in MüKo, HGB, Band 5, § 354 HGB, Rdnr. 7; OLG Düsseldorf, Urteil vom 19.01.1995, Az. 10 U 43/94, NJW-RR 1996, 287; OLG Rostock, Urteil vom 22.03.1999, Az. 3 U 84/98, NJW-RR 2000, 1005.

332 *Roth* in Koller/Roth/Morck, HGB, § 354 HGB, Rdnr. 1; *Schmidt* in MüKo, HGB, Band 5, § 354 HGB, Rdnr. 1; a.A.: *Heße*, Der handelsrechtliche Provisionsanspruch des Zivilmaklers, NJW 2002, 1835 (1837).

333 Vgl. *Roth* in Koller/Roth/Morck, HGB, § 354 HGB, Rdnr. 6.

334 *Hopt* in Baumbach/Hopt, HGB, § 354 HGB, Rdnr. 7; BGH, Teilversäumnis- u. Schlussurteil vom 25.10.2006, Az. VIII ZR 23/06, NJW 2007, 1198 (1202); *Roth* in Koller/Roth/Morck, HGB, § 354 HGB, Rdnr. 6.

335 *Schmidt* in MüKo, HGB, Band 5, § 354 HGB, Rdnr. 13.

336 BGH, Urteil vom 07.07.2005, Az. III ZR 397/04, NJW-RR 2005, 1572 (1574); BGH, Urteil vom 23.09.1999, Az. III ZR 322/98, NJW 2000, 72 (73).

Im Anwendungsbereich der §§ 612, 632, 653, 689 BGB sowie von § 354 HGB können intransparente Preisfestsetzungen durch eine Objektivierung beseitigt werden. Diese Objektivierung erfolgt durch Bezugnahme auf Faktoren, auf welche die Vertragsparteien selbst keinen unmittelbaren Einfluss haben. Dadurch wird die Preisfestsetzung objektiviert und demnach für jede Vertragspartei transparent. Auf die eigene interne Preisbildung einer Vertragspartei kommt es daher nicht an. Zudem kann eine Vergütungsabrede dem Grunde nach fingiert werden.

Durch diese Normen können Streitigkeiten über das Entgelt anhand objektiver Kriterien gelöst werden. Der Vertragsschluss scheitert nicht aufgrund einer fehlenden Einigung über die Preisfestsetzung. Zudem wird eine einseitige Leistungsbestimmung nach § 316 BGB verhindert. Andere typisierte Verträge setzen zumindest voraus, dass eine Einigung über die Entgeltlichkeit an sich und eine Abrede über die Preisbestimmung gegeben sind. Demgegenüber ermöglichen die untersuchten Normen ein ausreichendes Niveau an Preistransparenz aufgrund positiven Rechts.

Durch diese Objektivierung erfolgt die vertragliche Preisfestsetzung ohne Beachtung der eigenen internen Preisbildung. Selbst wenn sich eine Vertragspartei einen höheren Preis für ihre eigene Leistung vorgestellt hat, kann sie diesen unter Anwendung der §§ 612 Abs. 2, 632 Abs. 2, 653 Abs. 2 BGB sowie bei 354 Abs. 1 HGB nicht durchsetzen.

IV. Anfechtungsmöglichkeiten bei einer intransparenten Preisfestsetzung nach §§ 119 ff. BGB

Eine intransparente Preisvereinbarung könnte die Grundlage zur Anfechtung der eigenen Willenserklärung darstellen. Fraglich ist, wann ein Irrtum über die vertragliche Preisfestsetzung oder Preisgestaltung zur Anfechtung nach §§ 119 ff. BGB berechtigt.

1. Irrtum über den Preis einer Sache, als Ergebnis einer Wertbemessung, im Rahmen des § 119 Abs. 2 BGB

Nach Abgabe der Willenserklärung bzw. nach Vertragsabschluss könnte eine (potentielle) Vertragspartei feststellen, dass sie sich im Rahmen ihrer eigenen internen Preisbildung über eigene, nicht geäußerte Motive zur Preisbestimmung geirrt hat. Ihre eigene Wertbemessung, welche zu ihrer eigenen internen Preisbildung geführt hat, könnte irrtumsbehaftet sein.

Fraglich ist daher, ob ein Irrtum über den Preis einer Sache zur Anfechtung nach § 119 Abs. 2 BGB berechtigt. Der Irrtum bezieht sich in diesem Fall nicht auf ein Versprechen oder auf die wertbildenden Faktoren. Dieser bezieht sich auf die eigene interne Preisbildung als Bestandteil des eigenen internen Willensbildungsprozesses. Die eigene interne Preisbildung steht dabei in einem untrennbaren Zusammenhang mit der Wertigkeit, welche eine (potentielle) Vertragspartei einem Vertragsgegenstand beimisst. Die Wertigkeit ist demnach ein Motiv der eigenen internen Preisbildung.

a) Meinungsstand

In der Literatur wird die Frage, ob aufgrund eines Irrtums über die eigene interne Preisbildung bezogen auf die eigene Leistungsbereitschaft in Ansehung einer bestimmten Gegenleistung eine Anfechtung nach § 119 Abs. 2 BGB möglich ist, anhand des BGH-Urteils vom 18. Dezember 1954, Az. II ZR 296/53,[337] diskutiert. Ein Facharzt für Chirurgie und Chefarzt eines Kreiskrankenhauses kaufte ein Ultraschallgerät für 6.367 DM. Das Gerät wurde geliefert und in Benutzung genommen. Der Facharzt, die beklagte Vertragspartei, verweigerte später die Zahlung des Kaufpreises, da die „ihm zugesicherte Wirkung der Ultraschallbehandlung bisher bei seinen mit dem Gerät behandelten Patienten nicht eingetreten sei."[338] Die Brauchbarkeit der Sache hängt von dem Zweck ab, dem sie vertraglich dienen soll. Dieser bestand darin, das Gerät überhaupt zur Ultraschallbehandlung zu verwenden. Die Erwartung des Facharztes, das Gerät zur Behandlung von einer größeren Anzahl verschiedener Krankheiten im Rahmen der sog. Erlanger Liste oder doch wenigstens in einem wirtschaftlich rentablen Umfang einzusetzen, ist nicht Vertragsinhalt geworden.

Ein Motiv des Arztes für den Vertragsschluss war die Behandlung einer Vielzahl von Krankheiten. Diese Behandlungen hätten zu einem für ihn wirtschaftlich rentablen Geschäft geführt. Allerdings ist diese Rentabilität ausgeblieben. Daher hat er sich seine eigene interne Preisvorstellung gebildet, in der Erwartung, dass sich seine eigene Leistung später auszahlt. Der Irrtum des Arztes lag damit unter anderem in der wirtschaftlich rentablen Verwertungsmöglichkeit des Kaufgegenstandes.[339]

Diesen einseitigen Motivirrtum hat der entscheidende Senat nicht als Anfechtungsgrund nach § 119 Abs. 2 BGB angesehen. Zum einen verpflichte die eigene wissenschaftliche Ausbildung und die Standespflicht des Arztes zu einer eigenen selbstverantwortlichen Entscheidung. Er habe selbst zu prüfen, für welche Heilbehandlungen das Gerät tauglich ist. Daher sei es ausschließlich Sache des

337 BGH, Urteil vom 18.12.1954, Az. II ZR 296/53, BGHZ 16, 54.

338 BGH, Urteil vom 18.12.1954, Az. II ZR 296/53, NJW 1955, 340 (insoweit nicht abgedruckt unter BGHZ 16, 54).

339 Vgl. BGH, Urteil vom 18.12.1954, Az. II ZR 296/53, BGHZ 16, 54 (57 f.).

Arztes, sich eine Meinung über die Wirtschaftlichkeit des Kaufes zu bilden und zu prüfen, ob der Kauf wirtschaftlich gerechtfertigt werden könne. Hinsichtlich der wirtschaftlichen Auswirkungen der anvisierten Behandlungsmethoden sei dem Arzt bekannt gewesen, dass diese nicht durch die Krankenkassen vergütet werden würden. Zum anderen seien die subjektiven Vorstellungen des Facharztes nicht Vertragsinhalt geworden.

Nach Ansicht von *Flume*[340] kann der Irrtum über den Preis einer Sache selbst grundsätzlich unter § 119 Abs. 2 BGB subsumiert werden. Der Irrtum kann darin bestehen, „wie hoch der gemeinhin für einen Gegenstand der fraglichen Art geltende Preis ist".[341] *Flume* geht dabei nicht von einer Begrenzung des Begriffes „Eigenschaft" im Sinne von § 119 Abs. 2 BGB aus, sondern er stellt auf das jeweilige Rechtsgeschäft ab. Der Begriff der Eigenschaft nach § 119 Abs. 2 BGB könne demnach weit gefasst werden. Die Begrenzung ergebe sich aus der Beschränkung auf solche Umstände, welche durch besondere vertragliche Bestimmung oder nach Art des jeweiligen Geschäftstypus einbezogen worden ist.

Nach der Ansicht von *Larenz/Wolf*[342] kann die Höhe des Preises einen Eigenschaftsirrtum nach § 119 Abs. 2 BGB darstellen. Die verkehrswesentliche Eigenschaft müsse objektiv feststellbar sein. Bezogen auf den typischen wirtschaftlichen Zweck der jeweiligen Geschäftsart müsse die Eigenschaft im Verkehr als wesentlich angesehen werden. Dadurch sollten Unsicherheiten im Geschäftsverkehr ausgeschlossen werden, indem nicht jede unbedeutende Eigenschaft Anlass zur Anfechtung geben könne. Zudem müsse ein erkennbarer sachlicher Bezug zum individuellen Geschäft gegeben sein. Dies müsse nicht ausdrücklich oder konkludent zum Ausdruck kommen, sondern in irgendeiner Weise vom Erklärenden dem Vertrag zugrunde gelegt werden. Dadurch werde die objektive Verkehrswesentlichkeit eingegrenzt auf Eigenschaften, die gewöhnlicherweise oder nach dem Geschäftszweck typischerweise mit der Erklärung verbunden sind. Dieser Bezug könne beispielsweise durch die Höhe des Preises hergestellt werden. Rein intern gebliebene Motive ohne erkennbaren Bezug zum Geschäft könnten in keinem Fall berücksichtigt werden.

Adams[343] verneint grundsätzlich die Anfechtbarkeit einer Willenserklärung aufgrund eines Irrtums über den Preis gemäß § 119 Abs. 2 BGB. Er leitet dieses Ergebnis aus der Informationsasymmetrie der Vertragsparteien ab. Wäre eine Willenserklä-

340 *Flume*, BGB AT, Band II, § 24, 2 d (480 f.).
341 *Flume*, BGB AT, Band II, § 24, 2 d (481).
342 *Larenz/Wolf*, BGB AT, § 36, Rdnr. 42 ff.
343 *Adams*, Irrtümer und Offenbarungspflichten im Vertragsrecht, AcP 186 (1986), 453 (470 ff.).

rung aufgrund eines Irrtums über den Preis anfechtbar, würde niemand mehr einen Anreiz haben, eigene Kosten aufzunehmen, um durch eine Wertsteigerung einen Gewinn zu realisieren. Die Wertigkeit einer Sache kann „Ergebnis einer mit Kosten verbundenen Suche" sein oder „auf der Bildung von Expertenwissen beruhen."[344] Bei einer Offenbarungspflicht solcher Erkenntnisse bestünde kein Interesse mehr an Innovationen und dies würde auf lange Sicht dem Gemeinwohl schaden. Durch dieses Abstellen auf das Gemeinwohl folge, dass die Anfechtbarkeit eines Irrtums über den Preis nur zulässig sein sollte, wenn der Informationsvorsprung der Vertragspartei über den Wert der Sache auf einer offensichtlich sozial schädlichen, die Allokation der Güter nicht verbessernden Informationsbeschaffung beruhe. Ein Beispiel hierfür sei die Nutzung von Insiderwissen.

Die überwiegende Ansicht[345] verneint die Anfechtbarkeit einer Willenserklärung aufgrund eines Irrtums über den Preis einer Sache selbst nach § 119 Abs. 2 BGB. § 119 Abs. 2 BGB ist im Falle eines Irrtums über den Preis einer Sache nicht anzuwenden. Dabei wird die Einschränkung von *Adams*, soweit ersichtlich, im Rahmen von § 119 Abs. 2 BGB nicht nachvollzogen. Nutzt eine Vertragspartei in schädigender Absicht ihren Wissensvorsprung aus, kann § 123 Abs. 1 Fall 1 BGB angewendet werden. Der Preis einer Sache ist eine Schlussfolgerung aus den wertbildenden Faktoren und daher nicht selbst ein wertbildender Faktor im Sinne von § 119 Abs. 2 BGB. Dieser Grundsatz gilt für Preise, die in einem marktwirtschaftlichen System der freien Preisbildung zustande kommen.[346] Der Preis ist in diesem System keine feststehende, der Sache unmittelbar anhaftende Eigenschaft, sondern unterliegt der freien Vereinbarung.[347] Für die Vertragsparteien hat die eigene interne Wertschätzung einer Ware oder Dienstleistung jeweils einen rein subjektiven Charakter.[348] Dieser äußert sich durch die Einigung auf

344 *Adams*, Irrtümer und Offenbarungspflichten im Vertragsrecht, AcP 186 (1986), 453 (471).

345 *Musielak*, Grundkurs BGB, Rdnr. 341; *Köhler*, BGB AT, § 7, Rdnr. 19; *Jauernig* in Jauernig, BGB, § 119 BGB, Rdnr. 14; *Armbrüster* in MüKo, BGB, Band 1, § 119 BGB, Rdnr. 131; *Ellenberger* in Palandt, BGB, § 119 BGB, Rdnr. 27; *Lorenz*, Grundwissen – Zivilrecht: Willensmängel, JuS 2012, 490 (493); RG, Urteil vom 22.01.1927, Az. I 25/26, RGZ 116, 15 (18); BGH Urteil vom 21.02.1952, Az. IV ZR 103/51, NJW 1952, 778; BGH, Urteil vom 18.12.1954, Az. II ZR 296/53 = BGHZ 16, 54 (57); BGH, Urteil vom 08.06.1988, Az. VIII ZR 135/87, NJW 1988, 2597 (2598).

346 *Armbrüster* in MüKo, BGB, Band 1, § 119 BGB, Rdnr. 131; *Köhler*, BGB AT, § 7, Rdnr. 19; *Musielak*, Grundkurs BGB, Rdnr. 342.

347 *Armbrüster* in MüKo, BGB, Band 1, § 119 BGB, Rdnr. 131; *Köhler*, BGB AT, § 7, Rdnr. 19.

348 Vgl. *Köhler*, BGB AT, § 7, Rdnr. 19.

einen bestimmten Preis.[349] Aus dem Prinzip der Privatautonomie folgt, dass jeder Vertragspartei die Preisbildung grundsätzlich selbst überlassen ist.[350] Wenn sich die Preise auf einem Markt ständig neu bilden, dann trägt jeder Marktteilnehmer das Risiko selbst, eine abweichende Preisfestsetzung vorzunehmen und damit beispielsweise einen geringeren Verkaufspreis zu erzielen oder als Käufer einen höheren Kaufpreis leisten zu müssen als andere Marktteilnehmer.[351] Dementsprechend trifft den Verkäufer keine Aufklärungspflicht hinsichtlich des Verhältnisses seines geforderten Preises zum allgemeinen Preisniveau.[352] Daraus folgt, dass auch kein pflichtwidriges Unterlassen angenommen werden kann.[353] Ferner würde es zu einer Unsicherheit im Geschäftsverkehr führen, wenn jemand aufgrund einer Fehleinschätzung des Preises ein Rechtsgeschäft anfechten könnte.[354]

Dagegen trifft den Verkäufer eine Aufklärungspflicht über die Angemessenheit seines Preises, wenn der Preis entweder behördlich festgelegt worden ist oder das jeweilige Unternehmen über eine überragende Marktstellung verfügt.[355] Diese Preisfestsetzung erfolgt gerade nicht durch ein marktwirtschaftliches System der freien Preisbildung aufgrund privatautonomen Verhaltens. In diesen Fällen ist ein Irrtum über die Angemessenheit des Preises im Rahmen von § 119 Abs. 2 BGB beachtlich.[356]

b) Stellungnahme

Das Argument der privatautonomen Preisgestaltung im Rahmen eines marktwirtschaftlichen Systems ist überzeugend weil der Preis keine Eigenschaft i.S.d. § 119 Abs. 2 BGB ist. Ohne die Möglichkeit einen Gewinn zu realisieren, ist kein Innovationsanreiz gegeben. Zudem gibt *Flume* selbst der Ansicht, die eine Anfechtung aufgrund eines Irrtums über den Preis nach § 119 Abs. 2 BGB ablehnt, grundsätzlich Recht.[357] Gegen die Ansicht von *Larenz/Wolf* spricht, dass selbst

---

349 Vgl. *Köhler*, BGB AT, § 7, Rdnr. 19.

350 *Singer* in Staudinger, BGB, Buch 1, Allgemeiner Teil 3, § 119 BGB, Rdnr. 100.

351 *Musielak*, Grundkurs BGB, Rdnr. 342; *Armbrüster* in MüKo, BGB, Band 1, § 119 BGB, Rdnr. 131; *Honsell*, Anmerkung zu BGH, Urteil vom 08.06.1988, Az. VIII ZR 135/87, JZ 1989, 42 (44).

352 *Armbrüster* in MüKo, BGB, Band 1, § 119 BGB, Rdnr. 131.

353 Vgl. *Armbrüster* in MüKo, BGB, Band 1, § 119 BGB, Rdnr. 131.

354 *Musielak*, Grundkurs BGB, Rdnr. 342.

355 *Armbrüster* in MüKo, BGB, Band 1, § 119 BGB, Rdnr. 131; *Fleischer*, Informationsasymmetrie, 359 f.

356 *Armbrüster* in MüKo, BGB, Band 1, § 119 BGB, Rdnr. 131.

357 *Flume*, BGB AT, Band II, § 24, 2 d (481).

bei Eingrenzungen der objektiven Verkehrswesentlichkeit keine absolute Trennschärfe gegeben ist, wann der Irrtum über den Preis zur Anfechtung berechtigt und wann nicht. Wird dagegen zwischen freier Preisfestsetzung und unfreier Preisfestsetzung unterschieden, sind insoweit eindeutige Kategorien gegeben. Ob ein Unternehmen überragende Marktmacht hat oder nicht, lässt sich regelmäßig aus dem Umstand herleiten, dass es auf dem entsprechenden Markt kein anderes Unternehmen gibt, welches über annähernd die gleiche Marktstellung verfügt.

c) Schlussfolgerungen

Eine rein intern gebliebene Vorstellung über den Wert und die darauf beruhende eigene interne Preisbildung berechtigen nicht zur Anfechtung nach § 119 Abs. 2 BGB.

Die Vertragsparteien haben keine Pflicht, sich bestimmtes Wissen über die Wirtschaftlichkeit eines Vertragsabschlusses anzueignen. Um ihre Verhandlungsposition zu verbessern und die Vertragsverhandlungen zu ihren Gunsten zu gestalten, liegt eine solche Informationsbeschaffung, als Obliegenheit, jedoch in ihrem Interesse.

2. Irrtum über die Kalkulation

Eine intransparente Preisfestsetzung könnte durch einen Kalkulationsirrtum entstehen. Fraglich ist, ob ein solcher zur Anfechtung berechtigt.

Ein rein interner Kalkulationsirrtum berechtigt nach überwiegender Ansicht nicht zur Anfechtung, denn dieser bloße Motivirrtum ist von keinem Anfechtungsgrund nach §§ 119 ff. BGB erfasst.[358] Das Risiko der ausreichenden Willensbildung ist vorrangig vom Erklärenden selbst zu tragen.[359] Grundsätzlich ist es die Aufgabe des Erklärenden, seine Kalkulation in der Weise auszugestalten, dass sie zutrifft und dass sie seinen Geschäftserwartungen entspricht.[360] Unbeachtlich ist daher, ob die Vertragspartei den Kalkulationsirrtum hätte erkennen können oder sogar positiv gekannt hat.[361] Daraus folgt, dass das Anfechtungs-

---

358 *Köhler*, BGB AT, § 7, Rdnr. 25; *Medicus*, BGB AT, Rdnr. 762; *Larenz/Wolf*, BGB AT, § 36, Rdnr. 71; *Waas*, Der Kalkulationsirrtum zwischen Anfechtung und unzulässiger Rechtsausübung, JuS 2001, 14; *Armbrüster* in MüKo, BGB, Band 1, § 119 BGB, Rdnr. 88; BGH, Urteil vom 28.02.2002, Az. I ZR 318/99, NJW 2002, 2312.

359 *Larenz/Wolf*, BGB AT, § 36, Rdnr. 71.

360 *Petersen*, Der beiderseitige Irrtum zwischen Anfechtungsrecht und Geschäftsgrundlage, JURA 2011, 430 (431); *Köhler*, BGB AT, § 7, Rdnr. 25.

361 *Köhler*, BGB AT, § 7, Rdnr. 25; BGH, Urteil vom 07.07.1998, Az. X ZR 17/97, NJW 1998, 3192 (3194).

recht kein Reuerecht ist. Aus Gründen des Vertrauensschutzes kann sich eine Pflicht zum Hinweis auf eine Fehlkalkulation ergeben.[362] Wenn die Gegenseite die Fehlkalkulation erkannt hat und die Vertragsdurchführung für den Erklärenden schlechthin unzumutbar ist, also ruinös, kann das Festhalten an der Vertragsdurchführung einen Fall der unzulässigen Rechtsausübung nach § 242 BGB darstellen.[363]

Durch Offenlegung der Kalkulation kann diese zum Gegenstand der Vertragsverhandlungen gemacht werden. Wird diese Kalkulation zudem von den Vertragsparteien als maßgeblich angesehen, um das Entgelt zu errechnen, kann ein Irrtum hierüber, der nicht bereits durch eine entsprechende Auslegung korrigiert werden kann,[364] zur Anfechtung[365] oder zur Vertragsanpassung[366] führen.

3. Irrtum über die Preiskalkulationsgrundlage

Von dem Irrtum über die Kalkulation ist der Irrtum über die Preiskalkulationsgrundlage zu unterscheiden. Der Irrtum beruht hierbei nicht auf einem Berechnungsfehler. Bereits eine Stufe vor der Rechenoperation wurden unzutreffende Rechnungsposten in die dann – richtig ausgeführte – Rechenoperation zur Preisbildung eingestellt. Ein Beispiel hierfür ist ein Handwerker, der zwar den Preis für sein Leistungsverlangen im Rahmen seiner eigenen internen Preisbildung richtig berechnet, dabei aber Material zu einem bestimmten Anschaffungspreis einrechnet und dann für dieses Material tatsächlich selbst mehr leisten muss. Fraglich ist, ob ein Irrtum über die Preiskalkulationsgrundlage zur Anfechtung durch die kalkulierende Vertragspartei berechtigt.

Grundsätzlich ist es Aufgabe der preisbildenden Vertragspartei, die notwendigen Informationen zutreffend zu ermitteln. Daher liegt das Risiko, vergleichbar zum Kalkulationsirrtum, allein in ihrem Machtbereich. Dennoch kann ein Festhalten am kalkulierten Preis, auf der Grundlage einer unzutreffenden Preiskalkulation, nach § 242 BGB treuwidrig sein. Dies ist treuwidrig, wenn die Gegenseite diese unzutreffende Annahme erkannt hat oder arglistig nicht erkannt hat und es schuldhaft unterlässt, die preiskalkulierende Vertragspartei darauf hinzuweisen.

---

362 BGH, Urteil vom 07.07.1998, Az. X ZR 17/97, NJW 1998, 3192 (3194).

363 *Köhler*, BGB AT, § 7, Rdnr. 25; BGH, Urteil vom 28.04.1983, Az. VII ZR 259/82, NJW 1983, 1671 (1672); BGH, Urteil vom 07.07.1998, Az. X ZR 17/97, NJW 1998, 3192 (3194).

364 *Larenz/Wolf*, BGB AT, § 36, Rdnr. 60.

365 RG, Urteil vom 09.11.1906, Az. II 173/06, RGZ 64, 266 (268); *Adams*, Irrtümer und Offenbarungspflichten im Vertragsrecht, AcP 186 (1986), 453 (488).

366 *Köhler*, BGB AT, § 7, Rdnr. 25.

Um den Interessen der Vertragsparteien dann so weit wie möglich zu entsprechen, ist die Kalkulation mit den zutreffenden Kostenfaktoren zu wiederholen. Diese, jetzt auf einer zutreffenden Preiskalkulation beruhende Preisbildung, ist dann dem Vertrag zugrunde zu legen.[367]

4. Irrtum aufgrund einer vorsätzlichen Täuschung über die Preisfestsetzung

Eine Vertragspartei kann sich über den vereinbarten Preis getäuscht fühlen, wenn sie eine vergleichbare Leistung bei einem anderen Anbieter später günstiger findet. Aber nicht jede subjektiv empfundene Täuschung ist eine Täuschung im Rechtssinne. Problematisch ist, wann eine Täuschung über die Preisfestsetzung zu einer Anfechtung nach § 123 Abs. 1 Fall 1 BGB berechtigt.

Täuscht die erklärende Vertragspartei vorsätzlich über die Preisangabe im Rahmen der Preisgestaltung, könnte die darauf bezogene Annahmeerklärung i.S.d. vertraglichen Preisfestsetzungen nach §§ 123 Abs. 1 Fall 1, 142 Abs. 1 BGB angefochten werden. Eine solche Täuschung setzt zunächst voraus, dass der Preis, als objektive Sachlage, feststeht. Der Preis kann als objektive Sachlage feststehen, wenn beispielsweise die erklärende Vertragspartei über den vergleichbaren Preis eines Konkurrenten oder den Marktpreis täuscht.

Wenn der Preis erst durch die vertragliche Einigung fixiert wird, dann ist eine solche Täuschung logischerweise nicht möglich, weil keine objektive Sachlage geben ist. Unterlässt es eine Vertragspartei, ihre Motive zur Preisbildung zu erklären, dann handelt es sich um rein subjektive Elemente ihrer Willensbildung. Die objektive Sachlage wird dadurch nicht berührt.

Schutzzweck des § 123 Abs. 1 Fall 1 BGB ist „die freie Selbstbestimmung auf rechtsgeschäftlichem Gebiet."[368] Die täuschende Vertragspartei hat eine Fehlvorstellung über die wahre Sachlage erregt, welche die Gegenseite zum Bestandteil ihres Willensbildungsprozesses gemacht hat. Wäre diese Täuschung unterblieben, wäre der Wille, wie er zunächst erklärt worden ist, nicht gebildet worden. Diese Täuschung muss arglistig im Sinne einer vorsätzlichen Handlung erfolgt sein.[369]

---

367 Vgl. *Kandel* in Beck'scher Online-Kommentar VOB/B, § 2 Abs. 5 VOB/B, Rdnr. 93; BGH, Urteil vom 07.07.1998, Az. X ZR 17/97, NJW 1998, 3192 (3194).

368 *Mugdan*, Band I, 204; *Armbrüster* in MüKo, BGB, Band 1, § 123 BGB, Rdnr. 1.

369 BGH, Urteil vom 21.06.1974, Az. V ZR 15/73, NJW 1974, 1505 f.; BGH, Urteil vom 13.06.2007, Az. VIII ZR 236/06, NJW 2007, 3057 (3059); *Armbrüster* in MüKo, BGB, Band 1, § 123 BGB, Rdnr. 17; *Grigoleit*, Vorvertragliche Informationshaftung, 17 f.

Eine Preisangabe „ins Blaue hinein“[370] kann ebenfalls eine arglistige Täuschung darstellen. Dies setzt voraus, dass der Erklärende bestimmte Kenntnisse nicht hat, die für die getäuschte (potenzielle) Vertragspartei erkennbar von Bedeutung sind.[371]

Die täuschende Vertragspartei erregt in diesen Fällen keinen Irrtum über die eigene interne Preisbildung. Die Täuschung bezieht sich auf Umstände, welche die getäuschte Vertragspartei zur Grundlage ihrer Willensbildung macht. Dies führt kausal zur vertraglichen Preisfestsetzung. Ein Motivirrtum berechtigt hier ausnahmsweise zur Anfechtung, denn der Irrtum ist durch die arglistige Täuschung der Gegenseite hervorgerufen worden.

5. Irrtum über die Entgeltlichkeit an sich

Eine potenzielle Vertragspartei kann sich im Rahmen ihrer eigenen internen Preisbildung über die Entgeltlichkeit an sich irren, beispielsweise weil eine gesetzliche Regelung zur Preisermittlung anwendbar ist (vgl. oben Abschnitt III.). Der Irrtum bezieht sich dabei auf ihren Geschäftswillen. Die erklärende (potentielle) Vertragspartei bildet ihren Willen bezogen auf den Abschluss eines unentgeltlichen Rechtsgeschäftes. Wenn die Vertragspartei dann eine Entgeltforderung geltend macht, ist diese Leistungspflicht nicht vom Geschäftswillen erfasst. Täuscht die Gegenseite vorsätzlich über die Entgeltlichkeit, ist eine Anfechtung nach §§ 123 Abs. 1 Fall 1, 142 Abs. 1 BGB möglich. Wenn keine fremde Einwirkung auf den eigenen Willensbildungsprozess gegeben ist, kann ein Rechtsfolgenirrtum als Inhaltsirrtum im Sinne von § 119 Abs. 1 Fall 1 BGB vorliegen. Erfolgt die Erklärung ohne Erklärungsbewusstsein, ist eine Anfechtung nach § 119 Abs. 1 BGB direkt oder zumindest analog möglich.[372]

6. Schlussfolgerungen

Nicht jeder Irrtum über die vertragliche Preisfestsetzung löst eine Rechtsfolge aus. Ein Irrtum der preisbildenden Vertragspartei über die eigene interne Preisbildung betrifft eine Fehlvorstellung aus dem Bereich des Denkens, Überlegens, Schlussfolgerns, Urteilens und der Reichweite der Preisermittlung bezogen auf den eigenen Willensbildungsprozess unter Einbeziehung der Motive zur eigenen subjektiven Preisbildung.

370 Vgl. *Larenz/Wolf*, BGB AT, § 37, Rdnr. 11.

371 *Armbrüster* in MüKo, BGB, Band 1, § 123 BGB, Rdnr. 15.

372 Vgl. *Alexander*, Neuregelungen zum Schutz vor Kostenfallen im Internet, NJW 2012, 1985 (1986); *Armbrüster* in MüKo, BGB, Band 1, § 119 BGB, Rdnr. 101.

Eine arglistige Täuschung im Rahmen der Preisfestsetzung berechtigt zur Anfechtung. Ansonsten ist eine Irrtumsanfechtung aufgrund einer intransparenten Preisfestsetzung nur in engen Ausnahmefällen zu bejahen.

Selbst wenn die eigene Kalkulation – ganz ausnahmsweise – offenzulegen ist, folgt daraus nur ein begrenzter Einblick in die eigene interne Preisbildung der anderen Vertragspartei. Einzelne Rechnungsposten werden nachvollziehbar, ohne dass die Vertragspartei erklären muss, wie sich der einzelne Rechnungsposten selbst zusammensetzt.

V. AGB-Kontrolle bezüglich intransparenter Preisfestsetzungen

Allgemeine Geschäftsbedingungen können intransparente Preisfestsetzungen enthalten. Dabei ist zwischen einer Preisfestsetzung bezüglich der Hauptleistungspflicht und von Nebenleistungspflichten zu unterscheiden. Im Folgenden sind Anforderungen nach den AGB-Vorschriften an die Preistransparenz zu untersuchen.

1. Reine Transparenzkontrolle bei Hauptleistungspflichten, § 307 Abs. 3 S. 2 BGB

Entsprechend der Begründung der Bundesregierung zum Entwurf eines Gesetzes zur Regelung des Rechts der Allgemeinen Geschäftsbedingungen (AGB-Gesetz) vom 6. August 1975 soll die Beschreibung der unmittelbaren Hauptleistungspflichten kein Gegenstand der Inhaltskontrolle nach AGB-Recht sein.[373] Dazu gehört auch die Vereinbarung über das vom anderen Teil zu erbringende Entgelt.[374] Eine Preiskontrolle soll nicht durch Vorschriften des AGB-Rechts stattfinden.[375] Dieser Grundsatz findet sich auch in der Gesetzesbegründung zur Modernisierung des Schuldrechts.[376]

2. Kontrolle von Preisklauseln und Nebenleistungspflichten nach §§ 305 ff. BGB

Die Hauptleistungspflicht zur Erbringung des Entgeltes kann durch AGB-Klauseln beeinflusst werden.[377] Bezogen auf den Prüfungsmaßstab ist zu unterscheiden.

373 BT-Drucks. 7/3919, 22; *Graf von Westphalen/Thüsing* in Graf von Westphalen, Vertragsrecht und AGB-Klauselwerke, Teil „Vertragsrecht“, Preis – Preisnebenabrede, Rdnr. 1; BGH, Urteil vom 06.02.1985, Az. VIII ZR 61/84, NJW 1985, 3013.

374 BGH, Urteil vom 06.02.1985, Az. VIII ZR 61/84, NJW 1985, 3013.

375 BT-Drucks. 7/3919, 22; *Wurmnest* in MüKo, BGB, Band 2, § 307 BGB, Rdnr. 16.

376 BT-Drucks. 14/6040, 154.

377 *Wurmnest* in MüKo, BGB, Band 2, § 307 BGB, Rdnr. 16.

Klauseln, die sich unmittelbar oder mittelbar auf den Preis beziehen, werden unterschiedslos von den §§ 305–306a BGB erfasst. Insoweit trägt § 305c BGB zur Preistransparenz bei, denn nach § 305c Abs. 1 BGB werden überraschende Klauseln nicht Vertragsbestandteil. Nach § 305c Abs. 2 BGB gehen Unklarheiten im Zweifel zulasten des AGB-Verwenders. Ein Überrumpelungs- oder Übertölpelungseffekt ist gegeben, wenn eine deutliche Diskrepanz zwischen dem Inhalt einer Klausel und der Erwartung des Kunden, die sich je nach Rechtsgeschäft unterscheidet, gegeben ist.[378] Überraschend kann eine Klausel beispielsweise beim Kauf eines Kaffeeautomaten sein, wenn der Käufer außerdem zum Dauerbezug von Kaffee verpflichtet wird.[379] Ein anderes Beispiel sind überraschende Kosten für den Eintrag in ein Firmenverzeichnis, wenn diese Leistung am Markt regelmäßig unentgeltlich erbracht wird.[380]

Für die Anwendung der §§ 307 ff. BGB ist zunächst zwischen einer Klausel, welche die Art und den Umfang der vertraglichen Hauptleistungspflicht und den dafür zu zahlenden Preis unmittelbar regelt, sog. Preisklausel, und (Preis-)Nebenabreden zu unterscheiden. (Preis-)Nebenabreden sind Vereinbarungen, die mittelbare Auswirkungen auf Preis und Leistung haben können, an deren Stelle aber, wenn eine wirksame vertragliche Regelung fehlt, dispositives Gesetzesrecht treten könnte.[381] Dies sind beispielsweise Klauseln zur Modifikation des Preises und/oder der Zahlung.[382]

a) *Preisklauseln*

Zu untersuchen ist, wann eine intransparente Preisfestsetzung durch eine Preisklausel gegeben ist. Eine Preisklausel ist gegeben, wenn der zu zahlende Preis unmittelbar festgelegt wird.[383] Unbeachtlich ist dabei, ob es sich um den Preis für

---

378 *Basedow* in MüKo, BGB, Band 2, § 305c BGB, Rdnr. 10.

379 BT-Drucks. 7/3919, 19; *Basedow* in MüKo, BGB, Band 2, § 305c BGB, Rdnr. 11; *Tamm* in Tamm/Tonner, Verbraucherrecht, § 16, Rdnr. 88.

380 BGH, Urteil vom 26.07.2012, Az. VII ZR 262/11, NJW-RR 2012, 1261 (1262); *Schwab*, Schuldrecht AT: Überraschende Entgeltklausel bei Branchenverzeichnis im Internet, JuS 2013, 353 (354).

381 Vgl. BGH, Urteil vom 06.02.1985, Az. VIII ZR 61/84, NJW 1985, 3013 f.; BGH, Urteil vom 24.11.1988, Az. III ZR 188/87, NJW 1989, 222 (223); BGH, Urteil vom 08.10.1998, Az. III ZR 278/97, NJW-RR 1999, 125 (126); *Wurmnest* in MüKo, BGB, Band 2, § 307 BGB, Rdnr. 16; *Grüneberg* in Palandt, BGB, § 307 BGB, Rdnr. 47.

382 *Stadler* in Jauernig, BGB, § 307 BGB, Rdnr. 15; BGH, Urteil vom 06.02.1985, Az. VIII ZR 61/84, NJW 1985, 3013 (3014).

383 Vgl. *Wurmnest* in MüKo, BGB, Band 2, § 307 BGB, Rdnr. 16; *Grüneberg* in Palandt, BGB, § 307 BGB, Rdnr. 46.

die Hauptleistung oder eine Neben- oder Sonderleistung handelt.[384] Wenn der Preis nicht durch Individualvereinbarung bestimmt oder bestimmbar ist, soll durch § 307 Abs. 3 BGB verhindert werden, dass aufgrund der §§ 307 ff. BGB eine Preiskontrolle stattfindet.[385] Hintergrund ist die Überlegung, dass sich Preise auf funktionierenden Märkten im Wettbewerb bilden und die entsprechende Festlegung durch vorformulierte Klauseln deshalb nicht zum Gegenstand richterlicher Kontrolle gemacht werden soll.[386] Diese Klauseln sollen jedoch einer Verständlichkeits- und Transparenzkontrolle zugänglich sein.[387]

Im Rahmen des § 307 Abs. 3 BGB ist somit zu unterscheiden. Eine Klausel, die von Rechtsvorschriften abweicht oder durch die eine gesetzliche Regelung ergänzt wird, ist gemäß § 307 Abs. 3 S. 1 BGB nach §§ 307 ff. BGB kontrollfähig.[388] Dies umfasst Klauseln, die nicht unmittelbar den Preis für die vertragliche Hauptleistung regeln.[389] Klauseln, die Entgelte für eine rechtlich nicht geregelte, zusätzlich angebotene Sonderleistung bestimmen, sind ebenfalls nicht nach §§ 307 ff. BGB kontrollfähig.[390] Werden hingegen durch eine Klausel Kosten auf den Kunden abgewälzt, die aufgrund von allgemeinen Betriebskosten, zur Erfüllung der Leistungspflicht des Verwenders oder aufgrund von Tätigkeiten im Interesse des Verwenders entstehen, so ist diese Klausel als (Preis-)Nebenabrede kontrollfähig.[391]

Dadurch werden beispielsweise Klauseln erfasst, durch die von gesetzlichen Gebührenordnungen, wie beispielsweise dem RVG, abgewichen wird.[392] Insoweit ist eine Entscheidung des Gesetz- und Verordnungsgebers über die Angemessenheit der Vergütung und über den Rahmen gegeben, in dem sich diese zu bewegen hat.[393] Dagegen stellen die §§ 612 Abs. 2, 632 Abs. 2 BGB keine Rechtsvorschriften

384 Vgl. *Wurmnest* in MüKo, BGB, Band 2, § 307 BGB, Rdnr. 16.

385 Vgl. *Wurmnest* in MüKo, BGB, Band 2, § 307 BGB, Rdnr. 16.

386 Vgl. *Wurmnest* in MüKo, BGB, Band 2, § 307 BGB, Rdnr. 16.

387 Vgl. *Grüneberg* in Palandt, BGB, § 307 BGB, Rdnr. 42; BGH, Urteil vom 12.10.2007, Az. V ZR 283/06, NJW-RR 2008, 251 (252).

388 Vgl. BGH, Urteil vom 07.06.2011, Az. XI ZR 388/10, NJW 2011, 2640.

389 Vgl. BGH, Urteil vom 07.06.2011, Az. XI ZR 388/10, NJW 2011, 2640.

390 Vgl. BGH, Urteil vom 07.06.2011, Az. XI ZR 388/10, NJW 2011, 2640.

391 Vgl. BGH, Urteil vom 07.06.2011, Az. XI ZR 388/10, NJW 2011, 2640.

392 *Thüsing* in Graf von Westphalen, Vertragsrecht und AGB-Klauselwerke, Teil „Vertragsrecht", Preis – Preisnebenabrede, Rdnr. 7.

393 *Thüsing* in Graf von Westphalen, Vertragsrecht und AGB-Klauselwerke, Teil „Vertragsrecht", Preis – Preisnebenabrede, Rdnr. 7; BGH, Urteil vom 09.07.1981, Az. VII ZR 139/80, NJW 1981, 2351 (2352); BGH, Urteil vom 30.10.1991, Az. VIII ZR 51/91, NJW 1992, 746.

i.S.d. § 307 Abs. 3 BGB dar.[394] Diese Vorschriften überlassen die Preisbildung den Vertragsparteien und legen die angemessene Vergütung, als richterlichen Kontrollmaßstab, nicht selbst fest.[395] Sie dienen lediglich als sekundäre Regelung, wenn zwar die Entgeltlichkeit vereinbart ist, aber keine konkrete Preisfestsetzung gegeben ist.[396] Die §§ 612 Abs. 2, 632 Abs. 2 BGB können daher jeweils nicht als Maßstab nach § 307 Abs. 3 S. 1 BGB herangezogen werden.

Kann ein Vertragsinhalt nicht durch eine gesetzliche Vorgabe ersetzt werden, so findet nach § 307 Abs. 3 S. 2 BGB lediglich eine Transparenzkontrolle nach § 307 Abs. 1 S. 2 i.V.m. S. 1 BGB statt.[397] Dadurch ist eine Angemessenheitskontrolle des Preis-Leistungs-Verhältnisses ausgeschlossen.[398]

b) Kontrollfähige Preisnebenabreden nach §§ 307 ff. BGB

Zu den nach §§ 307 ff. BGB kontrollfähigen Preisnebenabreden gehören auch Klauseln, die ein einseitiges Bestimmungsrecht des Preises durch die Vertragspartei oder Dritte statuieren,[399] beispielsweise durch die Verweisung auf Tages- oder Listenpreise.[400] An die Stelle einer solchen Klausel könnten die §§ 315 ff. BGB treten. Im Folgenden ist zu untersuchen, in welchen Fällen ein Preisbestimmungsrecht unwirksam ist.

aa) § 309 Nr. 1 BGB

Fraglich ist, in welchen Fällen eine intransparente Preisfestsetzung einen Verstoß gegen § 309 Nr. 1 BGB statuiert. § 309 Nr. 1 BGB gewährleistet die Transparenz der individuellen Preisabsprachen und trägt damit zur Funktionsfähigkeit des Preiswettbewerbs bei.[401] Nach § 309 Nr. 1 BGB ist eine unzulässige Preiserhöhung

---

394 *Thüsing* in Graf von Westphalen, Vertragsrecht und AGB-Klauselwerke, Teil „Vertragsrecht“, Preis – Preisnebenabrede, Rdnr. 8; *Wolf* in Wolf/Lindacher/Pfeiffer, AGB-Recht, § 307 BGB, Rdnr. 325; BGH, Urteil vom 17.11.1992, Az. X ZR 12/91, NJW-RR 1993, 430 (431).

395 BGH, Urteil vom 17.11.1992, Az. X ZR 12/91, NJW-RR 1993, 430 (431).

396 Vgl. BGH, Urteil vom 17.11.1992, Az. X ZR 12/91, NJW-RR 1993, 430 (431); *Thüsing* in Graf von Westphalen, Vertragsrecht und AGB-Klauselwerke, Teil „Vertragsrecht“, Preis – Preisnebenabrede, Rdnr. 8.

397 *Wurmnest* in MüKo, BGB, Band 2, § 307 BGB, Rdnr. 16; *Stadler* in Jauernig, BGB, § 307 BGB, Rdnr. 6 ff.; *Grüneberg* in Palandt, BGB, § 307 BGB, Rdnr. 42.

398 *Grüneberg* in Palandt, BGB, § 307 BGB, Rdnr. 42.

399 *Grüneberg* in Palandt, BGB, § 307 BGB, Rdnr. 47; BGH, Urteil vom 09.07.1981, Az. VII ZR 139/80, NJW 1981, 2351 (2353).

400 *Wurmnest* in MüKo, BGB, Band 2, § 307 BGB, Rdnr. 16.

401 *Wurmnest* in MüKo, BGB, Band 2, § 309 Nr. 1 BGB, Rdnr. 1.

gegeben, wenn ein anderer (höherer) Preis als der zum Zeitpunkt des Vertragsschlusses geltende gezahlt werden soll.[402] Dadurch sind zukünftige Preiserhöhungen für den Zeitraum zwischen dem Vertragsschluss und dem Ende der Frist, bezogen auf die Leistungserbringung, von vier Monaten ausgeschlossen, § 309 Nr. 1 1. Hs. BGB. Aus der Formulierung „Entgelt für Waren oder Leistungen" folgt, dass die Klausel vor einer Preiserhöhung bezogen auf den Vertragsgegenstand i.S.d. essentialia negotii schützt. Wenn der Kunde Nebenkosten übernehmen muss, beispielsweise für den Transport, und sich diese Nebenkosten erhöhen, ist keine Preiserhöhung im Sinne von § 309 Nr. 1 BGB gegeben.[403]

Für den Rechtsverkehr zwischen Unternehmen ist zu beachten, dass die Wertung des § 309 Nr. 1 BGB nicht umfassend herangezogen werden kann.[404] Aufgrund der jeweiligen Geschäftserfahrung und Geschäftsgewandtheit kann bei B2B-Geschäften eher die Berücksichtigung von Unsicherheiten künftiger Preisentwicklungen erwartet werden.[405] Das Verbot von Preisanpassungsklauseln im Zeitraum der Frist von vier Monaten kann nicht auf B2B-Geschäfte angewendet werden, denn die Gepflogenheiten im Handelsverkehr sind ganz unterschiedlich.[406] Demgegenüber kann die Wertung, dass eine individuelle Preisabsprache transparent sein soll, auch im kaufmännischen Geschäftsverkehr angewendet werden, denn sie ist auch dort eine wichtige Voraussetzung für die Funktionsfähigkeit der Märkte.[407]

bb) § 308 Nr. 4 BGB

§ 308 Nr. 4 BGB schützt das Prinzip pacta sunt servanda.[408] Nach dem Wortlaut sind Klauseln grundsätzlich unwirksam, die dem Verwender ein einseitiges Recht geben, seine Leistungspflicht zu modifizieren. Durch eine entsprechende Klausel kann die Äquivalenz von Leistung und Gegenleistung erheblich gestört werden.[409]

---

402 *Stadler* in Jauernig, BGB, § 309 BGB, Rdnr. 2.

403 *Stadler* in Jauernig, BGB, § 309 BGB, Rdnr. 2; *Wurmnest* in MüKo, BGB, Band 2, § 309 Nr. 1 BGB, Rdnr. 11.

404 *Stadler* in Jauernig, BGB, § 309 BGB, Rdnr. 2; *Wurmnest* in MüKo, BGB, Band 2, § 309 Nr. 1 BGB, Rdnr. 33; *Dammann* in Wolf/Lindacher/Pfeiffer, AGB-Recht, § 309 Nr. 1 BGB, Rdnr. 161.

405 *Dammann* in Wolf/Lindacher/Pfeiffer, AGB-Recht, § 309 Nr. 1 BGB, Rdnr. 162.

406 *Wurmnest* in MüKo, BGB, Band 2, § 309 Nr. 1 BGB, Rdnr. 33; *Dammann* in Wolf/Lindacher/Pfeiffer, AGB-Recht, § 309 Nr. 1 BGB, Rdnr. 161.

407 *Wurmnest* in MüKo, BGB, Band 2, § 309 Nr. 1 BGB, Rdnr. 33.

408 *Becker* in Beck'scher Online Kommentar BGB, § 308 Nr. 4 BGB, Rdnr. 2.

409 Vgl. *Stadler* in Jauernig, BGB, § 308 BGB, Rdnr. 6; *Wurmnest* in MüKo, BGB, Band 2, § 308 Nr. 4 BGB, Rdnr. 1; BGH, Urteil vom 30.06.2009, Az. XI ZR 364/08, NJW-RR 2009, 1641 (1643).

Dies beeinträchtigt die Preistransparenz, denn für den Schuldner der Gegenleistungspflicht ist im Moment des Vertragsschlusses grundsätzlich nicht erkennbar, für welche Leistung er den vereinbarten Preis zahlt.

Ein Änderungsvorbehalt ist zulässig, wenn dieser unter Berücksichtigung der Interessen des Verwenders für den anderen Vertragsteil zumutbar ist. Dies lässt sich nur unter Abwägung der beteiligten Parteiinteressen unter Berücksichtigung des jeweiligen Geschäftstyps ermitteln.[410] Im Rahmen dieser Prüfung ist auf ähnliche Kriterien abzustellen, wie im Rahmen von Preisanpassungsklauseln außerhalb des Anwendungsbereiches des § 309 Nr. 1 BGB.[411] Aufgrund einer typisierenden Betrachtungsweise ist festzustellen, ob der vertragliche Interessensausgleich eingehalten wird.[412]

Die Klausel muss den triftigen Grund für das einseitige Leistungsbestimmungsrecht nennen und im Rahmen der jeweiligen Voraussetzungen und Folgen erkennbar die Interessen der Vertragspartei angemessen berücksichtigen.[413] Diese Grundsätze sind auch im Rahmen von B2B-Geschäften zu beachten.[414]

cc) § 307 Abs. 1 S. 2 in Verbindung mit Abs. 3 S. 2 BGB

Preisnebenabreden, die über die Frist von vier Monaten hinausgehen, sowie nachträgliche Kostenerhöhungen sind nicht von § 309 Nr. 1 BGB erfasst. Eine solche Klausel könnte nach den allgemeinen Bestimmungen des AGB-Rechts geprüft werden.[415] Dies ist insbesondere im Hinblick auf Dauerschuldverhältnisse von Bedeutung, die nach § 309 Nr. 1 2. Hs. BGB vom Anwendungsbereich des § 309 Nr. 1 1. Hs. BGB ausgenommen sind.

Im Rahmen der Generalklausel des § 307 BGB sind die Interessen der Vertragsparteien zu wahren.[416] Dazu gehört das Preisanpassungsinteresse bei Dauer-

---

410 *Wurmnest* in MüKo, BGB, Band 2, § 308 Nr. 4 BGB, Rdnr. 7; *Stadler* in Jauernig, BGB, § 308 BGB, Rdnr. 6.

411 *Wurmnest* in MüKo, BGB, Band 2, § 308 Nr. 4 BGB, Rdnr. 7.

412 *Wurmnest* in MüKo, BGB, Band 2, § 308 Nr. 4 BGB, Rdnr. 7; *Stadler* in Jauernig, BGB, § 308 BGB, Rdnr. 6.

413 *Stadler* in Jauernig, BGB, § 308 BGB, Rdnr. 6; BGH, Urteil vom 23.06.2005, Az. VII ZR 200/04, NJW 2005, 3420 (3421).

414 *Wurmnest* in MüKo, BGB, Band 2, § 308 Nr. 4 BGB, Rdnr. 13; *Stadler* in Jauernig, BGB, § 308 BGB, Rdnr. 6.

415 Vgl. *Wurmnest* in MüKo, BGB, Band 2, § 309 Nr. 1 BGB, Rdnr. 7; *Piekenbrock*, Die Rechtsprechung des BGH zu Bearbeitungsentgelten für Darlehensverträge, ZBB 2015, 13 (15).

416 *Stadler* in Jauernig, BGB, § 307 BGB, Rdnr. 6.

schuldverhältnissen, welches sowohl beim Verwender der AGB als auch bei seiner Vertragspartei gegeben sein kann.[417]

Wurmnest[418] führt aus, dass eine entsprechende Klausel die Voraussetzungen und den Umfang der Preisänderung für den Kunden in nachvollziehbarer Weise darlegen müsse. Das Äquivalenzverhältnis von Leistung und Gegenleistung dürfe nicht nach Vertragsschluss zugunsten des Verwenders abgeändert werden. Daraus folge, dass der Sinn und Zweck sowie der Umfang der Preisanpassung hinreichend transparent konkretisiert sein müsse. Der Preisanpassungsmechanismus dürfe nicht nachträglich zu einer Erhöhung der Gewinnspanne führen. Die Kopplung von betriebsinternen, für den Kunden unbekannten Faktoren an eine Preiserhöhung sei unwirksam.

c) Eigene Stellungnahme

Das Transparenzgebot wird nur gewahrt, wenn dieses nicht durch eine Überfrachtung von Informationen in sein Gegenteil verkehrt wird. In diesem Fall ist das Bestimmtheitserfordernis nicht mehr gewahrt. Daher muss eine Klausel ein Gegenrecht enthalten, wenn die Konkretisierung der Preisanpassung zu einer intransparenten Klausel führen würde. Ein solches Gegenrecht kann beispielsweise ein vertragliches Lösungsrecht sein.[419] Dies ist jedoch lediglich in Ausnahmefällen ausreichend, denn ein vertragliches Lösungsrecht kann nicht genutzt werden, um eine unzulässige Ausgestaltung einer Preisanpassungsklausel zu rechtfertigen.[420] Grundsätzlich muss der Versuch unternommen werden, Art und Umfang der Preiserhöhung möglichst konkret in der Klausel zu benennen.[421]

Ferner folgt aus dem Erfordernis der hinreichenden Bestimmbarkeit nach § 307 Abs. 1 S. 2 BGB keine allgemeine Pflicht zur Offenlegung der eigenen internen Kalkulation.[422] Die maßgeblichen Kostenfaktoren und deren Gewichtung

---

417 *Wurmnest* in MüKo, BGB, Band 2, § 309 Nr. 1 BGB, Rdnr. 21; OLG München, Beschluss vom 10.04.2014, Az. 29 W 433/14 = BeckRS 2015, 00630.

418 *Wurmnest* in MüKo, BGB, Band 2, § 309 Nr. 1 BGB, Rdnr. 23 ff.

419 Vgl. *Wurmnest* in MüKo, BGB, Band 2, § 309 Nr. 1 BGB, Rdnr. 25; BGH, Urteil vom 07.10.1981, Az. VIII ZR 229/80, NJW 1982, 331 (332).

420 Vgl. *Graf von Westphalen* in Graf von Westphalen, Vertragsrecht und AGB-Klauselwerke, Teil „Vertragsrecht", Preisanpassungsklauseln, Rdnr. 52 ff.

421 Vgl. BGH, Urteil vom 26.05.1986, Az. VIII ZR 218/85, NJW 1986, 3134 (3135); *Wurmnest* in MüKo, BGB, Band 2, § 309 Nr. 1 BGB, Rdnr. 26; *Grüneberg* in Palandt, BGB, § 309 BGB, Rdnr. 8.

422 *Borges*, Preisanpassungsklauseln in der AGB-Kontrolle, DB 2006, 1199 (1202).

sind jedoch im Rahmen des Möglichen offenzulegen.[423] Allein die Kenntnis einer reinen Berechnungsformel würde noch keine Überprüfbarkeit ermöglichen.[424]

Der Verwender hat ein schutzwürdiges Interesse, dass er nicht zur Offenlegung seiner gesamten internen Kalkulation verpflichtet wird, denn dies berührt den Kernbereich seiner unternehmerischen Tätigkeit.[425] Dazu gehört auch aufgrund der wirtschaftlichen Leistung, durch geringe Kosten, einen Gewinn zu erzielen.[426] Gerade in der Kenntnis von Kostenvorteilen liegt regelmäßig ein entscheidender Vorsprung gegenüber Wettbewerbern.[427] Wird der entsprechende Anreiz zum unternehmerischen Handeln genommen, kann dies gesellschaftspolitisch negative Folgen haben.

Diese Erkenntnis wird dadurch gestützt, dass Rechtskenntnisse oder besondere Fachkenntnisse vom Durchschnittsverbraucher nicht erwartet werden können.[428] Von einem Verbraucher kann ein „normale[s] Sprachverständnis, das normale Alltagswissen, einfache Logik und einfaches Rechnen“[429] erwartet werden, „wohingegen über das normale Sprach- und Logikverständnis hinausgehende Fach- und Rechtskenntnisse nicht zu erwarten“[430] sind. Unter das Merkmal der besonderen Fachkenntnis kann das Wissen um betriebswirtschaftliche Kalkulationsmodelle subsumiert werden, zumal es sich dabei oftmals nicht um „einfaches Rechnen“[431] handeln wird.

---

423 *Wurmnest* in MüKo, BGB, Band 2, § 309 Nr. 1 BGB, Rdnr. 23; *Thomas*, Die Preisfreiheit im Recht der Allgemeinen Geschäftsbedingungen, AcP Band 209 (2009), 84 (107); BGH, Urteil vom 11.10.2007, Az. III ZR 63/07, NJW-RR 2008, 134 (135).

424 *Thomas*, Die Preisfreiheit im Recht der Allgemeinen Geschäftsbedingungen, AcP Band 209 (2009), 84 (107 f.).

425 *Borges*, Preisanpassungsklauseln in der AGB-Kontrolle, DB 2006, 1199 (1202); *Schmid*, Kerosinzuschläge 2000 auf Reiseverträge, NJW 2000, 1301 (1304) sowie *ders.*, Die (intransparenten) Urteile des BGH zu Reisepreisänderungsklauseln – Kerosinzuschlag I und II, NJW 2003, 947 (948).

426 *Borges*, Preisanpassungsklauseln in der AGB-Kontrolle, DB 2006, 1199 (1202).

427 *Borges*, Preisanpassungsklauseln in der AGB-Kontrolle, DB 2006, 1199 (1202); *Schmid*, Die (intransparenten) Urteile des BGH zu Reisepreisänderungsklauseln – Kerosinzuschlag I und II, NJW 2003, 947 (948).

428 *Pfeiffer*, Was kann ein Verbraucher? Zur Relevanz von Informationsverarbeitungskapazitäten im AGB-Recht und darüber hinaus, NJW 2011, 1 (6 f.); *Wurmnest* in MüKo, BGB, Band 2, § 307 BGB, Rdnr. 62.

429 *Pfeiffer*, Was kann ein Verbraucher? Zur Relevanz von Informationsverarbeitungskapazitäten im AGB-Recht und darüber hinaus, NJW 2011, 1 (7).

430 *Pfeiffer*, Was kann ein Verbraucher? Zur Relevanz von Informationsverarbeitungskapazitäten im AGB-Recht und darüber hinaus, NJW 2011, 1 (7).

431 *Pfeiffer*, Was kann ein Verbraucher? Zur Relevanz von Informationsverarbeitungskapazitäten im AGB-Recht und darüber hinaus, NJW 2011, 1 (7).

Bezogen auf B2B-Geschäfte kann grundsätzlich zwischen Unternehmergruppen differenziert werden und branchenintern jeweils ein höheres Niveau an Fachwissen erwartet werden.[432] Dieses höhere Niveau an Fachwissen führt nicht dazu, dass die Offenlegung der gesamten Kalkulation hier eher anzunehmen ist. Das Gegenteil ist der Fall. Indem ein höheres Niveau an Fachwissen gegeben ist, können die Anforderungen an das Transparenzgebot grundsätzlich gesenkt werden, soweit eine Klausel dem Bestimmtheitserfordernis entspricht.[433] Ferner würde die Offenlegung der gesamten Kalkulation im B2B-Bereich den grundsätzlich erwünschten Wettbewerb ausschalten.

Demnach sind die Faktoren in einer Preisanpassungsklausel zu nennen, die rechtmäßig für eine nachträgliche Preiserhöhung herangezogen werden dürfen und die eine Nachvollziehbarkeit ermöglichen. Es ist nicht erforderlich, alle wesentlichen Kostenfaktoren, dementsprechend auch die internen Kostenfaktoren, aufzuzählen.

Um eine nachträgliche Störung des Äquivalenzinteresses zu unterbinden, ist es daher sachgerecht, dass die maßgeblichen Kostenfaktoren, die auch in der Preisanpassungsklausel anzugeben sind, dargestellt werden. Davon wird die eigene interne Preisbildung nicht berührt.

Selbst wenn ganz ausnahmsweise bei Fällen, in denen die Preisfestsetzung nicht durch den Wettbewerb erfolgt, beispielsweise bei Monopolisten, nur eine Offenlegung aller Kosten zur vollständigen Preistransparenz führen würde, ist dies im Rahmen von § 307 Abs. 1 S. 2 BGB abzulehnen. Das Transparenzgebot des § 307 Abs. 1 S. 2 BGB fordert keine vollständige Durchleuchtung der Preisbildung. Die Bestimmung muss klar und verständlich sein. Zur Klarheit genügt, dass sie nachvollziehbar ist, insbesondere wenn bei Preisanpassungsklauseln eine eigenständige Kalkulation möglich ist und die Art und der Umfang der Preisanpassung klar ex ante angegeben werden. Dabei kann es nicht Sinn und Zweck des § 307 Abs. 1 S. 2 BGB sein, dass ein situationsadäquat aufmerksamer, durchschnittlich informierter und verständiger Kunde[434] eine eigenständige betriebswirtschaftliche Kalkulation vornehmen sollte. Aufgabe von AGB ist es nicht, die interne betriebswirtschaftliche Kalkulation eines Unternehmens abzubilden.

---

432 *Berger/Kleine*, AGB-Gestaltung und Transparenzgebot, NJW 2007, 3526 (3527); *Wurmnest* in MüKo, BGB, Band 2, § 307 BGB, Rdnr. 62.

433 *Berger/Kleine*, AGB-Gestaltung und Transparenzgebot, NJW 2007, 3526 (3527); *Wurmnest* in MüKo, BGB, Band 2, § 307 BGB, Rdnr. 62; *Grüneberg* in Palandt, BGB, § 307 BGB, Rdnr. 39.

434 *Wurmnest* in MüKo, BGB, Band 2, § 307 BGB, Rdnr. 62.

3. Ausstrahlungswirkung von Art. 5 Abs. 1 lit. c) und Art. 6 Abs. 1 lit. e) VRRL auf § 307 Abs. 1 S. 2 BGB

Fraglich ist, inwieweit die Informationspflichten zum Gesamtpreis nach Art. 5 Abs. 1 lit. c) und Art. 6 Abs. 1 lit. e) VRRL eine Ausstrahlungswirkung auf das Transparenzgebot nach § 307 Abs. 1 S. 2 BGB haben. Durch das Abstellen auf den Gesamtpreis in Art. 5 Abs. 1 lit. c) bzw. Art. 6 Abs. 1 lit. e) VRRL soll gerade eine Preisaufspaltung verhindert werden.

Unabhängig davon, wie die Informationspflichten nach Art. 5 Abs. 1 lit. c) und Art. 6 Abs. 1 lit. e) VRRL in das deutsche Recht umgesetzt werden, wird das Transparenzgebot nach § 307 Abs. 1 S. 2 BGB durch diese Normen beeinflusst. Nach Art. 4 Abs. 3 EUV müssen auch nationale Vorschriften richtlinienkonform ausgelegt werden, wenn sie nicht spezifisch zur Umsetzung einer Richtlinienvorgabe dienen.[435] Erforderlich ist die „Verwirklichung des gesamten Richtlinienprogramms".[436]

Problematisch ist dies für Vertragstypen, bei denen für die Hauptleistung ein konkreter Preis zu zahlen ist und in den AGB jeweils Preise für weitere Leistungen festgelegt sind oder wenn durch AGB Preislisten in den Vertrag einbezogen werden. Ein Beispiel hierfür sind Kreditkartenverträge, bei denen zusätzliche Kosten für den Auslandseinsatz anfallen, und Mobilfunkverträge, bei denen zusätzliche Kosten für ein Telefonat ins Ausland anfallen.

Sowohl Art. 5 Abs. 1 lit. c) als auch Art. 6 Abs. 1 lit. e) VRRL statuieren, dass die Art der Preisberechnung anzugeben ist, wenn kein Gesamtpreis angegeben werden kann. Art. 6 Abs. 1 lit. e) VRRL enthält gegenüber Art. 5 Abs. 1 lit. c) VRRL einen Zusatz. Der Gesamtpreis pro Abrechnungszeitraum umfasst bei einem unbefristeten Vertrag oder bei einem Abonnementvertrag die anfallenden Gesamtkosten, Art. 6 Abs. 1 lit. e) S. 2 VRRL. Werden für solche Verträge Festpreise vereinbart, so stellt dieser Festpreis den Gesamtpreis dar, ebenfalls unter Einschluss der Gesamtkosten, Art. 6 Abs. 1 lit. e) S. 3 VRRL. Können diese Gesamtkosten vernünftigerweise nicht im Voraus berechnet werden, ist wiederum die Art der Preisberechnung anzugeben, Art. 6 Abs. 1 lit. e) S. 4 VRRL.

Nach dem jeweiligen Wortlaut verpflichtet die VRRL nicht zur Einführung eines Einheitspreises im Sinne einer „One-Price-Doktrin".[437] Die Aufspaltung in

---

435 *Basedow* in MüKo, BGB, Band 2, Vorbemerkungen vor §§ 305–310 BGB, Rdnr. 27; *Ruffert* in Calliess/Ruffert, EUV/AEUV, Art. 288 AEUV, Rdnr. 80.

436 *Schmidt*, Konkretisierung von Generalklauseln im europäischen Privatrecht, 10.

437 *Tiffe*, Die Zulässigkeit von Bearbeitungsgebühren bei Verbraucherdarlehen, VuR 2012, 127; vgl. *Fuchs* in Ulmer/Brandner/Hensen-Fuchs, AGB-Kommentar, 11. Auflage, § 307 BGB, Rdnr. 77; *Knops*, Bankentgelte in der AGB-Kontrolle, ZBB 2010, 479 (486).

Einzelpreise ist indes nicht untersagt, wenn der Gesamtpreis aus vernünftigen Gründen nicht gebildet werden kann. Aus dem Umkehrschluss folgt, dass i.S.d. Bestimmtheitsgrundsatzes ein Gesamtpreis für Waren oder Dienstleistungen angegeben werden muss, wenn dieser gebildet werden kann.

Die entsprechenden Regelungen der VRRL zeigen, dass sich ein vernünftiger Grund, den Gesamtpreis nicht im Voraus zu berechnen, bereits daraus ergibt, dass der Gesamtpreis durch eine Addition der Preise pro Abrechnungseinheit ermittelt wird. Ein weiterer Grund kann sich daraus ergeben, dass der Preis lediglich für eine Zusatzleistung verlangt wird und der Verbraucher diese Zusatzleistung nicht notwendigerweise in Anspruch nimmt. Dieser Preis für die mögliche Zusatzleistung gehört somit logischerweise nicht zu dem Gesamtpreis, welcher bereits vor Vertragsschluss festgestellt werden könnte.

Dem Unternehmer wird daher nicht untersagt, eine Preisliste zu führen und Zusatzleistungen anhand dieser abzurechnen. Diese Preisliste muss wiederum den Anforderungen an die Preistransparenz nach Art. 5 Abs. 1 lit. c) und Art. 6 Abs. 1 lit. e) VRRL entsprechen.

Daraus kann für § 307 Abs. 1 S. 2 BGB gefolgert werden, dass eine Preisaufspaltung, also eine Preisdifferenzierung, nicht grenzenlos möglich ist. Aus der Vorgabe, einen Gesamtpreis zu bilden, wenn dies möglich ist, kann der Schluss gezogen werden, dass eine Preisdifferenzierung vernünftig i.S.d. jeweiligen Regelungen der VRRL sein muss. Diese Preisdifferenzierung muss der Verwender wiederum nicht erklären. Werden Zusatzentgelte dem Grunde und der Höhe nach transparent kommuniziert, ist kein Verstoß gegen § 307 Abs. 1 S. 2 BGB gegeben.[438]

Dadurch wird nicht in die privatautonome Preisfreiheit des Unternehmers eingegriffen, denn er kann seine Preise grundsätzlich uneingeschränkt selbst bilden.

4. Schlussfolgerungen

§ 307 Abs. 3 S. 2 BGB zeigt, dass eine Vereinbarung über den Preis der Kontrolle anhand des Transparenzgebotes zugänglich ist.[439] Demgegenüber ist der vereinbarte Preis an sich, wenn kein entsprechendes dispositives Recht gegeben ist, einer AGB-Kontrolle nicht zugänglich.[440]

---

438 *Meder*, Die Zulässigkeit einer isolierten Bepreisung des Auslandseinsatzes von Kreditkarten, NJW 1996, 1849 (1853).

439 *Graf von Westphalen* in Graf von Westphalen, Vertragsrecht und AGB-Klauselwerke, Teil „Vertragsrecht“, Preisanpassungsklauseln, Rdnr. 20.

440 *Graf von Westphalen* in Graf von Westphalen, Vertragsrecht und AGB-Klauselwerke, Teil „Vertragsrecht“, Preisanpassungsklauseln, Rdnr. 20.

Die Anforderung an die Preistransparenz nach §§ 305 ff. BGB sind höher, als im Rahmen einer individuellen Preisabsprache. Bestimmte Preisgestaltungen durch AGB sind unwirksam, § 306 Abs. 1 BGB.

VI. Schadensersatzrechtliche Rückabwicklung des Vertrages im Rahmen des negativen Interesses als Rechtsfolge der Anwendung der c.i.c. bzw. von §§ 823 Abs. 2 BGB i.V.m. 263 Abs. 1 StGB bei einer intransparenten Preisfestsetzung

Intransparente Preisfestsetzungen könnten eine vorvertragliche Pflichtverletzung i.S.d. §§ 311 Abs. 2, 280 Abs. 1, 242 Abs. 2 BGB bzw. eine Täuschung i.S.d. §§ 823 Abs. 2 i.V.m. 263 Abs. 1 StGB darstellen und zur Vertragsauflösung als Rechtsfolge gemäß § 249 Abs. 1 BGB führen.

1. Vorvertragliche Pflichtverletzung durch eine intransparente Preisfestsetzung im Rahmen der c.i.c.

Um eine intransparente Preisfestsetzung zu verhindern, könnte eine Pflicht zur Beteiligung der potenziellen Vertragspartei an der eigenen Preisbildung bzw. an der Preisgestaltung als Element des vorvertraglichen Schuldverhältnisses im Sinne der c.i.c. nach §§ 311 Abs. 2, 241 Abs. 2, 280 Abs. 1 BGB gegeben sein. Dadurch könnte eine intransparente Preisvereinbarung verhindert werden, denn durch die gemeinsame Preisbildung könnte diese für die andere (potentielle) Vertragspartei nachvollziehbar werden.

Zunächst ist fraglich, ob überhaupt eine allgemeine Aufklärungspflicht über die eigene Preisbildung oder Preisgestaltung im Rahmen der c.i.c. gegeben ist. Die Anwendung der c.i.c. setzt unter anderem eine objektive Pflichtverletzung voraus.[441] Es muss eine vorvertragliche Aufklärungspflicht bezüglich der Preisfestsetzung geben.[442] Die Vertragspartei müsste daher die Pflicht haben, die andere Vertragspartei über seine eigene Preisfestsetzung aufzuklären. Dies bedeutet, dass nicht jede Preisfestsetzung, die sich nach Vertragsschluss als nachteilig herausstellt, einen Anknüpfungspunkt für die c.i.c. bietet. Zudem besteht keine generelle Aufklärungs-

441 *Grigoleit*, Vorvertragliche Vertrauenshaftung, 152 f.

442 Vgl. *Emmerich* in MüKo, BGB, Band 2, § 311 BGB, Rdnr. 64 ff.; BGH, Urteil vom 28.06.2006, Az. XII ZR 50/04, NJW 2006, 2618 f.; BGH, Urteil vom 07.02.2007, Az. XII ZR 125/04, NZV 2007, 454 (454).

pflicht der anderen Vertragspartei über die eigene Preiskalkulation.[443] Als Bestandteil der Privatautonomie gehört es zum eigenen Pflichtenkreis einer Vertragspartei, sich darüber zu informieren, ob der angestrebte Vertrag für sie vorteilhaft ist oder nicht.

Daher kann sich eine Aufklärungspflicht über die Preisfestsetzung nur ergeben, wenn die (potenzielle) Vertragspartei ersichtlich die Preisfestsetzung oder Preisgestaltung nicht versteht. Dazu gehört auch die Aufklärungspflicht über AGB, wenn diese gegenüber einer geschäftsunerfahrenen (potentiellen) Vertragspartei verwendet werden sollen.[444] Ferner ergibt sich eine Aufklärungspflicht, wenn eine Vertragspartei durch ihr eigenes Verhalten einen Irrtum bei der anderen Vertragspartei erzeugt.[445] Diesen muss sie korrigieren, wenn sie den Irrtum erkennt.

Versteht eine (potentielle) Vertragspartei eine Preisgestaltung nicht, dann muss sie sich die fehlenden Informationen selbst verschaffen oder vom Vertragsabschluss Abstand nehmen.[446] Eine vollständige Durchdringung der Preisfestsetzung ist keine notwendige Voraussetzung für den Vertragsschluss. Folglich ist eine mangelhafte Durchdringung nicht ausreichend, um eine vorvertragliche Aufklärungspflichtverletzung zu begründen. Daraus folgt, dass es keine grundsätzliche Pflicht zur Aufklärung über die Preisfestsetzung, einschließlich der eigenen internen Preisbildung, gibt.

Eine Pflicht zur Beteiligung der potenziellen Vertragspartei an der eigenen Preisbildung widerspricht dem Grundsatz der Eigenverantwortlichkeit.[447] Zur privatautonomen Selbstbestimmung gehört die rechtliche Selbstgestaltung.[448] Durch die Informationsbereitstellung im vorvertraglichen Umfeld soll nicht die Privatautonomie durchbrochen, sondern die Willensfreiheit soll geschützt werden.[449] Die andere Vertragspartei soll eine ausreichende Informationsbasis für ihre eigene Willensbildung haben.

Um den vertraglichen Preis zu bestimmen oder bestimmbar zu machen, ist es nicht erforderlich, dass die Vertragsparteien sich jeweils gegenseitig an ihrer eigenen Preisbildung beteiligen.

---

443 Vgl. *Gehrlein/Sutschet* in Beck'scher Online-Kommentar BGB, § 311 BGB, Rdnr. 85; *Emmerich* in MüKo, BGB, Band 2, § 311 BGB, Rdnr. 68; *Fleischer*, Informationsasymmetrie, 1002; Urteil vom 07.02.2007, Az. XII ZR 125/04, NZV 2007, 454 (455).

444 Vgl. *Emmerich* in MüKo, BGB, Band 2, § 311 BGB, Rdnr. 76.

445 Vgl. *Emmerich* in MüKo, BGB, Band 2, § 311 BGB, Rdnr. 70.

446 *Fleischer*, Informationsasymmetrie, 1004; vgl. *Emmerich* in MüKo, BGB, Band 2, § 311 BGB, Rdnr. 71.

447 Vgl. *Krebs* in Dauner-Lieb/Langen, BGB, § 311 BGB, Rdnr. 72.

448 *Canaris*, Vertrauenshaftung, 413.

449 *Breidenbach*, Die Voraussetzungen von Informationspflichten beim Vertragsschluß, 11 f.

2. Täuschungshandlung durch eine intransparente Preisfestsetzung gemäß §§ 823 Abs. 2 BGB i.V.m. 263 Abs. 1 StGB

Im Hinblick auf § 263 Abs. 1 BGB ist fraglich, ob eine Täuschungshandlung nach § 263 Abs. 1 StGB durch eine vorsätzliche intransparente Preisfestsetzung gegeben sein könnte. Diese Täuschungshandlung muss sich auf innere oder äußere Tatsachen beziehen.[450] Wertungen und Prognosen sind nicht dem Beweis zugänglich. Über diese kann nicht i.S.d. § 263 Abs. 1 StGB getäuscht werden.

Eine strafrechtliche Täuschung kann gegeben sein, wenn eine intransparente Preisfestsetzung zu einem Irrtum über die Preisvereinbarung führt. Beispielsweise die Verschleierung einer Zahlungspflicht im Rahmen einer Webseite, welche Leistungen anbietet, die regelmäßig unentgeltlich angeboten werden.[451] Die Vertragspartei kann demnach über die Tatsache der Entgeltlichkeit dem Grunde nach getäuscht werden. Ferner ist eine Täuschungshandlung gegeben, wenn der Täuschende es pflichtwidrig unterlässt, über Tatsachen aufzuklären.[452]

Problematisch ist, in welchen Fällen eine Täuschung über die Preisfestsetzung der Höhe nach möglich ist. Im Rahmen der freien Marktwirtschaft bildet sich der Preis erst durch die Vereinbarung selbst.[453] Daher kann dieser privatautonome Preis nicht vor Vertragsschluss bewiesen werden. Nach Vertragsschluss kann über die Preisfestsetzung getäuscht werden. Wenn die Preise durch einen Dritten festgesetzt werden oder abhängig sind von externen Preisfaktoren, dann kann über diese Tatsachen getäuscht werden. Ebenso kann über Preisaufschläge getäuscht werden.[454]

Eine intransparente Preisfestsetzung oder Preisgestaltung kann sich in der freien Marktwirtschaft demnach nur auf Tatsachen beziehen, die den Preis beeinflussen. Diese Tatsachen müssen die Grundlage der Preisbildung sein. Über den Preis selbst kann nur getäuscht werden, wenn dieser als Tatsache bereits feststeht.

---

450 *Hefendehl* in MüKo, StGB, § 263 StGB, Rdnr. 67 ff.; *Perron* in Schönke/Schröder, StGB, § 263 StGB, Rdnr. 8 ff.

451 Vgl. OLG Frankfurt a. M., Beschluss vom 17.12.2010, Az. 1 Ws 29/09, NJW 2011, 398 (399 ff.); *Kliegel*, Zivil- und strafrechtliche Beurteilung sog. „Abofallen" im Internet, JR 2013, 389 (396 ff.).

452 Vgl. *Zieschang* in Park, Kapitalmarktstrafrecht, § 263 StGB, Rdnr. 38 ff.; *Nobbe/Zahrte* in MüKo, HGB, Band 6, Anlageberatung, Rdnr. 405; *Kliegel*, Zivil- und strafrechtliche Beurteilung sog. „Abofallen" im Internet, JR 2013, 389 (398); Im Rahmen des 3. und 4 Kapitels wird untersucht, wann über die vertragliche Preisgestaltung aufzuklären ist.

453 Vgl. *Zieschang* in Park, Kapitalmarktstrafrecht, § 263 StGB, Rdnr. 153.

454 Vgl. *Zieschang* in Park, Kapitalmarktstrafrecht, § 263 StGB, Rdnr. 122.

Die eigene interne Preisbildung, vor der vertraglichen Einigung, ist demgegenüber keine Tatsache, über die getäuscht werden kann. Dies ist eine Wertung. Diese Wertung bezieht sich auf die eigene Wertigkeit, die dem Vertragsgegenstand beigemessen wird. Über diesen Willensbildungsprozess kann nicht im Sinne von § 263 Abs. 1 StGB getäuscht werden. Dies ist kein Tatsache, sondern das Ergebnis der eigenen internen Willensbildung.

3. Schlussfolgerungen

Aus § 241 Abs. 2 BGB kann die Pflicht zur Verhinderung einer intransparenten Preisfestsetzung oder Preisgestaltung abgeleitet werden. Jedoch ist nicht jede intransparente Preisfestsetzung zugleich eine Pflichtverletzung i.S.d. § 241 Abs. 2 BGB. Wenn die Vertragspartei nicht weiß, was etwas kostet, dann kann sie in der Regel nachfragen oder der Vertrag kommt gar nicht erst zustande. In Ausnahmefällen kann eine intransparente Preisfestsetzung eine Verletzung einer vorvertraglichen Aufklärungspflicht darstellen. Dies kann auch eine Täuschung i.S.d. § 263 Abs. 1 StGB darstellen.

Um eine intransparente Preisfestsetzung in diesen Fällen zu verhindern, ist es nicht notwendig, die eigene interne Preisbildung zu erläutern. Es sind diejenigen Preisinformationen erforderlich, durch welche der Preis bestimmt oder bestimmbar wird. Der Willensbildungsprozess hin zur eigenen internen Preisbildung muss nicht erklärt werden.

VII. Keine Nichtigkeit eines Rechtsgeschäftes aufgrund einer intransparenten Preisfestsetzung nach § 134 BGB in Verbindung mit Vorschriften des formellen Preisrechts

Eine intransparente Preisfestsetzung kann einen Verstoß gegen Vorgaben der PAngV darstellen. Fraglich ist, ob ein solcher Verstoß zur Nichtigkeit des jeweiligen Rechtsgeschäftes nach § 134 BGB führen könnte.

Aus dem Wortlaut des § 134 BGB folgt, dass ein Verbotsgesetz gerade den Inhalt eines bestimmten Rechtsgeschäftes untersagen muss.[455] Die äußeren Umstände des Zustandekommens sind von § 134 BGB nicht erfasst.[456] Ein Verstoß gegen eine Norm des formellen Preisrechts führt nicht zur Nichtig-

---

455 *Armbrüster* in MüKo, BGB, Band 1, § 134 BGB, Rdnr. 1 und 41.

456 *Jauernig* in Jauernig, BGB, § 134 BGB, Rdnr. 9; *Armbrüster* in MüKo, BGB, Band 1, § 134 BGB, Rdnr. 67 f.; *Larenz/Wolf*, BGB AT, § 40, Rdnr. 17; BGH, Urteil vom 16.11.1978, Az. III ZR 47/77, NJW 1979, 540 (541); BGH, Urteil vom 08.07.1982, Az. III ZR 35/81, NJW 1982, 2436 (2437).

keit des jeweiligen Rechtsgeschäftes, denn bei diesen Verstößen handelt es sich nicht um den Inhalt des Rechtsgeschäftes.[457] Normen des formellen Preisrechts, beispielsweise §§ 3 ff. UWG und insbesondere §§ 1 ff. PAngV, regeln die Art und Weise der Preisdarstellung.[458] Nach § 1 Abs. 1 und Abs. 6 PAngV besteht der Sinn und Zweck der PAngV in der Verpflichtung, gegenüber Endverbrauchern einen klaren und wahren Endpreis anzugeben und dadurch die Preistransparenz zu erhöhen.[459] Durch die PAngV ist keine Einschränkung der privatautonomen Preisfestsetzung gegeben.[460] Weder die PAngV, noch die EG-Grundpreis-Richtlinie[461] enthalten Vorgaben, wie der Grundpreis an sich zu berechnen ist.[462] Die eigene interne Preisbildung wird durch diese Vorgaben des formellen Preisrechts nicht berührt.

Vorschriften des formellen Preisrechts stellen einen Rahmen für Vertragsschlüsse dar. Entsprechend dem Sinn und Zweck, dem Wortlaut und der Systematik schützen Normen des formellen Preisrechts nicht vor einer bestimmten vertraglichen Preisfestsetzung.[463]

VIII. Schlussfolgerungen

Wenn die vertragliche Preisfestsetzung im Moment des Vertragsschlusses intransparent ist, können privatrechtliche Rechtsfolgen an bestimmte intransparente Preisfestsetzungen geknüpft werden. Diese haben zur Folge, dass ein Vertragsschluss nicht zustande kommt, ein Anfechtungsrecht besteht, eine Pflichtverletzung gegeben ist, ein gefordertes Entgelt nicht durchgesetzt werden kann bzw.

---

457 *Ellenberger* in Palandt, BGB, § 134 BGB, Rdnr. 26; BGH, Urteil vom 20.02.1974, Az. VIII ZR 198/72, NJW 1974, 859; BGH, Urteil vom 16.11.1978, Az. III ZR 47/77, NJW 1979, 540 (541).

458 *Hübner*, „Der gerechte Preis" in FS Steindorff, 589 (595).

459 *Völker*, Neue Entwicklungen im Recht der Preisangaben, NJW 2000, 2787.

460 *Köhler* in Köhler/Bornkamm, UWG, Preisangabenverordnung (PAngV) (§ 1–§ 10), Vorbemerkungen, Rdnr. 2; *Sosnitza* in Piper/Ohly/Sosnitza, UWG, Preisangabenverordnung (PAngV) (§ 1–§ 10), Einführung, Rdnr. 1.

461 Richtlinie 98/6/EG des Europäischen Parlaments und Rates vom 16. Februar 1998 über den Schutz der Verbraucher bei der Angabe der Preise der ihnen angebotenen Erzeugnisse; Amtsblatt der Europäischen Union Nr. L 80 vom 18.03.1998, 27.

462 Vgl. BGH, Urteil vom 31.10.2013, Az. I ZR 139/12 („2 Flaschen GRATIS"), GRUR 2014, 576 (577).

463 Vgl. *Ahrens* in Harte-Bavendamm/Henning-Bodewig, UWG, Einleitung/G. Stellung des Wettbewerbsrechts im Gesamtsystem, Rdnr. 144.

eine Preisklausel unwirksam ist. Dabei erfüllt nicht jede intransparente Preisfestsetzung auch eine relevante Tatbestandsvoraussetzung.

Die Rechtsfolgen sollen die (potenzielle) Vertragspartei davor schützen, dass sie aufgrund einer intransparenten Preisfestsetzung ihre Leistungspflicht erfüllen muss. Ein ausreichendes Niveau an Preistransparenz setzt voraus, dass die Informationen geeignet und ausreichend sind, um die eigene Entgeltpflicht im Rahmen des eigenen Willensbildungsprozesses zu bestimmen. Dabei muss die Entgeltlichkeit dem Grunde nach transparent sein. Der Höhe nach muss diese insoweit transparent sein, dass der Preis bestimmt bzw. bestimmbar ist.

Für ein ausreichendes Niveau an Preistransparenz genügt es, wenn jeweils Klarheit und Wahrheit bezogen auf das Entgelt für eine bestimmte bzw. bestimmbare Gegenleistung gegeben ist. Dafür ist es nicht notwendig, dass die (potenzielle) Vertragspartei über die eigene interne Preisbildung der Gegenseite informiert wird.

3. Kapitel: Der Schutz der eigenen internen Preisbildung

Preistransparenz beantwortet die Frage, ob und wie viel konkret für ein Rechtsgeschäft zu zahlen ist. Diese Antwort allein könnte bei komplexeren Rechtsgeschäften sowie bei Rechtsgeschäften, bei denen der Neutralität einer Vertragspartei eine entscheidende Bedeutung zukommt, nicht genügen. Hierbei kann sich zusätzlich die Frage stellen, wie die eigene interne Preisbildung der Gegenseite erfolgt ist.

Die zur Leistung des Entgeltes (zukünftig) verpflichtete Vertragspartei kann ein Interesse daran haben zu erfahren, warum die Gegenseite genau diesen Preis fordert. Aus der Offenlegung könnte dann abgeleitet werden, ob der Vertragszweck erreicht bzw. erfüllt werden kann. Diese Informationen können von entscheidendem Gewicht sein, um den eigenen Geschäftswillen zu bilden.

Die unternehmerische Preisfreiheit wird grundsätzlich durch Art. 12 und 14 GG geschützt.[464] Außerhalb dieses Schutzbereiches wird die eigene Preisbildung als Bestandteil der Privatautonomie gemäß Art. 2 Abs. 1 GG geschützt.[465] Soweit ersichtlich, gibt es keinen Auskunftsanspruch auf Informationen bezüglich der eigenen internen Preisbildung der (potenziellen) Vertragspartei im deutschen und europäischen Privatrecht.[466]

Im Folgenden wird der Umfang des Schutzes der eigenen internen Preisbildung im Verhältnis zwischen Privaten untersucht. Diese Untersuchung ist die Grundlage für eine weitergehende Auseinandersetzung mit den Grenzen dieses Schutzes.[467]

I. Der Schutz der eigenen internen Preisbildung nach § 242 BGB bzw. § 241 Abs. 2 BGB

Fraglich ist, ob aus den allgemeinen Bestimmungen nach § 242 BGB bzw. § 241 Abs. 2 BGB eine allgemeine Informationspflicht bezogen auf die eigene interne Preisbildung einer (potenziellen) Vertragspartei abgeleitet werden kann.

---

464 *Scholz* in Maunz/Dürig, Art. 12 GG, Rdnr. 131 ff.

465 *Di Fabio* in Maunz/Dürig, Art. 2 GG, Rdnr. 101 ff.

466 Vgl. *Loritz*, Innenprovisionen bei Kapitalanlagen, insbesondere beim Immobilienvertrieb, WM 2000, 1831 f.

467 Siehe hierzu das 4. Kapitel.

1. Der Schutz der eigenen internen Preisbildung nach § 242 BGB

a) Begrenzte Reichweite der Informationspflichten

Die Reichweite der Informationspflicht folgt aus dem Informationsdefizit der schutzwürdigen (potenziellen) Vertragspartei.[468] Nur soweit erforderlich, um dieses Informationsdefizit auszugleichen, sind Informationen zur Verfügung zu stellen.[469] Daher ist grundsätzlich nach beteiligten Vertragsparteien zu unterscheiden. Das Informationsdefizit im Rahmen der Preistransparenz bei B2B-Geschäften ist nicht gleichzusetzen mit dem Informationsdefizit im Rahmen von B2C-Geschäften. Ein Unternehmer wird in der Regel selbst bereits Erfahrungen mit betriebswirtschaftlichen Erwägungen gemacht haben, welche die Preistransparenz beeinflussen.[470]

Nach *Breidenbach*[471] können die Fragen, ob und in welchem Umfang jeweils ein Informationsbedarf besteht, nur anhand des Schutzzwecks von Informationspflichten beantwortet werden. Demnach sei jeweils zu untersuchen, ob eine bestimmte Information zwingend notwendig sei, damit sich eine (potenzielle) Vertragspartei ihren Willen bilden könne. Die Frage, ob eine Information zwingend notwendig sei, werde dabei nicht subjektiv beantwortet, sondern allein anhand des objektiv feststellbaren konkreten Vertragszwecks.

Die gesetzlichen Wertungen des 1. und 2. Buches des BGB zeigen, dass es im Rahmen der Privatautonomie keinen allgemeinen Grundsatz gibt, die eigene interne Preisbildung im Rahmen des eigenen Willensbildungsprozesses offenzulegen.[472] Dies kann nicht durch die generelle Anwendung des § 242 BGB ad absurdum geführt werden. Zudem sind im Rahmen der Anwendung dieser Generalklausel auch die Interessen der wissenden Vertragspartei zu berücksichtigen, sodass wiederum berechtigte Interessen dieser Vertragspartei an der Geheimhaltung der eigenen internen Preisbildung zu beachten sind. Diese Interessen folgen insbesondere aus der Wahrung der eigenen Geschäfts- bzw. Betriebsgeheimnis-

---

468 Vgl. *Olzen* in Staudinger, BGB, Buch 2, Einleitung zu §§ 241 ff.; §§ 241–243, § 241 BGB, Rdnr. 450.

469 Vgl. *Mansel* in Jauernig, BGB, § 242 BGB, Rdnr. 19 ff.; *Olzen* in Staudinger, BGB, Buch 2, Einleitung zu §§ 241 ff.; §§ 241–243, § 241 BGB, Rdnr. 450.

470 *Rieg*, Rechtfertigung von Gemeinkostenzuschlägen gegenüber Kunden, BC 2009, 123 ff.

471 *Breidenbach*, Die Voraussetzungen von Informationspflichten beim Vertragsschluss, 61 ff.

472 Vgl. *Loritz*, Innenprovisionen bei Kapitalanlagen, insbesondere beim Immobilienvertrieb, WM 2000, 1831.

se.[473] *Weiler*[474] führt daher aus, dass beispielsweise ein Verkäufer nicht auf der Grundlage von § 242 BGB dazu verpflichtet sei, seine Berechnungsgrundlage, seine Preiskalkulation, Einstandspreise, Gewinnanteile, Handelsspannen oder Vertriebskosten offenzulegen. Zudem folge aus § 242 BGB keine Pflicht, nach Abschluss der Vertragsverhandlungen und noch vor Unterzeichnung des Vertrages den Käufer auf eine Senkung des Herstellerpreises und die damit verbundene größer gewordene eigene Gewinnspanne hinzuweisen.

Auch wenn die Information über eine Gewinnmarge für einen Kunden von Interesse sein könnte, muss darüber grundsätzlich nicht informiert werden. Die Erzielung von Gewinn gehört zu den Kernbestandteilen eines marktwirtschaftlichen Systems. Im Rahmen der vertraglichen Preisfestlegung ist keine Vorgabe zur Preistransparenz dahin gehend auszulegen, dass die Gewinnmarge offenzulegen ist. Das Interesse der Gegenseite, die eigene Gewinnmarge nicht offenzulegen, ist schutzwürdig, denn diese Information gehört zu den geschützten Betriebsgeheimnissen. Andernfalls würde der (Preis-)Wettbewerb, welcher grundsätzlich erwünscht ist, unterminiert werden. Ein Bauunternehmer muss bei einem Pauschalpreisvertrag beispielsweise nicht seine Berechnungsgrundlagen und seine Preiskalkulation nach § 242 BGB offenlegen, wenn dies vertraglich nicht vereinbart ist.[475]

Beispielsweise ist ein Rechtsanwalt nach der Rechtsprechung grundsätzlich nicht verpflichtet, über die Gebührenhöhe zu informieren.[476] Ein (potenzieller) Mandant muss regelmäßig damit rechnen, dass er die gesetzliche Anwaltsvergütung zu zahlen hat. Aus der Generalklausel des § 242 BGB kann sich aufgrund besonderer Umstände des Einzelfalls eine entsprechende Aufklärungspflicht des Rechtsanwalts ergeben. Dabei sind der Schwierigkeitsgrad, der Umfang und ein ungewöhnlich hoher Gegenstandswert zu berücksichtigen. Aus einem ungewöhnlich hohen Gegenstandswert können sich dementsprechend hohe Gebühren ergeben. Diese können das angestrebte Ziel des (potenziellen) Mandanten wirtschaftlich sinnlos machen. Demgegenüber sind die Vermögensverhältnisse und die Erfahrungen des (potenziellen) Mandanten im Verkehr mit Rechtsanwälten zu berücksichtigen.

---

473 *Weiler* in Tamm/Tonner, Verbraucherrecht, § 18, Rdnr. 36; *Mansel* in Jauernig, BGB, § 242 BGB, Rdnr. 19.

474 *Weiler* in Tamm/Tonner, Verbraucherrecht, § 18, Rdnr. 35.

475 BGH, Urteil vom 14.03.1991, Az. VII ZR 342/89, NJW 1991, 1819.

476 OLG Hamm, Urteil vom 23.10.2012, Az. 28 U 233/09, NJOZ 2013, 970 (977), BGH, Urteil vom 02.07.1998, Az. IX ZR 63/97, NJW 1998, 3486 (3487); RG, Urteil vom 08.11.1927, Az. III 76/27, RGZ 118, 365 (357).

Daraus folgt, dass § 242 BGB grundsätzlich nicht von einer vollständigen Offenlegung von Informationen über die eigene interne Preisbildung ausgeht. Es gibt keine allgemeine Pflicht, dass eine (potentielle) Vertragspartei der anderen (potenziellen) Vertragspartei sämtliche Informationen über die eigene interne Preisbildung unaufgefordert zur Verfügung stellt, die in irgendeiner Weise mit dem Abschluss des Vertrages oder seiner Durchführung in Zusammenhang stehen.[477]

b) Der Schutz der eigenen internen Preisbildung bezüglich der Offenlegung der eigenen internen Kalkulation

Fraglich ist, ob eine grundsätzliche Pflicht oder zumindest eine Obliegenheit gegeben ist, die eigene interne Kalkulation vor Vertragsschluss offenzulegen. Eine solche Pflicht könnte sich nach dem Urteil des AG Riesa vom 25. Oktober 2005, Az. 5 C 696/05, aus §§ 241 Abs. 2 in Verbindung mit 242 BGB ergeben.[478] Ein Auskunftsanspruch gegenüber der (potenziellen) Vertragspartei könne nach Auffassung des AG Riesa gegeben sein, wenn das Interesse dieser Vertragspartei an der Offenlegung der entsprechenden Kalkulation so groß ist, dass im Hinblick auf seine Rechtsgüter die Durchführung des Vertrages wesentlich von der Offenlegung mit abhinge. Zudem müsse dies für den Erklärenden erkennbar sein. Die Interessenlage müsse eindeutig zugunsten des Erklärungsempfängers ausfallen.

Beispielsweise kann im Rahmen eines Rechtsstreits über die Höhe der Betriebskostenpauschale eine Offenlegungspflicht nach § 242 BGB angenommen werden, wenn dies für den Mieter die einzige Möglichkeit ist, die Pflicht des Vermieters aus § 560 Abs. 3 BGB nachzuprüfen.[479] Für den Zeitraum vor dem Vertragsschluss verneint der VIII. Zivilsenat des BGH einen Auskunftsanspruch. Vor Vertragsschluss könne § 560 Abs. 3 BGB noch nicht zur Konkretisierung eines Auskunftsanspruchs herangezogen werden. Im Grundsatz ist der Vermieter nicht verpflichtet, seine anfängliche interne Kalkulation offenzulegen.[480]

Im Rahmen eines mehrseitigen Schuldverhältnisses müssen alle beteiligten Interessen berücksichtigt werden. Wie bereits ausgeführt, folgt aus der Nutzung eines eigenen Informationsvorsprungs ein Anreizsystem. Zudem gehören diese Informationen zum geschützten Kernbereich der preisbildenden (potentiellen) Vertragspartei.

---

477 Vgl. *Weiler* in Tamm/Tonner, Verbraucherrecht, § 18, Rdnr. 16; BGH, Urteil vom 13.07.1988, Az. VIII ZR 224/87, NJW 1989, 763 (764); BGH, Urteil vom 12.07.2001, Az. IX ZR 360/00, NJW 2001, 3331 (3332).

478 AG Riesa, Urteil vom 25.10.2005, Az. 5 C 696/05, NZV 2006, 91.

479 BGH, Urteil vom 16.11.2011, Az. VIII ZR 106/11, NJW 2012, 303.

480 BGH, Urteil vom 16.11.2011, Az. VIII ZR 106/11, NJW 2012, 303.

Die Interessenlage kann demnach nicht eindeutig zugunsten des Erklärungsempfängers beurteilt werden. Daraus folgt, dass im Grundsatz keine Offenlegungspflicht bezogen auf die eigene Kalkulation vor Vertragsschluss gegeben ist. Ansatzpunkte für eine allgemeine Obliegenheit sind, soweit ersichtlich, ebenfalls nicht gegeben.

2. Der Schutz der eigenen internen Preisbildung nach § 241 Abs. 2 BGB

a) Der Schutz der eigenen internen Preisbildung aufgrund von Rücksichtnahmepflichten nach § 241 Abs. 2 BGB

Fraglich ist, ob sich aus den Rücksichtspflichten nach § 241 Abs. 2 BGB eine grundsätzliche Wertung entnehmen lässt,[481] nach welcher Informationen über die eigene interne Preisbildung zur Verfügung gestellt werden müssen oder zur Verfügung gestellt werden sollten.

Wenn das Schuldverhältnis selbst nicht bereits zur Informationsoffenlegung über diese Preisbildung verpflichtet, könnte sich eine solche Pflicht aus § 241 Abs. 2 BGB ergeben.[482] Dabei sind Rücksichtspflichten von den eigenen Obliegenheiten einer Vertragspartei zur Informationsbeschaffung zu unterscheiden. Beispielsweise ist es Sache des Käufers, sich über das allgemeine Preisniveau und die Marktverhältnisse, welche die Preisbildung beeinflussen, zu informieren.[483] Würde eine allgemeine Informationspflicht angenommen werden, wäre es sinnlos für die Vertragsparteien, sich einen Informationsvorsprung zu erarbeiten.[484] Die Kosten hierfür könnten nicht mehr amortisiert werden.[485] Nur in Ausnahmesituationen wird die Ausnutzung eines Informationsvorsprungs für rechtswidrig erklärt, beispielsweise im Falle eines Insiderhandels nach Art. 8 MarktmissbrauchsVO.[486] Durch allgemeine Publizität am Markt könne ein solcher Informationsvorsprung relativ schnell egalisiert werden.

Ein Informationsvorsprung, welcher in die eigene interne Preisbildung eingepreist wird, ist in einem marktwirtschaftlichen System schützenswert, um Anreize zur Informationsbeschaffung zu gewährleisten. Dies ist unabhängig vom Vertragstypus.

---

481 *Grüneberg* in Palandt, BGB, § 241 BGB, Rdnr. 6.

482 Vgl. *Mansel* in Jauernig, BGB, § 241 BGB, Rdnr. 10.

483 *Beckmann* in Staudinger, BGB, Buch 2, Kaufrecht, § 433 BGB, Rdnr. 139 ff.; RG, Urteil vom 07.07.1925, Az. II 494/24, RGZ 111, 233 (234 f.).

484 *Bachmann* in MüKo, BGB, Band 2, § 241 BGB, Rdnr. 131 f.

485 Vgl. *Fleischer*, Informationsasymmetrie, 170.

486 Amtsblatt der Europäischen Union Nr. L 173 vom 12.06.2014, 1; vgl. zu § 14 WpHG a. F.: *Fleischer*, Informationsasymmetrie, 186 ff.

Des Weiteren versuchen Marktteilnehmer in der Regel für sich vorteilhafte Geschäfte abzuschließen. Daher kann bei einem privatrechtlichen Vertragsabschluss generell nicht von einem besonderen Vertrauensverhältnis gesprochen werden, welches gerade zur Offenlegung der eigenen internen Preisbildung verpflichtet.

Eine allgemeine Informationspflicht über die eigene interne Preisbildung besteht wegen der natürlich widerstreitenden Interessen der (potentiellen) Vertragsparteien bei einem privatrechtlichen Vertrag daher nicht.[487] Daraus folgt, dass es keine generelle Informationspflicht aufgrund der Rücksichtnahmepflichten nach § 241 Abs. 2 BGB bezogen auf die eigene interne Preisbildung gibt. Die Offenlegung der eigenen internen Preisbildung gehört nicht zu den Grundsätzen des deutschen und europäischen Privatrechts.

b) Der Schutz der eigenen internen Preisbildung als Teil der redlichen Verkehrsanschauung nach § 241 Abs. 2 BGB

Fraglich ist, ob die Formel der Rechtsprechung zur Annahme von Aufklärungspflichten ohne eine entsprechende Nachfrage auf die Situation der Information über die Preisbildung übertragen werden kann.

Nach dieser Formel ist eine Pflicht zur Aufklärung bei Vertragsverhandlungen ohne Nachfrage gegeben, wenn der andere Teil nach Treu und Glauben unter Berücksichtigung der Verkehrsanschauung redlicherweise die Mitteilung von Tatsachen erwarten dürfte, die für seine Willensbildung offensichtlich von ausschlaggebender Bedeutung sind.[488] Im Grundsatz ist jedoch jeder Verhandlungspartner, als Kern der Privatautonomie, für sein rechtsgeschäftliches Handeln selbst verantwortlich.[489] Daraus folgt, dass jede (potentielle) Vertragspartei grund-

487 Vgl. *Bachmann* in MüKo, BGB, Band 2, § 241 BGB, Rdnr. 138; *Busch*, Informationspflichten im Wettbewerbs- und Vertragsrecht, 197; *Emmerich* in MüKo, BGB, Band 2, § 311 BGB, Rdnr. 100.

488 *Bachmann* in MüKo, BGB, Band 2, § 241 BGB, Rdnr. 124; *Breidenbach*, Die Voraussetzungen von Informationspflichten beim Vertragsschluß, 62; BGH, Urteil vom 27.02.1974, Az. V ZR 85/72, NJW 1974, 846 (851); BGH, Urteil vom 02.03.1979, Az. V ZR 157/77, NJW 1979, 2243; BGH, Urteil vom 16.01.1991, Az. VIII ZR 335/89, NJW 1991, 1223 (1224);BGH, Urteil vom 26.02.1992, Az. VIII ZR 89/91, NJW 1992, 1222; BGH, Urteil vom 02.02.1996, Az. V ZR 239/94, NJW 1996, 1339 (1340); BGH, Urteil vom 12.07.2001, Az. IX ZR 360/00, NJW 2001, 3331 (3332), BGH, Urteil vom 25.10.2007, Az. VII ZR 205/06, NJW-RR 2008, 258 (259); BGH, Urteil vom 11.08.2010, Az. XII ZR 192/08, NJW 2010, 3362.

489 BGH, Urteil vom 11.08.2010, Az. XII ZR 192/08, NJW 2010, 3362.

sätzlich die für ihre eigene Willensbildung notwendigen Informationen auf eigene Kosten und auf eigenes Risiko selbst beschaffen muss.[490]

Problematisch ist bereits, ob Informationen über die eigene interne Preisbildung einen Aspekt des wesentlichen Informationsbedarfs der anderen (potentiellen) Vertragspartei darstellen. Der Informationsbedarf ergibt sich aus der Notwendigkeit einer bestimmten Information, um eine autonome, rational kritische Entscheidung zu treffen.[491] Dabei ist nicht auf subjektive Elemente abzustellen, denn dadurch könnte die Informationsnotwendigkeit nicht begrenzt werden.[492] Daher ist auf den konkreten Vertragstypus abzustellen und der Informationsbedarf ist jeweils objektiv zu ermitteln.[493] Das Informationsgefälle, welches bei verschiedenen Vertragstypen unterschiedlich ausgeprägt ist, ist zu berücksichtigen.[494]

Verschiedene Vertragstypen sind daher zu unterscheiden.[495] Zum einen Vertragstypen, die überwiegend von einem Austauschelement geprägt sind, beispielsweise Kaufvertrag und Mietvertrag. Andererseits Vertragstypen, die von einem stark ausgeprägten Beratungselement aufgrund der Interessenswahrnehmungspflicht geprägt sind, beispielsweise ein Geschäftsbesorgungsvertrag nach § 675 Abs. 1 BGB. Hierbei können sich aus dem Fremdgeschäftsführungselement bestimmte Aufklärungspflichten ergeben.[496]

Objektiv ist im Rahmen eines Austauschvertrages grundsätzlich kein Informationsbedarf einer Vertragspartei bezüglich der eigenen internen Preisbildung der anderen Vertragspartei gegeben. Über das eigene Preisgefüge und über das allgemeine Marktgeschehen muss nicht aufgeklärt werden.[497] Ein Käufer muss beispielsweise den Verkäufer grundsätzlich nicht darauf hinweisen, dass dieser preisbildende Faktoren fehlerhaft einschätzt.[498] Informationen über die eigene interne Preisbildung sind für die potenzielle Vertragspartei nicht wesentlich, um eine autonome, rational-kritische Entscheidung zu treffen.[499] Für die zahlende

---

490 BGH, Urteil vom 11.08.2010, Az. XII ZR 192/08, NJW 2010, 3362.

491 *Breidenbach*, Die Voraussetzungen von Informationspflichten beim Vertragsschluß, 63.

492 *Breidenbach*, Die Voraussetzungen von Informationspflichten beim Vertragsschluß, 63.

493 *Breidenbach*, Die Voraussetzungen von Informationspflichten beim Vertragsschluß, 63.

494 *Bachmann* in MüKo, BGB, Band 2, § 241 BGB, Rdnr. 142 ff.

495 *Fleischer*, Informationsasymmetrie, 271 f.

496 *Grundmann* in Ebenroth/Boujong/Joost/Strohn, HGB, Band 2, Bank- und Börsenrecht, Rdnr. I 127 f.

497 *Breidenbach*, Die Voraussetzungen von Informationspflichten beim Vertragsschluß, 68; *Bachmann* in MüKo, BGB, Band 2, § 241 BGB, Rdnr. 131 ff.

498 Vgl. *Schwartze* in Tamm/Tonner, Verbraucherrecht, § 19, Rdnr. 12.

499 *Breidenbach*, Die Voraussetzungen von Informationspflichten beim Vertragsschluß, 68.

Vertragspartei ist wesentlich, welchen Preis sie unter Umständen zu zahlen hat, um die jeweilige Leistung zu erlangen. Demgegenüber ist für die Vertragspartei, welche den Preis erhält, wesentlich, dass sie diesen Preis erhält und nicht die Frage, warum beispielsweise der Käufer bereit ist, selbigen zu bezahlen. Der Käufer muss beispielsweise nicht seine Verwendungsabsicht offenlegen.[500]

Der Vertragszweck liegt im Austausch von Leistungen.[501] Dieser Vertragszweck kann grundsätzlich erreicht werden, ohne dass Informationen über die eigene interne Preisbildung zur Verfügung gestellt werden. Zudem ist es nicht wesentlich für den konkreten Austauschvertrag, ob ein bestimmtes Gut bei einem anderen Anbieter zu einem niedrigeren Preis erworben werden könnte.[502] Dieser Umstand bezieht sich auf ein anderes Gut, einen anderen Anbieter und somit auf einen anderen Vertrag. *Breidenbach* verwendet als Beispiel den Kauf eines Waschpulvers.[503] Wenn ein Kunde ein Waschpulver in einem Ladengeschäft kauft, so bestehe der Vertragszweck darin, ein bestimmtes Gut zu einem vorausgesetzten Gebrauch zu erwerben. Die Tatsache, dass das gleiche Waschmittel in anderen Geschäften gewöhnlicherweise oder als Sonderangebot um einiges billiger gekauft werden könnte, sei im Rahmen des konkreten Vertragszwecks nicht wesentlich.

Ferner ist zur Ermittlung des Informationsbedarfs auch die Sphäre der Vertragspartei zu beachten, in deren Informationsmachtbereich sich die Informationen befinden. Ihre schutzwürdigen Interessen dienen als Grenze der möglichen Informationsbereitstellung.[504] Würden Informationen über die eigene interne Preisbildung zur Verfügung gestellt werden, wäre die Gefahr gegeben, dass ein Anbieter leichter aus dem Markt gedrängt werden könnte. Aus dem Betriebsgeheimnis eines Unternehmens ergibt sich beispielsweise eine entsprechende Grenze.[505] Zu diesem Betriebsgeheimnis gehört auch die interne Preiskalkulation.[506] Für die Preistransparenz bedeutet dies, dass betriebsinterne Kostenfaktoren, deren Offenlegung zu einer Offenlegung eines Betriebsgeheimnisses

500 *Schwartze* in Tamm/Tonner, Verbraucherrecht, § 19, Rdnr. 12; *Weidenkaff* in Palandt, BGB, § 433 BGB, Rdnr. 52.

501 *Breidenbach*, Die Voraussetzungen von Informationspflichten beim Vertragsschluß, 68.

502 *Breidenbach*, Die Voraussetzungen von Informationspflichten beim Vertragsschluß, 68.

503 Vgl. *Breidenbach*, Die Voraussetzungen von Informationspflichten beim Vertragsschluß, 68.

504 *Bachmann* in MüKo, BGB, Band 2, § 241 BGB, Rdnr. 138.

505 *Bachmann* in MüKo, BGB, Band 2, § 241 BGB, Rdnr. 138.

506 *Becker* in Beck'scher Online-Kommentar BGB, § 309 Nr. 1 BGB, Rdnr. 26; *Schmid*, Kerosinzuschläge 2000 auf Reiseverträge, NJW 2000, 1301 (1304).

führt oder führen kann, grundsätzlich nicht offengelegt werden müssen.[507] Das Konditionengefüge eines Kaufmanns wird „elementar als zur Intimsphäre der Unternehmung gehörend“[508] betrachtet. Dazu gehören beispielsweise auch die unternehmensinternen Verrechnungspreise.

Daraus folgt, dass die Offenlegung der eigenen internen Preisbildung grundsätzlich keine Voraussetzung eines redlichen Verhaltens im Geschäftsverkehr nach § 241 Abs. 2 BGB ist.

III. Der Schutz der eigenen internen Preisbildung im Rahmen von § 307 Abs. 1 S. 2 BGB

Fraglich ist, ob aus den Transparenzanforderungen gemäß § 307 Abs. 1 S. 2 BGB eine generelle Informationspflicht über die eigene interne Preisbildung folgt.

Entsprechend dem Transparenzgebot ist der Verwender einer AGB-Klausel grundsätzlich verpflichtet, Rechte und Pflichten der (potenziellen) Vertragspartei möglichst klar, einfach und präzise darzustellen.[509] Dies umfasst auch die Darstellung von wirtschaftlichen Nachteilen und Belastungen, sodass diese für eine durchschnittliche Vertragspartei erkennbar sind.[510] Diese Merkmale müssen nicht vollumfassend dargestellt werden, sondern nur so weit, wie dies im jeweiligen Einzelfall nach Treu und Glauben gefordert werden kann.[511]

Aus dem Transparenzgebot nach § 307 Abs. 1 S. 2 BGB folgen jedenfalls drei Fallgruppen, das Verständlichkeitsgebot, das Bestimmtheitsgebot und das Täuschungsverbot.[512] Eine Klausel muss aus sich heraus verständlich sein

---

507 Ausnahmen werden im Rahmen des 4. Kapitels untersucht.

508 *Meister*, Aspekte der Produktpiraterie, WRP 1991, 137 (142).

509 *Grüneberg* in Palandt, BGB, § 307 BGB, Rdnr. 21; BGH, Urteil vom 05.03.2008, Az. VIII ZR 95/07, NJW 2008, 1438 f.; BGH, Urteil vom 21.07.2010, Az. XII ZR 189/08, NJW 2010, 3152 (3154); BGH, Urteil vom 07.12.2010, Az. XI ZR 3/10, NJW 2011, 1801 (1805).

510 *Grüneberg* in Palandt, BGB, § 307 BGB, Rdnr. 21; BGH, Urteil vom 07.12.2010, Az. XI ZR 3/10, NJW 2011, 1801 (1802); BGH, Urteil vom 23.02.2011, Az. XII ZR 101/09, NJW-RR 2011, 1144 (1145).

511 *Grüneberg* in Palandt, BGB, § 307 BGB, Rdnr. 21; BGH, Urteil vom 07.12.2010, Az. XI ZR 3/10, NJW 2011, 1801 (1805); BGH, Urteil vom 23.02.2011, Az. XII ZR 101/09, NJW-RR 2011, 1144 (1145).

512 *Grüneberg* in Palandt, BGB, § 307 BGB, Rdnr. 25 ff.; *Wurmnest* in MüKo, BGB, Band 2, § 307 BGB, Rdnr. 57 ff.; *Pfeiffer*, Was kann ein Verbraucher? Zur Relevanz von Informationsverarbeitungskapazitäten im AGB-Recht und darüber hinaus, NJW 2011, 1 (3).

(Verständlichkeitsgebot). Dies bedeutet, dass dem Kunden auch die Nachteile aus einer Klausel offengelegt werden müssen. Beispielsweise muss der Hinweis erfolgen, dass eine Abschlussgebühr nicht (anteilig) zurückgezahlt wird, wenn der Vertrag vorzeitig beendet wird.[513] Ferner muss eine Klausel bestimmt sein (Bestimmtheitsgebot). Der Klauselinhalt muss konkret erkennbar bzw. ausreichend bestimmbar sein.[514] Die jeweilige Leistungspflicht und das korrespondierende Forderungsrecht müssen mit größtmöglicher Bestimmtheit erkennbar und konkretisiert sein.[515] Zudem folgt aus § 307 Abs. 1 S. 2 BGB ein Täuschungsverbot. Im Gegensatz zu § 263 Abs. 1 StGB ist hier lediglich eine objektive Eignung zur Irreführung ausreichend.[516] Diese Fallgruppe erfasst inhaltlich unrichtige Klauseln und Klauseln, die ein unzutreffendes Verständnis vom konkreten Klauselinhalt erzeugen.[517]

Nach dem Transparenzgebot gemäß § 307 Abs. 1 S. 2 BGB muss jedoch nicht das höchstmögliche Niveau an Preistransparenz gegeben sein. Der Verwender von AGB wird durch § 307 Abs. 1 S. 2 BGB nicht verpflichtet, offenzulegen, wie er intern kalkuliert.[518] Die Grundlage für die im Vertrag angegebenen Werte ist nicht nach § 307 Abs. 1 S. 2 BGB offenzulegen, wenn die Klausel in Verbindung mit dem übrigen Vertragsinhalt alle Angaben enthält, die notwendig sind, um den nach der Klausel geschuldeten Betrag zu berechnen.[519] Ferner muss der Verwender nicht die Rechtsgrundlage für eine Entgeltforderung erläutern.[520]

---

513 *Tiffe*, Die Zulässigkeit von Bearbeitungsgebühren bei Verbraucherdarlehen, VuR 2012, 127 (130).

514 BGH, Urteil vom 11.06.1980, Az. VIII ZR 174/79, NJW 1980, 2518 f.; *Grüneberg* in Palandt, BGB, § 307 BGB, Rdnr. 26; *Wurmnest* in MüKo, BGB, Band 2, § 307 BGB, Rdnr. 59.

515 *Wurmnest* in MüKo, BGB, Band 2, § 307 BGB, Rdnr. 59; *Grüneberg* in Palandt, BGB, § 307 BGB, Rdnr. 26; BGH, Urteil vom 12.01.1994, Az. VIII ZR 165/92, NJW 1994, 1060 (1063).

516 *Grüneberg* in Palandt, BGB, § 307 BGB, Rdnr. 27.

517 *Pfeiffer*, Was kann ein Verbraucher? Zur Relevanz von Informationsverarbeitungskapazitäten im AGB-Recht und darüber hinaus, NJW 2011, 1 (3).

518 Vgl. *Grüneberg* in Palandt, BGB, § 307 BGB, Rdnr. 22; BGH, Urteil vom 04.06.1997, Az. VIII ZR 312/96, NJW 1997, 3166 f.; *Herresthal*, Die Wirksamkeit von Darlehensentgeltklauseln in den ABB, ZIP 2015, 1949 (1956).

519 Vgl. *Grüneberg* in Palandt, BGB, § 307 BGB, Rdnr. 22; BGH, Urteil vom 04.06.1997, Az. VIII ZR 312/96, NJW 1997, 3166 f.

520 Vgl. *Grüneberg* in Palandt, BGB, § 307 BGB, Rdnr. 22; BGH, Urteil vom 28.01.2003, Az. XI ZR 156/02, NJW 2003, 1447 (1449).

In seinem Urteil vom 7. Dezember 2010, Az. XI ZR 3/10, hat der XI. Zivilsenat des BGH[521] festgehalten, dass aus dem Transparenzgebot keine Rechtspflicht folge, offenzulegen, welche internen Kosten mit einer Abschlussgebühr für einen Bausparvertrag abgedeckt werden. Das Transparenzgebot führe grundsätzlich nicht dazu, dass der Verwender seine interne Kalkulationsgrundlage offenlegen muss. Dies gelte jedenfalls für Klauseln, die aus sich selbst heraus verständlich sind, beispielsweise weil die Höhe des Entgelts, die Verrechnungsweise und der Ausschluss einer Rückerstattung angegeben sind. Wenn ein Kunde hinreichend deutlich über seine Zahlungspflicht informiert worden ist, müsse er nicht zusätzlich darüber aufgeklärt werden, welche Tätigkeiten und Aufwendungen die Gegenseite der Bemessung ihrer Forderung zugrunde gelegt hat. Sinn und Zweck des Transparenzgebotes nach § 307 Abs. 1 S. 2 BGB sei es unter anderem, dem Kunden den Grund und die Höhe seiner Zahlungsverpflichtung zu verdeutlichen. Die Pflichten und wirtschaftlichen Nachteile der entsprechenden Regelung sollten verdeutlicht werden. Dies könne erreicht werden, ohne dass die interne Kostenkalkulation offengelegt wird. Die Nichtoffenlegung der eigenen internen Preisbildung könne nicht als Argument herangezogen werden, um die Intransparenz einer Klausel zu begründen, wenn die Pflichten und wirtschaftlichen Nachteile, ausgehend von der entsprechenden Klausel, verständlich sind. Das Transparenzgebot des § 307 Abs. 1 S. 2 BGB diene nicht dazu, höhere Markttransparenz i.S.d. besseren wirtschaftlichen Vergleichbarkeit zu anderen Finanzierungsmodellen herzustellen. Daher folge aus der Aufspaltung des Gesamtentgeltes in verschiedene Kostenfaktoren nicht die Intransparenz einer Klausel.

Eine solche Aufspaltung verhindert zwar die Vergleichbarkeit zu anderen Bausparverträgen, verstößt aber nicht gegen den Regelungsgehalt von § 307 Abs. 1 S. 2 BGB.[522]

In seinem Urteil hält der XI. Zivilsenat zudem fest, dass aus der Rechtsprechung des BGH zur Aufklärungspflicht von beratenden Banken über erhaltene Rückvergütungen nicht die grundsätzliche Pflicht zur Offenlegung der internen Kalkulation oder eines Bestandteiles abgeleitet werden könne.[523] Der Regelungsgehalt einer Klausel über Abschlussgebühren, zur Höhe des Entgelts, zur Ver-

---

521 BGH, Urteil vom 07.12.2010, Az. XI ZR 3/10, NJW 2011, 1801 ff.

522 BGH, Urteil vom 07.12.2010, Az. XI ZR 3/10, NJW 2011, 1801 (1802); OLG Hamm, Urteil vom 01.02.2010, Az. 31 U 130/09, WM 2010, 702 (704); *Haertlein/Thümmler*, Die Wirksamkeit von Entgeltklauseln in Allgemeinen Bausparbedingungen, ZIP 2009, 1197 (1200); *Frey/Schindele*, Die Zulässigkeit von Abschlussgebühren in Bausparverträgen, ZfIR 2010, 176 (178).

523 BGH, Urteil vom 07.12.2010, Az. XI ZR 3/10, NJW 2011, 1801 (1802).

rechnungsweise und zum Ausschluss einer Rückerstattung, sei auch ohne diese Information aus sich heraus klar verständlich.

Der IV. Zivilsenat des BGH führt in seinem Urteil vom 9. Mai 2001, Az. IV ZR 121/00,[524] zur Transparenz von AGB im Rahmen von Verträgen über kapitalbildende Lebensversicherungen aus, dass auf dem Markt der Kapitallebensversicherungen Informationen zum Rückkaufswert wichtig seien, um eine Vergleichbarkeit mit unterschiedlichen Angeboten, auch von anderen Anbietern, zu ermöglichen. Diese Informationen könnten im Rahmen anderer Unterlagen, die den Geschäftsbedingungen beigefügt werden, bereitgestellt werden. Der Verwender habe dabei die Pflicht, diese Informationen von sich aus bereitzustellen, ohne dass die (potenzielle) Vertragspartei aktiv danach fragt.

Der 9. Zivilsenat des OLG Hamburg, Urteil vom 18. November 2011, Az. 9 U 97/11,[525] führt aus, dass aus dem Transparenzgebot gemäß § 307 Abs. 1 S. 2 BGB eine Pflicht folge, dem Kunden die Pflichten und wirtschaftlichen Nachteile der entsprechenden Regelung zu verdeutlichen. Aus dieser Pflicht folge jedoch keine Informationspflicht über jeglichen Umstand, welcher in irgendeiner Weise wirtschaftlich relevant sein könnte. Aus dem Transparenzgebot folge lediglich, dass eine Klausel wirtschaftliche Nachteile und Belastungen nur insoweit erkennen lassen muss, wie dies nach den jeweiligen Umständen gefordert werden kann. Um dies festzustellen, sei die Tragweite einer Klausel zu prüfen. Beispielsweise sei die Information, dass ein Rückkaufswert in der ersten Zeit der Vertragslaufzeit gar nicht anfällt und dann für lange Zeit hinter den geleisteten Prämienzahlungen zurückbleibt von entscheidender Bedeutung, wenn ein entsprechender Versicherungsvertrag als Kapitalanlage genutzt werden soll. In diesem Fall sei dies eine wesentliche Information, denn diese Information spricht gegen eine entsprechende Willensbildung auf den Abschluss dieses Vertrages zur Kapitalanlage. Zugleich sei diese Information wichtig, um das Angebot mit entsprechenden Angeboten anderer Versicherer vergleichen zu können.

Krepold[526] führt aus, dass aus der Privatautonomie der (potentiellen) Vertragsparteien das Recht folge, einen Vertragsschluss von bestimmten Kosten abhängig zu machen, denn der Vertragsschluss beruhe auf der freien Willensbildung der jeweiligen potentiellen Vertragsparteien. Dies gelte jedenfalls dann, wenn es an einer entsprechenden nichtdisponiblen gesetzlichen Regelung fehlt. Wenn beispielsweise ein Kostenelement als Abschlussgebühr angegeben wird, bestünde

---

524 BGH, Urteil vom 09.05.2001, Az. IV ZR 121/00, NJW 2001, 2014 (2016).

525 OLG Hamburg, Urteil vom 18.11.2011, Az. 9 U 97/11, Rdnr. 100 (zitiert nach Juris).

526 *Krepold*, Die Wirksamkeit der Vereinbarung eines Abschlussentgeltes bei Bausparverträgen, BKR 2010, 108 ff.

demnach keine Pflicht des Verwenders von AGB offenzulegen, wie diese Abschlussgebühr verwendet wird. Aus der Privatautonomie der (potentiellen) Vertragsparteien folge grundsätzlich, dass die Festlegung des Grundes und der Höhe eines Preises bzw. eines Preiselements ihnen selbst überlassen ist. Dies sei Ausfluss der Preisfreiheit als Teil des verfassungsrechtlich verankerten Wirtschaftssystems. Diese Preisfreiheit infrage zu stellen, würde bedeuten, die Privatautonomie infrage zu stellen.

Um der Preistransparenz im Anwendungsbereich von § 307 Abs. 1 S. 2 BGB zu entsprechen, ist es ausreichend, den Preis und die Preisbestimmung klar und offen zu kommunizieren.[527] Dies dient dazu, dass die (potenzielle) Vertragspartei sich ihren Willen aufgrund klarer, wahrer und ausreichender Informationen bezogen auf das Entgelt für eine bestimmte oder bestimmbare Gegenleistung bilden kann. Eine zusätzliche Erklärung, warum dieser Preis verlangt wird, ist nicht erforderlich. Enthalten die AGB beispielsweise die Information, dass Zinsen zu leisten sind, muss auch darüber informiert werden, in welcher Höhe diese zu leisten sind.

Aus § 307 Abs. 1 S. 2 BGB folgt indes keine Pflicht für den Verwender, Informationen zur eigenen internen Preisbildung, die sich allein in seinem (Informations-)Machtbereich befinden, offenzulegen.

IV. Der Schutz der eigenen internen Preisbildung im Rahmen von § 309 Nr. 1 BGB

Zur Verhinderung einer unzulässigen Preisanpassung, zum Zwecke der Gewinnmaximierung, i.S.d. § 309 Nr. 1 BGB, könnte die eigene interne Preisbildung bei kurzfristigen Preiserhöhungen offenzulegen sein.

Eine unzulässige Preisanpassung ist zum Beispiel gegeben, wenn eine Preisanpassungsklausel dem Verwender die Möglichkeit einräumt, nicht nur die Abwälzung konkreter Kostensteigerungen weiterzugeben, sondern auch den zunächst vereinbarten Preis ohne jede Begrenzung anzuheben, um nicht nur eine Gewinnschmälerung zu vermeiden, sondern einen zusätzlichen Gewinn zu erzielen.[528]

Die Offenlegung der eigenen internen Preisbildung wäre der einzige Weg, um abschließend zu verhindern, dass eine Preisanpassung nicht zu einer Gewinnerhöhung

---

527 Vgl. OLG Hamm, Urteil vom 01.02.2010, Az. 31 U 130/09, Rdnr. 50 (zitiert nach Juris).

528 BGH, Urteil vom 07.10.1981, Az. VIII ZR 229/80, NJW 1982, 331 (332); BGH, Urteil vom 17.02.2004, Az. XI ZR 140/03, NJW 2004, 1588 (1589 f.); BGH, Teilurteil vom 29.04.2008, Az. KZR 2/07, NJW 2008, 2172 (2173); BGH, Urteil vom 24.03.2010, Az. VIII ZR 178/08, NJW 2010, 2789 (2792).

führt.[529] Dadurch würden jedoch letztlich Betriebsgeheimnisse offengelegt werden.[530] Um einen verhältnismäßigen Ausgleich zwischen dem Schutz des Betriebsgeheimnisses und dem Schutz vor unzulässigen Gewinnerhöhungen zu erreichen, könnte die Preisanpassungsklausel objektiviert werden, sodass die eigene interne Preisbildung nicht offengelegt werden müsste. Eine solche Objektivierung könnte durch die Bezugnahme auf Preiselemente erfolgen, welche für jede Vertragspartei nachprüfbar wären.

Unter Verweis auf *Führich*[531] schlägt *Becker*[532] daher folgende beispielhafte Formulierung für eine Preisanpassungsklausel vor: „Die Preisbildung beruht auf folgenden Kostenelementen: … Treibstoff x %. Erhöht sich nach Vertragsschluss der Marktpreis für Treibstoff in y um mehr als z % und ist nach pflichtgemäßem Ermessen des Verwenders anzunehmen, dass diese Erhöhung zum Zeitpunkt der Leistungserbringung anhält, ist der Verwender zur entsprechenden Preiserhöhung berechtigt".[533]

Der erste Satz dieser Klausel betrifft die Offenlegung der eigenen internen Preisbestandteile. Zu diesen Preisbestandteilen gehört der Treibstoff mit „x %". Bezogen auf die Erhöhung des Treibstoffpreises wird ein Bezug zum Marktpreis hergestellt. Dieser Marktpreis kann unabhängig vom konkreten Vertrag geprüft werden. Der Kunde erfährt durch diese Klausel lediglich, dass Treibstoff in Höhe von „x %" zu den Preisbestandteilen gehört. Dabei ist es nicht notwendig, den konkreten Einkaufspreis für den Treibstoff anzugeben.[534] Die Klausel enthält alle Angaben, die notwendig sind, um den neuen Treibstoffpreis zu berechnen. Ferner enthält die Klausel Angaben, wann und in welchem Umfang eine Preiserhöhung stattfinden könnte.

Weitere Kostenelemente, beispielsweise Lohn- und Materialkosten, könnten zwar auch mit einer Prozentzahl angegeben werden. Dies ist aber nicht notwendig, um die Erhöhung des Treibstoffpreises nachvollziehbar auszugestalten. Beabsichtigt der Verwender, diese anderen Kosten ebenfalls anzupassen, müsste er eine Klausel, ähnlich der Treibstoffanpassung, verwenden.[535] Während bei Materialkosten noch ein Bezug zum Marktpreis mit verhältnismäßig geringem Aufwand hergestellt werden kann, ist dies bei Lohnkosten nur der Fall, wenn ein Tarifvertrag oder eine Kosten-

529 *Becker* in Beck'scher Online-Kommentar BGB, § 309 Nr. 1 BGB, Rdnr. 26.
530 *Becker* in Beck'scher Online-Kommentar BGB, § 309 Nr. 1 BGB, Rdnr. 26.
531 *Führich*, Preisänderungen beim Reisevertrag – Zulässigkeit und Grenzen der Preiserhöhung durch einen Treibstoffzuschlag, NJW 2000, 3672 (3677).
532 *Becker* in Beck'scher Online-Kommentar BGB, § 309 Nr. 1 BGB, Rdnr. 26.
533 *Becker* in Beck'scher Online-Kommentar BGB, § 309 Nr. 1 BGB, Rdnr. 26.
534 *Becker* in Beck'scher Online-Kommentar BGB, § 309 Nr. 1 BGB, Rdnr. 26.
535 Vgl. BGH, Urteil vom 24.03.2010, Az. VIII ZR 178/08, NJW 2010, 2789 (2793).

ordnung gegeben ist. Dies ist sachgerecht, denn der Verwender soll durch Preisanpassungsklauseln nicht die Möglichkeit haben, den Preis ohne jede Begrenzung anzuheben.[536] Kosten- oder Lohnerhöhungen, die allein im Bereich des Verwenders liegen, können nicht durch Preisanpassungsklauseln auf die Vertragspartei abgewälzt werden,[537] denn dies ist mit dem Sinn und Zweck des § 309 Nr. 1 BGB nicht vereinbar. Zulässige Preisanpassungsklauseln sollen das Äquivalenzinteresse zwischen Preis und Leistung schützen.[538] Interne Kalkulationsfehler oder marktunabhängige Veränderungen dürfen nicht durch Preisanpassungsklauseln ausgeglichen werden.[539] Ferner wäre es mit einem unverhältnismäßigen Aufwand verbunden, Lohnkosten nachzuvollziehen. In der Konsequenz bedeutet dies, dass sich der Preis auch nicht zum Vorteil des Kunden ändert, wenn beispielsweise die Lohnkosten sinken.[540]

Daher ist es im Anwendungsbereich des § 309 Nr. 1 BGB regelmäßig ausreichend, wenn der Verwender Prozentzahlen angibt, anhand derer eine Relation hergestellt werden kann.[541] Folglich muss die eigene interne Preisbildung regelmäßig nicht offengelegt werden, um eine unzulässige Gewinnerhöhung zu verhindern.

V. Der Schutz der eigenen internen Preisbildung im Zusammenhang mit der Ausstrahlungswirkung des Transparenzgedankens auf den zivilrechtlichen Beratungsvertrag nach §§ 133, 157 BGB entsprechend BGH, Urteil 3. Juni 2014, Az. XI ZR 147/12

Mit seinem Urteil vom 3. Juni 2014, Az. XI ZR 147/12, hat der XI. Zivilsenat des BGH eine Aufklärungspflicht einer Bank über versteckte Vertriebsprovisionen,

536 *Becker* in Beck'scher Online-Kommentar BGB, § 309 Nr. 1 BGB, Rdnr. 19; BGH, Urteil vom 07.10.1981, Az. VIII ZR 229/80, NJW 1982, 331 (332); BGH, Urteil vom 18.05.1983, Az. VIII ZR 20/82, NJW 1983, 1603 (1604); BGH, Urteil vom 06.12.1984, Az. VII ZR 227/83, NJW 1985, 855 (856); BGH, Urteil vom 24.03.2010, Az. VIII ZR 178/08, NJW 2010, 2789 (2792 f.).

537 BGH, Urteil vom 06.12.1984, Az. VII ZR 227/83, NJW 1985, 855 (856).

538 *Thomas*, Preisfreiheit im Recht der Allgemeinen Geschäftsbedingungen, AcP Band 209 (2009), 84; BGH, Urteil vom 24.03.2010, Az. VIII ZR 178/08, NJW 2010, 2789 (2791).

539 *Thomas*, Preisfreiheit im Recht der Allgemeinen Geschäftsbedingungen, AcP Band 209 (2009), 84 (100); *Wurmnest* in MüKo, BGB, Band 2, § 309 Nr. 1 BGB, Rdnr. 16.

540 *Thomas*, Preisfreiheit im Recht der Allgemeinen Geschäftsbedingungen, AcP Band 209 (2009), 84 (100).

541 *Becker* in Beck'scher Online-Kommentar BGB, § 309 Nr. 1 BGB, Rdnr. 26.

jedenfalls ab dem 1. August 2014, ausdrücklich bejaht.[542] Ohne den bisherigen Meinungsstreit zu dieser Frage zu entscheiden, argumentiert der XI. Zivilsenat unter anderem mit einer Verschärfung der §§ 31 ff. WpHG und des § 34h GewO durch das Gesetz zur Förderung und Regulierung der Honorarberatung über Finanzinstrumente (Honoraranlageberatungsgesetz).[543] Dieses Gesetz ist seit dem 1. August 2014 in Kraft.

Fraglich ist daher, ob und ggf. inwieweit im Anwendungsbereich der §§ 31 ff. WpHG und des § 34h Abs. 3 GewO aufgrund einer Verschärfung der Transparenzanforderungen die eigene interne Preisbildung offenzulegen ist.

1. Reform der §§ 31 ff. WpHG durch das Honoraranlageberatungsgesetz

Das WpHG enthält im Abschnitt 6 „Verhaltenspflichten, Organisationspflichten, Transparenzpflichten" wirtschaftsverwaltungsrechtliche Anforderungen zur Preistransparenz. Dieser Abschnitt ist mit Wirkung zum 1. August 2014 durch das Honoraranlegerberatungsgesetz reformiert worden, um Anlegern den Zusammenhang zwischen Zuwendungen von Dritten und der jeweiligen Anlageberatung zu verdeutlichen.[544] Diese Anforderungen können die Preistransparenz im Moment des Vertragsschlusses beeinflussen.

a) §§ 31 ff. WpHG (a.F.); bis zum 31. Juli 2014

Nach § 31 Abs. 3 S. 3 Nr. 4 WpHG (a.F.) mussten die relevanten Informationen die Kosten und Nebenkosten umfassen. Diese Informationen waren nach § 31 Abs. 3 S. 1 WpHG (a.F.) „rechtzeitig" zur Verfügung zu stellen. Aus dem Sinn und Zweck der Vorschrift folgte, dass damit jedenfalls der Zeitpunkt vor dem Vertragsschluss relevant war. Darüber hinaus bestimmte sich die Rechtzeitigkeit nach der Einstufung des Kunden und nach der Art des jeweiligen Finanzproduktes.[545] Dabei wurde zwischen privaten und professionellen Kunden gemäß § 31a WpHG (a.F.) unterschieden. Nach § 31a Abs. 2 S. 1 WpHG (a.F.) konnte bei professionellen Kunden davon ausgegangen werden, dass sie über ausreichende Erfahrungen, Kenntnisse und Sachverstand verfügen, um ihre Anlageentscheidungen zu treffen

---

542 BGH, Urteil vom 03.06.2014, Az. XI ZR 147/12, NJW 2014, 2947.

543 BGBl. I, 2013, 2390.

544 Vgl. BR-Drucks. 814/12, 1.

545 *Wehowsky* in Erbs/Kohlhaas, Strafrechtliche Nebengesetze, W 57a. Gesetz über den Wertpapierhandel (Wertpapierhandelsgesetz – WpHG), § 31 WpHG, Rdnr. 6; BT-Drucks. 16/4028, 64.

und die damit verbundenen Risiken angemessen beurteilen zu können. Durch diese Differenzierung sollte eine anleger- und anlagegerechte Beratung gewährleistet werden.[546]

Um Interessenskonflikte eines Wertpapierdienstleistungsunternehmens zu vermeiden, war nach § 31d Abs. 1 WpHG (a.F.) die Annahme von Zuwendungen durch Dritte grundsätzlich verboten. Dritte im Sinne dieser Norm waren alle Personen, die außerhalb des Vertragsverhältnisses zwischen dem Wertpapierdienstleistungsunternehmen und dem Kunden standen.[547] Nach dem Wortlaut des § 31d Abs. 2 WpHG (a.F.) war der Begriff der Zuwendungen weit zu fassen. Zuwendungen konnten in zwei Fällen entgegengenommen werden. Erstens, wenn diese die Qualität der Dienstleistung verbesserten und im Interesse des Kunden erfolgten, § 31d Abs. 1 S. 1 Nr. 1 WpHG (a.F.). Zweitens, wenn jeweils Existenz, Art und Umfang der Zuwendung offengelegt wurden, § 31d Abs. 1 S. 1 Nr. 2 WpHG (a.F.). Wenn dieser Umfang noch nicht zu bestimmen war, dann musste die Art und Weise der Berechnung offengelegt werden.

Gemäß § 31d Abs. 3 WpHG (a.F.) konnte die Offenlegung nach § 31d Abs. 1 S. 1 Nr. 2 WpHG (a.F.) durch eine Zusammenfassung der wesentlichen Bestandteile der Vereinbarung über die Zuwendung erfolgen. Dies war nur ausreichend, wenn das Wertpapierdienstleistungsunternehmen dem Kunden die Offenlegung näherer Einzelheiten angeboten und auf Nachfrage gewährt hat. Aus der Systematik dieser Norm folgte, dass die wesentlichen Informationsbestandteile jedenfalls die Existenz, Art und Umfang der Zuwendung umfassen mussten.

Der Betreiber eines multilateralen Handelssystems im Sinne von § 2 Abs. 3 Nr. 8 WpHG (a.F.) war unter anderem aus § 31 f. Abs. 1 Nr. 4 WpHG (a.F.) verpflichtet, dafür Sorge zu tragen, dass Preise auf seiner Plattform entsprechend § 24 Abs. 2 BörsG zustande kommen. Um die Markttransparenz zu fördern, wurde der Betreiber eines multilateralen Handelssystems nach § 31g Abs. 1 WpHG (a.F.) verpflichtet, die Preise des am höchsten limitierten Kaufauftrags und des am niedrigsten limitierten Verkaufsauftrags und das zu diesen Preisen handelbare Volumen kontinuierlich während der üblichen Geschäftszeiten zu angemessenen kaufmännischen Bedingungen zu veröffentlichen.

b) §§ 31 ff. WpHG (n.F.); ab dem 1. August 2014

Nach Art. 1 Nr. 2 a) des Honoraranlageberatungsgesetzes darf sich der Honorar-Anlageberater ausschließlich durch den Kunden vergüten lassen. Mit Wirkung

---

546 *Koch* in Schwark/Zimmer, Kapitalmarktrechts-Kommentar, § 31a WpHG, Rdnr. 1.
547 BT-Drucks. 16/4028, 67.

vom 1. August 2014 wurde dies durch § 31 (4c) S. 1 Nr. 2 WpHG (n.F.) umgesetzt,[548] Art. 5 Abs. 2 Honoraranlageberatungsgesetz.

Erhält der Honorar-Anlageberater von einem Dritten eine monetäre Zuwendung, was wiederum nur in begrenzten Fällen zulässig ist, muss er diese unverzüglich nach Erhalt und ungemindert an den Kunden auskehren, § 31 (4c) S. 1 Nr. 2 S. 3 und S. 4 WpHG (n.F.).

Sinn und Zweck des Gesetzes ist unter anderem der Schutz des Kunden.[549] Dieses Zuwendungsverbot ist geeignet, um mögliche Interessenskonflikte des Honorar-Anlageberaters zu vermeiden.[550] Für den Kunden ist es im Bereich der Anlageberatung essenziell, dass die Beratung auf ein Produkt hinführt, welches im Grunde funktionieren kann. Die Informationen über die Preisbildung sind für den Kunden insoweit von überragender Bedeutung. Für den Honorar-Anlageberater sollte sich indes kein rechtlich relevanter Nachteil ergeben, denn sein Geschäftsmodell sollte auf Vergütungen beruhen und nicht auf verdeckten Provisionen.

2. Aufklärungspflicht einer Bank über versteckte Vertriebsprovisionen gemäß BGH, Urteil vom 3. Juni 2014, Az. XI ZR 147/12

Mit seinem Urteil vom 3. Juni 2014, Az. XI ZR 147/12, hat der XI. Zivilsenat des BGH nicht den alten Meinungsstreit entschieden, ob über eine im Anlagebetrag versteckte Vertriebsprovision in jedem Fall aufzuklären ist.[551] Für den Zeitraum ab dem 1. August 2014 bejaht der XI. Zivilsenat eine Aufklärungspflicht über versteckte Vertriebsprovisionen. Der hierfür maßgebliche zivilrechtliche Beratungsvertrag ist ein Sonderfall eines Vertrages mit Geschäftsbesorgungscharakter, § 675 Abs. 1 BGB. In diesem Zusammenhang ist der mögliche Einfluss einer Vertriebsprovision auf die für den Vertragszweck erforderliche Neutralität der beratenden Vertragspartei, in der Regel der Bank, kritisch zu hinterfragen.[552]

Problematisch ist, ob die Begründung dieser vertraglichen Aufklärungspflicht haltbar ist unter Berücksichtigung der grundsätzlichen Anforderungen an das notwendige Niveau an Preistransparenz im Moment des privatrechtlichen Vertragsschlusses.

---

548 Durch das zweite Gesetzes zur Novellierung von Finanzmarktvorschriften auf Grund europäischer Rechtsakte (2. FiMaNoG) wird der bisherige 6. Abschnitt des WpHG durch den neuen 11. Abschnitt ersetzt; vgl. BT-Drucks. 18/10936, 233. Die Regelungen nach § 31 (4c) WpHG findet sich in § 64 Abs. 5 WpHG (ab 01.07.2018).

549 BT-Drucks. 17/12295, 12.

550 Vgl. BT-Drucks. 17/12295, 15 f.

551 BGH, Urteil vom 03.06.2014, Az. XI ZR 147/12, NJW 2014, 2947 (2948).

552 Vgl. *Heermann* in MüKo, BGB, Band 5/2, § 675 BGB, Rdnr. 57; *Sprau* in Palandt, § 675 BGB, Rdnr. 9.

Der XI. Zivilsenat erkennt aufgrund verschiedener Verschärfungen des Wirtschaftsverwaltungsrechts, insbesondere durch § 31d WpHG und § 34h GewO, ein „nahezu flächendeckende[s] – aufsichtsrechtliche[s] – Transparenzgebot".[553] Der Gesetzgeber verfolge damit das Ziel, mehr Transparenz über die Form der Vergütung der Anlageberatung zu schaffen.[554] Diese verschärften Verhaltens-, Organisations- und Transparenzpflichten seien ausschließlich öffentlich-rechtlicher Natur und würden daher auf das zivilrechtliche Schuldverhältnis zwischen Wertpapierdienstleistungsunternehmen und Kunde grundsätzlich nicht einwirken.[555] Bemerkenswert ist hierbei, dass die Entscheidung des XI. Zivilsenats nicht unmittelbar mit den §§ 31 ff. WpHG (a.F.) in Verbindung steht. In dieser Entscheidung geht es unmittelbar um eine mögliche Pflichtverletzung wegen einer fehlerhafter Anlageberatung. Die Einhaltung der öffentlich-rechtlichen Verhaltens-, Organisations- und Transparenzpflichten der §§ 31 ff. WpHG (a.F.) sind nicht Gegenstand des Rechtsstreits gewesen.

Nach der zitierten Feststellung nimmt der XI. Zivilsenat dann jedoch einen Paradigmenwechsel vor. Daher müsse der Transparenzgedanke auch hinsichtlich der Zuwendungen Dritter bei der Bestimmung des Inhalts des Beratungsvertrages berücksichtigt werden, weil der Anleger nunmehr für die Bank erkennbar eine entsprechende Aufklärung im Rahmen des Beratungsvertrages erwarten könne. Daher wären entsprechende Willenserklärungen und vor allem (ausdrückliche oder konkludente) Beratungsverträge nach §§ 133, 157 BGB ab dem 1. August 2014 gemäß diesem verschärften Transparenzgebot auszulegen. Der Kunde könne erwarten, dass die Bank sich zwar nicht an alle öffentlich-rechtlichen Aufsichtspflichten hält, aber die tragenden Grundprinzipien des Aufsichtsrechts befolgt. Mit Zuwendungen Dritter an die beratende Bank, die nicht offengelegt werden, müsse der Anleger, mangels abweichender Vereinbarungen, angesichts des aufsichtsrechtlichen Transparenzgebots deshalb ab dem 1. August 2014 nicht mehr rechnen.

Dieses Urteil erhöht, jedenfalls für Verträge ab dem 1. August 2014, die Preistransparenz bei anlagebezogenen Beratungsverträgen. Der XI. Zivilsenat differenziert dabei nicht zwischen Rückvergütungen und Innenprovisionen und dies trägt zur Rechtssicherheit bei.[556] In beiden Fällen hat sich die mögliche Fehlvorstellung des Anlegers im

553 BGH, Urteil vom 03.06.2014, Az. XI ZR 147/12, NJW 2014, 2947 (2949 f.).
554 Vgl. BT-Drucks. 17/12295, 1.
555 BGH, Urteil vom 03.06.2014, Az. XI ZR 147/12, NJW 2014, 2947 (2950).
556 Vgl. *Bünnigmann*, Kausalitätsvermutung oder -falle im Kapitalanlagerecht: Schutz oder Schaukel für den Anleger, BKR 2014, 491 (496).

Rahmen seiner eigenen Willensbildung auf Interessenkonflikte der Bank bezogen.[557] Mit Blick auf Innenprovisionen bezog sich eine mögliche Fehlvorstellung zudem auf die Höhe des Anlagebetrages oder tatsächlichen Verkaufserlöses bzw. Verkaufswertes.

Problematisch sind jedoch die Begründung des Urteils und die Schlussfolgerung. Der XI. Zivilsenat argumentiert nicht mit der Natur des Anlageberatungsvertrages und/oder der Treuepflichten der (potentiellen) Vertragsparteien. Im Wirtschaftsverwaltungsrecht wird ein allgemeiner kapitalmarktrechtlicher Transparenzgedanke festgestellt und dieser wird nach §§ 133, 157 BGB auf den Beratungsvertrag übertragen. Dies ist eine eindeutige Kehrtwende. Der XI. Zivilsenat hatte mit Urteil vom 17. September 2013, Az. XI ZR 332/12, noch argumentiert, dass die §§ 31 ff. WpHG ausschließlich öffentlich-rechtlicher Natur seien und deshalb nicht auf das zivilrechtliche Schuldverhältnis zwischen Wertpapierdienstleistungsunternehmen und dem jeweiligen Kunden einwirken könnten.[558] Vertragsrechtliche Vorschriften, welche das Honoraranlegerberatungsgesetz flankieren, sind im Zivilrecht nicht gegeben.[559]

Das Aufsichtsrecht und das Privatrecht dürfen nicht vermischt werden.[560] Das Wirtschaftsverwaltungsrecht ist Eingriffsrecht, während sich im Privatrecht gerade (potentielle) Vertragsparteien auf Augenhöhe gegenüber stehen. Die teilweise Offenlegung einer Preisstruktur, als Teil der eigenen internen Preisbildung, gegenüber dem Staat als Hoheitsträger ist nicht identisch mit der teilweisen Offenlegung gegenüber einem anderen (gleichrangigen) Privatrechtssubjekt. Daher ist diese Offenlegung nicht einfach auf der Basis der §§ 133, 157 BGB zu rechtfertigen. Normen des Aufsichtsrechts sind nicht ohne Weiteres für den Anleger leicht erkennbar und nicht notwendigerweise Teil dessen (Laien-)

---

557 Vgl. auch BGH, Urteil vom 15.04.2010, Az. III ZR 196/09, ZIP 2010, 919 ff.

558 BGH, Urteil vom 17.09.2013, Az. XI ZR 332/12, NZG 2016, 1226 (1228 f.); *Heun-Rehn/Lang/Ruf*, Neue (Un-)Klarheit bezüglich Innenprovisionen und Rückvergütungen bei Kapitalanlagen, NJW 2014, 2909 (2911); vgl. *Freitag*, Überfällige Konvergenz von privatem und öffentlichem Recht der Anlageberatung, Zugleich Besprechung von BGH v. 3. 6. 2014 – XI ZR 147/12, ZBB 2014, 357 (360); vgl. *Jordans*, Aktueller Überblick über die Aufklärungspflichten über Einnahmen aus dem Vertrieb von Finanzprodukten, BKR 2015, 309 (311).

559 *Herresthal*, Die vertragsrechtlichen Folgen der Honoraranlageberatung nach dem WpHG, WM 2014, 773 (775 f.).

560 Vgl. *Buck-Heeb*, Aufklärungs- und Beratungspflichten bei Kreditverträgen – Verschärfungen durch die EuGH-Rechtsprechung und die Wohnimmobilienkredit-Richtlinie, BKR 2015, 177 (181); *Herresthal*, Die vertragsrechtlichen Folgen der Honoraranlageberatung nach dem WpHG, WM 2014, 773 (775 f.).

Bewusstseins.[561] Daher gehört das allgemeine flächendeckende Transparenzgebot aus dem Aufsichtsrecht bezüglich der eigenen internen Preisbildung nicht zum jeweiligen vertraglichen Vertrauensverhältnis bzw. zur Verkehrssitte im Sinne von § 157 BGB.

Aus dem aufsichtsrechtlichen Transparenzgebot folgt keine privatrechtliche Informationspflicht gegenüber einem Bankkunden. Die Schlussfolgerung des BGH ist ein Zirkelschluss. Eine gesetzlich normierte privatrechtliche Aufklärungspflicht im Verhältnis Bank zu Kunde würde ein Preistransparenzgebot in sich tragen. Ein aufsichtsrechtliches Preistransparenzgebot trägt aber keine privatrechtliche Aufklärungspflicht in sich.

3. Schlussfolgerungen

Die eigene interne Handels- und Gewinnmarge berührt die Entscheidung des XI. Zivilsenates nicht. Aufgrund der neuen Rechtsprechung des XI. Zivilsenates ist eine verschärfte Transparenzanforderung bezogen auf Innenprovisionen und Rückvergütungen, als Teil der eigenen internen Preisbildung, gemäß §§ 31 ff. WpHG und nach § 34h Abs. 3 GewO anzunehmen.

Jedoch gibt es gerade im Privatrecht keinen allgemeinen Transparenzgedanken bezogen auf die eigene interne Preisbildung.[562] Daher gibt es gerade kein flächendeckendes Transparenzgebot, welches diese (punktuelle) Erhöhung der Preistransparenz rechtfertigen kann. Diese Erhöhung der Preistransparenz ist systemwidrig. Sie beruht auf einem Zirkelschluss. Die Begründung des XI. Zivilsenates greift nicht. Der durchgeführte Paradigmenwechsel ist nicht angezeigt.

Den denkbaren Ansatz zur Offenlegung von Innenprovisionen im Beratungsvertrag, der Verstoß gegen eine Neutralitätspflicht, die Vermeidung von Interessenskollisionen sowie die Nachprüfbarkeit der Werthaltigkeit einer Anlage, führt der XI. Zivilsenat nur mittelbar an. Dabei nimmt er den unzulässigen Umweg über das Aufsichtsrecht.

Der problematische Zusammenhang zwischen dem vorhandenen Informationsgefälle bezüglich der eigenen internen Preisbildung und der möglicherweise gegenläufigen Interessenslage bei Beratungsverträgen für Anlageprodukte kann nicht auf andere Vertragstypen übertragen werden. Beispielsweise ist diese Gefahrenlage im Rahmen von Austauschverträgen, bei denen der Verkäufer eine Provision erzielt, ohne Beratungselement oder zusätzlichen Beratungsvertrag

561 *Herresthal*, Die vertragsrechtlichen Folgen der Honoraranlageberatung nach dem WpHG, WM 2014, 773 (776).
562 Vgl. die Untersuchungen im ersten und zweiten Kapitel.

nicht gegeben. Auch wenn diese Austauschverträge ein stark ausgeprägtes Beratungselement aufweisen können, steht der Austausch im Vordergrund. Kann keine Einigung über die Preisgestaltung erzielt werden, kann sich die potenzielle Vertragspartei am Markt nach einem anderen Anbieter umsehen. Die Gefahrenlage, die im Bereich der Anlageberatung gegeben ist, ist hier nicht gegeben. Daher sind diese Situationen nicht vergleichbar.

Daraus folgt, dass die §§ 31 ff. WpHG und § 34h Abs. 3 GewO nicht im Rahmen der §§ 133, 157 BGB herangezogen werden können, um eine vertragliche Aufklärungspflicht über Innenprovisionen und Rückvergütungen zu rechtfertigen. Die Argumentation des XI. Zivilsenates widerspricht dem grundsätzlichen Schutz der eigenen internen Preisbildung im Privatrecht.

VI. Der Schutz der eigenen internen Preisbildung im Anwendungsbereich des VVG

Das VVG könnte besondere Anforderungen an die Transparenz der eigenen internen Preisbildung statuieren.

§ 1 Abs. 1 Nr. 7 VVG-InfoV statuiert eine Informationspflicht über den Gesamtpreis der Versicherung einschließlich aller Steuern und sonstigen Preisbestandteile. Dabei sind Prämien einzeln auszuweisen, wenn das Versicherungsverhältnis mehrere selbstständige Versicherungsverträge umfassen soll. Wenn ein genauer Preis nicht angegeben werden kann, sind Angaben zu den Grundlagen seiner Berechnung zur Verfügung zu stellen, die dem Versicherungsnehmer eine Überprüfung des Preises ermöglichen. Ferner hat der Versicherer über zusätzliche Kosten, die gegebenenfalls anfallen können, zu informieren. Zudem ist über mögliche weitere Preisbestandteile wie Steuern, Gebühren oder Kosten, die nicht über den Versicherer abgeführt oder von ihm in Rechnung gestellt werden, zu informieren, § 1 Abs. 1 Nr. 8 VVG-InfoV.

Entsprechend der Verordnungsbegründung[563] müsse der Gesamtpreis der Versicherung als die vom Versicherungsnehmer für einen bestimmten, ausdrücklich zu nennenden Zeitraum zu entrichtende Bruttoprämie (einschließlich aller Steuern und sonstigen Prämienbestandteile) zu verstehen sein, die sich ergibt, wenn der konkrete Versicherungsvertrag zum vorgesehenen Zeitpunkt geschlossen wird.[564]

563 Die Begründung ist abgedruckt in Beckmann/Matusche-Beckmann, Versicherungsrechts-Handbuch, § 18. Informationspflichten des Versicherers, Rdnr. 53–96.
564 Abgedruckt in Beckmann/Matusche-Beckmann, Versicherungsrechts-Handbuch, § 18. Informationspflichten des Versicherers, Rdnr. 64.

§ 1 Abs. 1 Nr. 7 VVG-InfoV verpflichtet den Versicherer nicht, eine Prämienaufteilung in Risiko-, Kapital und Kostenanteile vorzunehmen.[565] Zudem ist keine Informationspflicht bezogen auf die Offenlegung der Provisionshöhe gegeben.[566]

Während § 1 VVG-InfoV Informationspflichten bei allen Versicherungszweigen statuiert, enthält § 2 VVG-InfoV zusätzliche Informationspflichten für Lebensversicherungen, Berufsunfähigkeitsversicherungen und für Unfallversicherungen mit Prämienrückgewähr. § 2 Abs. 1 Nr. 1 VVG-InfoV statuiert Informationspflichten zur Höhe der in die Prämie einkalkulierten Kosten. Dabei sind die einkalkulierten Abschlusskosten als einheitlicher Gesamtbetrag und die übrigen einkalkulierten Kosten als Anteil der Jahresprämie unter Angabe der jeweiligen Laufzeit auszuweisen. § 2 Abs. 1 Nr. 2 VVG-InfoV legt fest, dass Angaben zu möglichen sonstigen Kosten, insbesondere zu Kosten, die einmalig oder aus besonderem Anlass entstehen können, zur Verfügung gestellt werden müssen.

Nach *Armbrüster*[567] besteht der Normzweck von § 2 Abs. 1 Nr. 1 und Nr. 2 VVG-InfoV darin, dass der Versicherer die Höhe der in die Versicherungsprämie einkalkulierten Kosten, insbesondere der Abschlusskosten, angeben müsse. Aufgrund der Informationspflicht zur Höhe der Abschlusskosten sei die Zusammensetzung der Versicherungsprämie anzugeben. Eine weitergehende Informationspflicht, über § 2 Abs. 1 Nr. 1 und Nr. 2 VVG-InfoV hinaus, wurde mangels Informationsbedürfnis der (potenziellen) Vertragspartei abgelehnt. Ein Vergleich zu anderen Wirtschaftsbereichen zeige, dass die interne Kostenkalkulation grundsätzlich nicht zu veröffentlichen ist.[568] Mit einer solchen Angabe könne der Versicherungsnehmer nichts anfangen.[569] Für den Versicherungsnehmer bestünde kein Interesse an näherer Information, denn für diesen sei wesentlich, dass er die ihm zustehenden Gegenleistungen konkret auf seinen Vertrag bezogen aufgeschlüsselt erhält.[570]

Nach § 2 Abs. 1 Nr. 1 VVG-InfoV sind die einkalkulierten Abschlusskosten als einheitlicher Gesamtbetrag anzuführen. Zu diesen Abschlusskosten gehören alle einmaligen Kosten, die zu Vertragsbeginn anfallen, beispielsweise Vermitt-

---

565 *Armbrüster* in Langheid/Wandt, Münchener Kommentar Versicherungsvertragsgesetz: VVG, § 1 VVG-InfoV, Rdnr. 25.

566 *Armbrüster* in Langheid/Wandt, Münchener Kommentar Versicherungsvertragsgesetz: VVG, § 1 VVG-InfoV, Rdnr. 25.

567 *Armbrüster* in Langheid/Wandt, Münchener Kommentar Versicherungsvertragsgesetz: VVG, § 2 VVG-InfoV, Rdnr. 3.

568 Vgl. OLG Nürnberg, Urteil vom 29.02.2000, Az. 3 U 3127/99, NVersZ 2000, 323; *Ihle*, Der Informationsschutz des Versicherungsnehmers, 128 f.

569 Vgl. *Präve*, Zum Reformbedarf im Versicherungsrecht, VersR 1999, 1211 (1212 f.).

570 Vgl. OLG Nürnberg, Urteil vom 29.02.2000, Az. 3 U 3127/99, NVersZ 2000, 323.

lungsgebühren und Provisionen.[571] Der Versicherungsnehmer erfährt nicht, welcher genaue Anteil der Abschlusskosten als Provision an den Vermittler fließt, denn dies sei für die Darstellung des einheitlichen Gesamtbetrages nicht erforderlich.[572]

Ein Vergleich von § 1 Abs. 1 Nr. 7 VVG-InfoV zu § 2 Abs. 1 Nr. 1 und Nr. 2 VVG-InfoV, sowie die Begründung zur VVG-InfoV zeigen, dass zur Darstellung des Gesamtpreises keine Aufteilung in Prämienbestandteile erfolgen muss.[573] Das Knappheitsgebot nach § 4 Abs. 5 S. 2 VVG-InfoV würde konterkariert werden, wenn bei einem komplexen Produkt, wie einem Versicherungsvertrag, eine abschließende Darstellung aller Preisbestandteile erfolgen würde.[574] Daher sind Informationen darzustellen, die es dem Kunden ermöglichen, eine informierte Entscheidung zu treffen.[575] Aus dem Knappheitsgebot folgt ferner, dass Abschlusskosten, welche nach § 2 Abs. 2 VVG-InfoV in Euro auszuweisen sind, nicht mit anderen Kostenangaben vermischt werden dürfen.[576]

Die Überprüfbarkeit des Preises im Sinne von § 1 Abs. 1 Nr. 7 VVG-InfoV dient insbesondere dazu, dass der Versicherungsnehmer einen Preisvergleich vornehmen kann.[577] Der Verordnungsgeber geht dabei nicht von einer vollständigen Preistransparenz i.S.d. Durchleuchtung der Preisbildung aus. Hintergrund ist, dass sonst die Gefahr bestehen würde, dass ein potenzieller Versicherungsnehmer sich nur am Preis orientieren könnte und nicht die qualitativen Unterschiede der Produkte als

---

571 *Armbrüster* in Langheid/Wandt, Münchener Kommentar Versicherungsvertragsgesetz: VVG, § 2 VVG-InfoV, Rdnr. 10.

572 *Armbrüster* in Langheid/Wandt, Münchener Kommentar Versicherungsvertragsgesetz: VVG, § 2 VVG-InfoV, Rdnr. 10; vgl. *Feuchter/Bauer*, Transparenz beim Vertrieb kapitalbildender Lebensversicherungen: Der Bankenvertrieb im Fokus aktueller Rechtsprechung, BKR 2015, 271 (272).

573 *Manuel Baroch Castellvi* in Rüffer/Halbach/Schimikowski, Versicherungsvertragsgesetz, VVG-InfoV § 1 Informationspflichten bei allen Versicherungszweigen, Rdnr. 17; *Armbrüster* in Langheid/Wandt, Münchener Kommentar Versicherungsvertragsgesetz: VVG, § 1 VVG-InfoV, Rdnr. 25; vgl. *Feuchter/Bauer*, Transparenz beim Vertrieb kapitalbildender Lebensversicherungen: Der Bankenvertrieb im Fokus aktueller Rechtsprechung, BKR 2015, 271 (272).

574 Vgl. *Schwintowski*, Erste Erfahrungen mit Kostentransparenz und Produktinformationsblatt nach der VVG-InfoV, VuR 2008, 250 (255).

575 Vgl. *Schwintowski*, Erste Erfahrungen mit Kostentransparenz und Produktinformationsblatt nach der VVG-InfoV, VuR 2008, 250 (255).

576 *Schwintowski* in Tamm/Tonner, Verbraucherrecht, § 23, Rdnr. 20.

577 *Armbrüster* in Langheid/Wandt, Münchener Kommentar Versicherungsvertragsgesetz: VVG, § 1 VVG-InfoV, Rdnr. 21.

Entscheidungsgrundlage heranziehen würde.[578] Das Ziel der Informationsanforderungen sei nicht, eine umfassende Preistransparenz zu schaffen, sondern, dass der Versicherungsnehmer eine informierte, rationale Entscheidung treffen könne.[579]

Weder § 1 Abs. 1 Nr. 7, Nr. 8 noch § 2 Abs. 1 Nr. 1 oder Nr. 2 VVG-InfoV statuieren Informationspflichten über die eigene interne Preisbildung des Versicherers.

VII. Schlussfolgerungen

Im Grundsatz ist die eigene interne Preisbildung im privatrechtlichen Vertragsrecht nicht offenzulegen.

Bei Austauschverträgen sind Informationen über die Art der Preisberechnung nur zur Verfügung zu stellen, wenn die Gesamtpreisbildung im Moment des Vertragsschlusses nicht möglich ist. Andernfalls sind keine Informationen über die eigene interne Preisbildung notwendig. Bei anderen Vertragstypen richten sich die Informationen über die eigene interne Preisbildung nach dem Vertragszweck. Grundsätzlich sind diese Informationen nicht zur Verfügung zu stellen.

Der vom XI. Zivilsenat des BGH im Kapitalanlagerecht erkannte nahezu „flächendeckend vom Gesetzgeber verwirklichte Transparenzgedanke"[580] kann nicht auf den zivilrechtlichen Beratungsvertrag nach §§ 133, 157 BGB übertragen werden. Dem allgemeinen Zivilrecht ist diese Form der Preistransparenz, bezogen auf die eigene interne Preisbildung, gerade fremd.

Im Rahmen von Bankgeschäften und im Anwendungsbereich der VVG-InfoV sind weitergehende Informationspflichten bezogen auf die eigene interne Preisbildung gegeben als in den übrigen Wirtschaftsbereichen.[581] Zwischen Bank- und Versicherungsgeschäften ist dabei eine Parallele bezogen auf Informationspflichten gegeben.[582] Die eigene interne Kostenkalkulation, als Kernbereich der unternehmerischen Tätigkeit, ist indes auch in diesen Wirtschaftsbereichen nicht offenzulegen.[583]

578 *Armbrüster* in Langheid/Wandt, Münchener Kommentar Versicherungsvertragsgesetz: VVG, § 1 VVG-InfoV, Rdnr. 25.

579 *Armbrüster* in Langheid/Wandt, Münchener Kommentar Versicherungsvertragsgesetz: VVG, § 1 VVG-InfoV, Rdnr. 25.

580 BGH, Urteil vom 03.06.2014, Az. XI ZR 147/12, NJW 2014, 2947 (2949).

581 Vgl. *Loritz*, Provisionen beim Abschluss von Lebensversicherungsverträgen, VersR 2004, 405 (413); vgl. *Feuchter/Bauer*, Transparenz beim Vertrieb kapitalbildender Lebensversicherungen: Der Bankenvertrieb im Fokus aktueller Rechtsprechung, BKR 2015, 271 (272).

582 *Armbrüster* in Langheid/Wandt, Münchener Kommentar Versicherungsvertragsgesetz: VVG, § 2 VVG-InfoV, Rdnr. 4.

583 Vgl. zum Honoraranlegerberatungsgesetz: BT-Drucks. 17/12295, 15.

Die Geheimhaltung der eigenen internen Preisbildung ist, als Bestandteil der Privatautonomie und der Unternehmerfreiheit, geschützt. Bei Interessenabwägungen ist dies jeweils zu berücksichtigen und in der Regel überwiegt das Interesse der wissenden (potenziellen) Vertragspartei an der entsprechenden Geheimhaltung. Selbst in Bereichen mit hohen Preistransparenzanforderungen, insbesondere dem WpHG und dem VVG, wird nicht, jedenfalls nicht generell, die Offenlegung der eigenen internen Preisbildung gefordert.

4. Kapitel: Inhalt und Umfang besonderer Aufklärungspflichten über die eigene interne Preisbildung

Die Untersuchung im vorhergehenden Kapitel hat gezeigt, dass die eigene interne Preisbildung grundsätzlich nicht offenzulegen ist. Dies ist für den Vertragsschluss nicht erforderlich. Informationen über den Gesamtpreis, gesetzliche Vorgaben zur objektivierten Preisbestimmung und bestimmte Entgeltverbote können ausreichen, um das jeweils notwendige Niveau an Preistransparenz zu erreichen.

Fraglich ist, wann eine (potenzielle) Vertragspartei ausnahmsweise einmal die Möglichkeit haben muss, die eigene interne Preisbildung der anderen Vertragspartei zu durchleuchten. Problematisch sind Verträge, bei denen es aus Sicht der einen (potenziellen) Vertragspartei sehr wohl auf die interne Preisbildung der Gegenseite ankommt. In besonderen Situationen könnten daher Ausnahmen von dem im dritten Kapitel untersuchten Grundsatz anzuerkennen sein, um das notwendige Niveau an Preistransparenz zu erreichen. Ein Anknüpfungspunkt könnte die Relevanz dieser Information für den Vertragsabschluss sein. Diese Relevanz könnte gegeben sein, wenn die interne Preisbildung einer Vertragspartei entscheidenden Einfluss auf den Rechtsbindungswillen der anderen Vertragspartei hat. Dies könnte etwa in Fällen von Finanz-, Anlageprodukten und bei internen Preisbildungen aufgrund eines komplexen finanzmathematischen Berechnungsmodelles anzunehmen sein. Die eigene interne Preisbildung eines Monopolisten könnte ebenfalls für die (potenzielle) Vertragspartei relevant sein, um ein besonders auffälliges Verhältnis von Leistung und Gegenleistung i.S.d. § 138 Abs. 1 BGB besser nachvollziehen zu können.[584] Besondere Umstände könnten daher eine Aufklärungspflicht über die eigene interne Preisbildung begründen.

I. Aufklärungspflicht über die eigene interne Preisbildung im Rahmen des Beratungselementes eines Vertrages bzw. eines eigenständigen Beratungsvertrages bei Bankgeschäften

Aufklärungspflichten einer Bank über die eigene interne Preisbildung könnten sich aus dem Beratungselement eines Vertrages bzw. aus einem selbstständigen

584 Vgl. BGH, Versäumnis- und Endurteil vom 14.07.2004, Az. XII ZR 352/00, NJW 2004, 3553 (3554).

Beratungsvertrag ergeben. Problematisch ist die Unübersichtlichkeit und Mannigfaltigkeit der verschiedenen Vergütungen wie Ausgabeaufschläge und Rücknahmeabschläge, Verwaltungsvergütungen, sog. „ongoing charges" und erfolgsabhängige sog. „performance fees", Bestandsprovisionen und ferner auch die Problematik um die Möglichkeit einer Erhöhung der Entgelte ohne Zustimmung des Anlegers.

1. Kernaussagen zur Aufklärungspflicht bei versteckten Innenprovisionen als Teil der eigenen internen Preisbildung

Fraglich ist, ob über versteckte Innenprovisionen aufzuklären ist. Unter „versteckten" Innenprovisionen sind nicht ausgewiesene Vertriebsprovisionen zu verstehen, die versteckt in Anschaffungs- oder Herstellungskosten eines Vertragsobjekts enthalten sind.[585] Durch diese versteckten Kosten kann eine Fehlvorstellung über die Werthaltigkeit des Vertragsgegenstandes hervorgerufen werden.

Aus dem Anlageberatungsvertrag folgt unter anderem die Pflicht der beratenden Bank zur anleger- und anlagengerechten Beratung.[586] Daraus folgt insbesondere die Pflicht zur Ermittlung des Anlageziels des Kunden, seines Wissensstandes über solche Anlagegeschäfte und seiner Risikobereitschaft.[587] Daran ist die Beratungsempfehlung durch das beratende Institut auszurichten.[588]

Der III. Zivilsenat des BGH hat in seinem Urteil vom 12. Februar 2004, Az. III ZR 359/02,[589] ausgeführt, dass ein Anleger ab einem Abfluss von 15 % generell über diesen aufgeklärt werden müsse. Die Grundlage für diese Rechtsprechung ergebe sich aus der Überlegung, dass eine Innenprovision keine Gegenleistung für die Schaffung von Sachwerten darstelle. Beim Erwerb eines Anlageobjekts gehe

---

585 BGH, Beschluss vom 24.08.2011, Az. XI ZR 191/10 (sog. Kick-Back IX), NJW 2011, 3231 (3232); BGH, Urteil vom 26.06.2012, Az. XI ZR 259/11, IBRRS 2012, 3189, Rdnr. 42; *Jordans*, Aufklärungspflichten über Einnahmen aus dem Vertrieb von Finanzprodukten, BKR 2011, 456 (460 f.).

586 *Fullenkamp*, Kick-Back – Haftung ohne Ende?, NJW 2011, 421 (422); BGH, Urteil vom 27.09.2011, Az. XI ZR 182/10, NJW 2012, 66 (67 f.); *Gehrlein/Sutschet* in Beck'scher Online-Kommentar BGB, § 311 BGB, Rdnr. 99; *Geibel*, Schadensersatz wegen verdeckter Innenprovisionen und ähnlicher Zuwendungen, ZBB 2003, 349 (350).

587 *Fullenkamp*, Kick-Back – Haftung ohne Ende?, NJW 2011, 421 (422 f.); BGH, Urteil vom 06.07.1993, Az. XI ZR 12/93, NJW 1993, 2433; BGH, Urteil vom 22.03.2011, Az. XI ZR 33/10, NJW 2011, 1949 (1950); BGH, Urteil vom 27.09.2011, Az. XI ZR 182/10, NJW 2012, 66 (68).

588 *Fullenkamp*, Kick-Back – Haftung ohne Ende?, NJW 2011, 421 (423); BGH, Urteil vom 27.09.2011, Az. XI ZR 182/10, NJW 2012, 66 (68).

589 BGH, Urteil vom 12.02.2004, Az. III ZR 359/02, NJW 2004, 1732 (1734 f.).

der Käufer regelmäßig davon aus, dass im Gesamtaufwand nur solche Kostenfaktoren eingepreist seien, durch welche die Werthaltigkeit und Rentabilität der Anlage von vornherein nicht infrage gestellt werde.

Die Aufklärungspflicht nach § 242 BGB über die eigene interne Preisbildung der Bank ist hingegen nicht an eine bestimmte prozentuale Höhe der Innenprovision geknüpft.[590] Die Aufklärungspflicht folgt aus der Tatsache, dass die Bank das Anlageprodukt in der Regel besser kennt als der Kunde. Sie hat regelmäßig die Berechnungsmethode geprüft. Dieses interne Wissen der Bank gehört nicht zu ihrem schützenswerten Betriebsgeheimnis, denn dies ist kein selbsterarbeiteter Wissensvorsprung gegenüber Wettbewerbern. Die Beschaffung dieser Informationen gehört zu den Pflichten, um eine anlagegerechte Beratung zu ermöglichen.[591] Ferner ist diese Anlageberatung von einem Vertrauenselement geprägt.

Daraus folgt, dass über versteckte Innenprovisionen nach § 242 BGB aufzuklären ist, wenn der wirtschaftliche Sinn und Zweck des jeweiligen Vertrages konterkariert oder vereitelt werden könnte.[592] Die eigene interne Preisbildung des Finanzinstituts ist insoweit offenzulegen. Zudem muss der Kunde gewarnt werden, damit dieser den Zusammenhang zwischen der Innenprovision und der Vertragsgefährdung in seinen Willensbildungsprozess aufnehmen kann.

2. Kernaussagen zu der Aufklärungspflicht bei Retrozessionen im Rahmen von Bankgeschäften – sog. kick backs als Teil der eigenen internen Preisbildung

Von Innenprovisionen sind Retrozessionen zu unterscheiden. Retrozessionen sind in der Regel Provisionen, die im Gegensatz zu Innenprovisionen nicht aus dem Anlagevermögen, sondern aus offen ausgewiesenen Provisionen wie zum Beispiel Ausgabeaufschlägen und Verwaltungsvergütungen gezahlt werden.[593] Sie

---

590 Vgl. *Geibel*, Schadensersatz wegen verdeckter Innenprovisionen und ähnlicher Zuwendungen, ZBB 2003, 349 (350 f.); *Schwab* in Dauner-Lieb/Langen, BGB, § 675 BGB, Rdnr. 191.

591 Vgl. *Schwab* in Dauner-Lieb/Langen, BGB, § 675 BGB, Rdnr. 191.

592 Vgl. *Loritz*, Innenprovisionen bei Kapitalanlagen, insbesondere beim Immobilienvertrieb, WM 2000, 1831 (1834 f.); *Geibel*, Schadensersatz wegen verdeckter Innenprovisionen und ähnlicher Zuwendungen, ZBB 2003, 349 (352); im Ergebnis auch: *Lippe/Voigt*, Offenlegungspflichten der Anlageberater jenseits von Rückvergütungen, BKR 2011, 151 (153 f.).

593 Vgl. *Henze/Notz* in Ebenroth/Boujong/Joost/Strohn, HGB, Band 1, Anhang B. Die Publikumskommanditgesellschaft, Rdnr. 75; BGH, Hinweisbeschluss vom 09.03.2011, Az. XI ZR 191/10 (sog. Kick-Back IX), NJW 2011, 3227 (3228).

sind regelmäßig umsatzabhängig.[594] Im Gegensatz zu Innenprovisionen berühren sie daher nicht die Werthaltigkeit eines Finanzproduktes.[595]

Über Retrozessionen ist nur zu informieren, wenn zumindest ein Teil der Ausgabeaufschläge oder Verwaltungsgebühren, die der Kunde über die Bank an die jeweilige Gesellschaft zahlt, ohne Wissen des Kunden wieder an die beratende Bank zurückfließt.[596] Der Kunde kann nicht erkennen, dass die beratende Bank ein besonderes Interesse hat, gerade dieses Finanzprodukt eines Dritten zu empfehlen.[597] Ausgabeaufschläge oder Verwaltungsgebühren sind dabei nur Beispiele für jede Art der Rückvergütung, durch welche eine neutrale Beratung durch die Bank konterkariert wird bzw. die Gefahr hierfür gegeben ist.[598] Um das Eigeninteresse der Bank erkennen zu können, gehört die Aufklärung über die Rückvergütung zu einer anlage- und anlegergerechten Beratung.[599] Dies gilt auch für den Vertrieb von Finanzprodukten, die nicht vom Anwendungsbereich des WpHG erfasst sind.[600]

Entsprechend dem Urteil des OLG Frankfurt a. M. vom 8. September 2010, Az. 17 U 90/10,[601] kann es für die Annahme einer offenbarungspflichtigen Rückvergütung nicht allein auf die begriffliche Bezeichnung ankommen. Entscheidend sei, ob ein Anreiz für die Bank vorliege, nicht im Interesse des Anlegers den Absatz zu fördern. Damit die (potenzielle) Vertragspartei die Möglichkeit habe, das Umsatzinteresse der Bank selbst einzuschätzen, sei es unerheblich, ob die Bank

---

594 Vgl. *Fullenkamp*, Kick-Back – Haftung ohne Ende?, NJW 2011, 421.

595 BGH, Urteil vom 19.12.2000, Az. XI ZR 349/99 (sog. Kick-Back I), NJW 2001, 962 ff.; BGH, Hinweisbeschluss vom 09.03.2011, Az. XI ZR 191/10 (sog. Kick-Back IX), NJW 2011, 3227 (3228).

596 BGH, Hinweisbeschluss vom 09.03.2011, Az. XI ZR 191/10 (sog. Kick-Back IX), NJW 2011, 3227 (3228); *Jordans*, Aufklärungspflichten über Einnahmen aus dem Vertrieb von Finanzprodukten, BKR 2011, 456 (457 f.).

597 Vgl. *Henze/Notz* in Ebenroth/Boujong/Joost/Strohn, HGB, Band 1, Anhang B. Die Publikumskommanditgesellschaft, Rdnr. 75; BGH, Hinweisbeschluss vom 09.03.2011, Az. XI ZR 191/10 (sog. Kick-Back IX), NJW 2011, 3227 (3228).

598 BGH, Hinweisbeschluss vom 09.03.2011, Az. XI ZR 191/10, NJW 2011, 3227 (3228); *Jordans*, Aufklärungspflichten über Einnahmen aus dem Vertrieb von Finanzprodukten, BKR 2011, 456 (460).

599 BGH, Urteil vom 19.12.2006, Az. XI ZR 56/05 (sog. Kick-Back II), BKR 2007, 160 (163); *Jordans*, Aufklärungspflichten über Einnahmen aus dem Vertrieb von Finanzprodukten, BKR 2011, 456 (458).

600 BGH, Beschluss vom 20.01.2009, Az. XI ZR 510/07 (sog. Kick-Back III), NJW 2009, 1416 (1417).

601 OLG Frankfurt a. M., Urteil vom 08.09.2010, Az. 17 U 90/10, VuR 2010, 461 f.; vgl. OLG Frankfurt a. M., Urteil vom 29.06.2011, Az. 17 U 12/11, Rdnr. 40 (zitiert nach Juris).

eine umsatzabhängige Provision als Ausgabeaufschlag erhielte oder ob die Bank diesen Aufschlag als Kostenfaktor versteckt in den Verkaufspreis der Anlage einpreise. Um dieser Aufklärungspflicht zu genügen, müsse die Bank die konkrete Höhe des Preisbestandteiles angeben, welcher der Bank zufließe. Diese Information sei korrekt auszuweisen und rechtzeitig zur Verfügung zu stellen, sodass sich eine (potenzielle) Vertragspartei damit vertraut machen könne.

Unabhängig von der Höhe der Rückvergütung, als Bestandteil der eigenen internen Preisbildung, besteht daher eine Aufklärungspflicht nach § 242 BGB durch die beratende Bank, um den damit verbundenen möglichen Interessenskonflikt offenzulegen.[602]

3. Aufklärungspflichten bei Bankgeschäften über die eigene Gewinnmarge als Teil der eigenen internen Preisbildung

Ein Aspekt der sog. Lehman-Urteile des XI. Zivilsenates des BGH vom 27. September 2011 ist die Frage, ob im Rahmen einer Anlageberatung eine Aufklärungspflicht über die eigene interne Gewinnmarge besteht.[603]

Der XI. Zivilsenat des BGH führt in seinen Urteilen aus, dass die Annahme einer Aufklärungspflicht über die Gewinnmarge eine Bank dazu zwingen würde, diese bezogen auf sämtliche empfohlene Anlagen anzuwenden. Praktisch bedeute dies, dass die gesamte Ertragsstruktur offenzulegen sei.[604] An der Geheimhaltung dieser Daten habe jedes Kreditinstitut bereits aus Wettbewerbsgründen ein ganz erhebliches und schutzwürdiges Interesse. Ein mögliches Interesse eines Anlegers an dieser Offenlegung sei nicht schutzwürdig. Jedem Marktteilnehmer müsse klar sein, dass eine Bank, die eine Beratungsleistung erbringt, ohne diese zusätzlich vergüten zu lassen, ihre Leistung in den zu entrichtenden Preis im Rahmen des Entgeltes einrechnet.

In den Urteilen vom 26. Juni 2012 des XI. Zivilsenates des BGH[605] führt dieser ferner aus, dass es unerheblich sei, in welcher Weise die Bank bei einem Ver-

---

602 BGH, Urteil vom 15.04.2010, Az. III ZR 196/09, NJW-RR 2010, 1064 (1065).

603 BGH, Urteil vom 27.09.2011, Az. XI ZR 178/10, NJW-RR 2012, 43 (46); BGH, Urteil vom 27.09.2011, Az. XI ZR 182/10, NJW 2012, 66 (69).

604 Vgl. *Buck-Heeb*, Zur Aufklärungspflicht von Banken bezüglich Gewinnmargen, BKR 2010, 1 (2); *Jordans*, Aufklärungspflichten über Einnahmen aus dem Vertrieb von Finanzprodukten, BKR 2011, 456 (461).

605 BGH, Urteil vom 26.06.2012, Az. XI ZR 259/11, IBRRS 2012, 3189, Rdnr. 19 ff.; BGH, Urteil vom 26.06.2012, Az. XI ZR 316/11, NJW 2012, 2873 (2874 ff.); BGH, Urteil vom 26.06.2012, Az. XI ZR 355/11, BKR 2013, 17 (19 ff.); BGH, Urteil vom 26.06.2012, Az. XI ZR 356/11, Rdnr. 27 ff. (zitiert nach Juris); ebenso: BGH, Ur-

äußerungsgeschäft ihr Gewinninteresse realisiert. Für den Kunden sei es regelmäßig unerheblich, wie diese ihre Verpflichtung gegenüber dem Kunden erfüllt. Für die Anlageentscheidung des Kunden sei es daher regelmäßig unerheblich, wie die Bank ihre vertragliche Leistungspflicht ausgestaltet. Das generelle Gewinnerzielungsinteresse, welches jeder Anbieter wirtschaftlicher Leistungen am Markt regelmäßig verfolgt, begründe alleine keine grundsätzliche Aufklärungspflicht über Bestandteile der eigenen internen Preisbildung.

Fraglich ist daher, ob im Gegensatz zur Rechtsprechung des XI. Zivilsenates des BGH eine Aufklärungspflicht über die eigene Gewinnmarge angenommen werden kann. Diese Frage stellt sich sowohl im Rahmen eines Zwei- wie auch eines Mehrpersonenverhältnisses und sie ist im Grundsatz unabhängig vom jeweiligen Vertragstypus,[606] wenn ein relevanter Interessenskonflikt gegeben ist.

a) *Argumente für eine Aufklärungspflicht über die Gewinnmarge*

Einige Stimmen in der Literatur[607] und in der Rechtsprechung[608] bejahen eine Aufklärungspflicht (zumindest) von Banken über ihre Gewinnmargen. Nur dadurch könne es für den potenziellen Bankkunden nachvollziehbar werden, welches Eigeninteresse an einer eigenen Gewinnrealisierung die jeweilige Bank habe. Dadurch könne dann am besten nachvollzogen werden, ob die Beratung am Wohl und Interesse des potenziellen Bankkunden ausgerichtet sei, oder ob die Bank primär ein bestimmtes Gewinninteresse realisieren möchte.

---

teil vom 16.10.2012, Az. XI ZR 367/11, NJW-RR 2013, 244 (247 f.); BGH, Urteil vom 16.10.2012, Az. XI ZR 368/11, NJW-RR 2013, 244 (245 ff.); BGH, Urteil vom 27.11.2012, Az. XI ZR 384/11, NJW 2013, 1223 (1225).

606 Vgl. *Spindler*, Aufklärungspflichten eines Finanzdienstleisters über eigene Gewinnmargen? – Ein „Kick-Back" zu viel, WM 2009, 1821 (1822 f.).

607 *Buck-Heeb*, Zur Aufklärungspflicht von Banken bezüglich Gewinnmargen, BKR 2010, 1; *Maier*, Die aktuelle Rechtsprechung der Landgerichte zu den Aufklärungspflichten beratender Banken beim Vertrieb von Lehman-Zertifikaten, VuR 2009, 369; *Zingel/Rieck*, Die neue BGH-Rechtsprechung zur Offenlegung von Rückvergütungen, BKR 2009, 353; *Geßner*, Retrozessionen im Fokus der neueren Judikatur, BKR 2010, 89; *Märker*, Fehlerhafte Anlageberatung beim Vertrieb von Lehman-Zertifikaten – eine Zwischenbilanz, NJOZ 2010, 524; wohl auch *Koch*, Innenprovisionen und Rückvergütungen nach der Entscheidung des BGH vom 27. 10. 2009, BKR 2010, 177.

608 OLG Frankfurt a. M., Urteil vom 08.09.2010, Az. 17 U 90/10, VuR 2010, 461; OLG Frankfurt a. M., Urteil vom 29.06.2011, Az. 17 U 12/11 (zitiert nach Juris); LG Hamburg, Urteil vom 01.07.2009, Az. 325 O 22/09 (nicht rechtskräftig), NJW-RR 2009, 1549; LG Heidelberg, Urteil vom 15.12.2009, Az. 2 O 141/09, WM 2010, 505.

Buck-Heeb[609] führt an, dass die Vergleichbarkeit zwischen Gewinnmargen und Rückvergütungen für eine Aufklärung über die Gewinnmarge spreche. Insofern sei es unerheblich, ob im Rahmen der Gewinnmarge ein Zweipersonenverhältnis gegeben sei, in welches der Gewinn eingepreist werde, oder ob es sich um eine Rückvergütung im Rahmen eines Dreipersonenverhältnisses handele. Bei Letzterem werde zur Vermeidung der Gefahr eines Interessenskonfliktes eine Aufklärungspflicht angenommen. Zudem folge aus dem Beratungselement eines Vertrages bzw. aus einem selbstständigen Beratervertrag die Pflicht zu einer anleger- und anlagegerechten Beratung. Der jeweilige Umfang und der jeweilige Inhalt der Beratung ergeben sich zum einen aus dem Wissensstand und der Risikobereitschaft des Kunden und zum anderen aus den Risiken des Anlageobjekts. Anlegergerecht bedeute insofern, dass die Informationen und beratenden Hinweise vom Interesse des Kunden und nicht vom Gewinninteresse der Bank ausgehen dürften. Die Bank habe über die Punkte, die für das konkrete Anlagegeschäft von Bedeutung sind, richtig, sorgfältig, zeitnah, vollständig und für den Kunden verständlich zu unterrichten, sodass der Anleger über alle wichtigen Umstände des Anlagegeschäftes informiert sei, die er für eine selbstbestimmte Anlageentscheidung benötige.

Nach *Köndgen*[610] beantwortet die Rechtsprechung zu Anlageprodukten nicht die Grundfrage der Preistransparenz, wie viel etwas kostet. Aufgrund eines „Paradigmenwechsels im Vertrieb von Finanzprodukten"[611] könnte diese Grundfrage durch eine Offenlegung der Gewinnmarge im Sinne eines weitergehenden Schutzanspruches des Anlegers beantwortet werden. Unter Verweis auf die entsprechende Umsetzung der MiFID 1-Richtlinie[612] in Italien führt *Köndgen* aus, dass aufgrund der MiFID 1-Richtlinie eine Erhöhung der Preistransparenz möglich wäre. Die italienische Umsetzung führe demnach zu einer extensiven Preis- und Kostentransparenz, denn dem Erwerber von Zertifikaten seien neben dem in-

609 *Buck-Heeb*, Zur Aufklärungspflicht von Banken bezüglich Gewinnmargen, BKR 2010, 1 (3 ff.).

610 *Köndgen*, Anmerkung zu BGH, Urteil vom 27.09.2011, Az. XI ZR 182/10, JZ 2012, 260 (262).

611 *Köndgen*, Anmerkung zu BGH, Urteil vom 27.09.2011, Az. XI ZR 182/10, JZ 2012, 260 (262).

612 Richtlinie 2004/39/EG des Europäischen Parlaments und des Rates vom 21. April 2004 über Märkte für Finanzinstrumente, zur Änderung der Richtlinien 85/611/ EWG und 93/6/EWG des Rates und der Richtlinie 2000/12/EG des Europäischen Parlaments und des Rates und zur Aufhebung der Richtlinie 93/22/EWG des Rates, Amtsblatt der Europäischen Union Nr. L 145 vom 30.04.2004, 1, berichtigt: Amtsblatt der Europäischen Union Nr. L 45 vom 16.02.2005, 18 (MiFID 1-Richtlinie).

neren Wert des Zertifikats auch sämtliche expliziten und impliziten Gebühren offenzulegen. Dadurch würden Bewertungsirrtümer im Geschäft mit Anlagen effektiv ausgeschlossen werden.

Das LG Hamburg, Urteil vom 1. Juli 2009, Az. 325 O 22/09,[613] überträgt die Grundsätze, welche der BGH für die Aufklärungspflicht über Rückvergütungen aufgestellt hat, auf Gewinnmargen. Die Frage, ob und in welchem Umfang die Bank an einer bestimmten Anlage verdiene, könne auf die Frage nach der zu erwartenden Gewinnmarge übertragen werden. Die Interessenslage sei hierbei vergleichbar, denn die Gefahr bestehe, dass die Bank nicht anlegergerecht berate, sondern bezogen auf die Realisierung einer eigenen Gewinnmarge. Sowohl bei Rückvergütungen als auch bei Gewinnmargen bestehe die Gefahr, dass die Bank zumindest auch ein eigenes Interesse verfolge und dieses Interesses über das Interesse an einer anleger- und anlagengerechten Beratung i.S.d. (potenziellen) Vertragspartei stelle. Zur Offenlegung über die Gewinnmarge gehöre dabei die Aufklärung, ob die Bank eine Handelsspanne realisiere und in welcher Höhe diese zu erwarten sei. Diese Höhe müsse entweder als Betrag angegeben werden oder die Berechnungsweise sei offenzulegen.

Nach dem Urteil des LG Heidelberg vom 15. Dezember 2009, Az. 2 O 141/09,[614] ist die sog. Kick-Back-Rechtsprechung des BGH ebenfalls auf Gewinnmargen übertragbar. Ein etwaiges Geheimhaltungsinteresse der Bank stünde einer Aufklärungspflicht nicht entgegen. Gewinnmargen gehörten zwar grundsätzlich zu den schutzwürdigen Geschäftsgeheimnissen von Wirtschaftsunternehmen, aber dies gelte nicht uneingeschränkt für Banken. Insoweit müsse differenziert werden. Habe das Kundengespräch eindeutigen Verkaufscharakter, dann bestünde keine Aufklärungspflicht. Die Bank habe insoweit ein berechtigtes Geheimhaltungsinteresse in Bezug auf ihre Margen. Daher ist keine Unterscheidung zu anderen Unternehmen gegeben, die ebenfalls ein Geheimhaltungsinteresse an diesen Informationen hätten. Habe das Gespräch dagegen Beratungscharakter, sei die Bank zur Auskunft über ihre Marge und ein etwaiges Absatzrisiko im Rahmen des Beratungsvertrages verpflichtet. Der Kunde könne im Beratungsgespräch – anders als beim Verkaufsgespräch – zu Recht eine an seinen objektiven Interessen orientierte Beratung erwarten und deshalb müsse er wissen, wenn für bestimmte Empfehlungen ein wirtschaftliches Eigeninteresse der Bank maßgeblich sei. Dementsprechend stünde im Rahmen eines Beratungsvertrages bei Bankgeschäften das Geheimhaltungsinteresse der Bank einer Aufklärungspflicht über ihre Gewinnmarge nicht entgegen.

613 LG Hamburg, Urteil vom 01.07.2009, Az. 325 O 22/09 (nicht rechtskräftig), NJW-RR 2009, 1549 ff.

614 LG Heidelberg, Urteil vom 15.12.2009, Az. 2 O 141/09, WM 2010, 505 (509 f.).

Daraus folgt, dass das Eigeninteresse einer Bank an einer Gewinnmarge einen negativen Einfluss auf die anleger- und anlagegerechte Beratung haben kann. Daher dient die Offenlegung der Gewinnmarge dazu, das Eigeninteresse der Bank erkennen zu können. Dies würde dem Anleger helfen, gegebenenfalls von einem möglichen Vertragsschluss Abstand zu nehmen.

b) Argumente gegen eine Aufklärungspflicht über die Gewinnmarge

Demgegenüber finden sich in der Rechtsprechung[615] und in der Literatur[616] Ansichten, die eine Aufklärungspflicht von Banken über die Gewinnmarge verneinen.

Nach dem Urteil des BGH vom 26. Juni 2012, Az. XI ZR 259/11,[617] begründet allein die generelle Gewinnerzielungsabsicht eines Marktteilnehmers noch keinen maßgeblichen Interessenskonflikt, welcher eine Aufklärungspflicht über die Gewinnmarge auslösen würde. Im Rahmen eines Synallagma stünden sich regelmäßig verschiedene, teils widerstreitende, Interessen gegenüber. Daher könne das Interesse an der Offenlegung der Gewinnmarge für sich genommen noch nicht allein als überwiegend im Sinne von § 241 Abs. 2 BGB angesehen werden.[618]

---

615 BGH, Urteil vom 27.09.2011, Az. XI ZR 178/10, NJW-RR 2012, 43 (46); OLG Celle, Beschluss vom 04.03.2010, Az. 3 U 9/10, Rdnr. 22 (zitiert nach Juris); OLG Bamberg, Urteil vom 07.06.2010, Az. 4 U 241/09, BKR 2010, 283 (287); OLG Düsseldorf, Urteil vom 30.07.2010, Az. 9 U 236/09, WM 2010, 1943 (1945); OLG Düsseldorf, Urteil vom 16.12.2010, Az. 6 U 200/09, BKR 2011, 25 (32); OLG Frankfurt a. M., Urteil vom 21.09.2010, Az. 9 U 151/09, WM 2010, 2111 (2113); OLG Frankfurt a. M., Urteil vom 02.03.2011, Az. 19 U 248/10, WM 2011, 880 (882); OLG Karlsruhe, Urteil vom 02.11.2010, Az. 17 U 62/10, BKR 2010, 517 (518 f.); OLG Karlsruhe, Urteil vom 30.03.2011, Az. 17 U 133/10, WM 2011, 883 (885); OLG Köln, Urteil vom 04.05.2011, Az. 13 U 165/10, WM 2011, 1652 (1653); OLG Köln, Urteil vom 08.06.2011, Az. 13 U 55/10, BKR 2011, 334 (336).

616 *Schnauder*, Auskunfts- und Beratungsvertrag beim Vertrieb von Kapitalanlagen, JZ 2013, 120; *Harnos/Rudzio*, Anmerkung zu OLG Hamburg, Urteil vom 23.04.2010, Az. 13 U 117/09 und Az. 13 U 118/09, BKR 2010, 259 (260); *Jooß*, Rückvergütungen vs. Innenprovisionen, WM 2011, 1260 (1263); *Assmann*, Die Pflicht von Anlageberatern und Anlagevermittlern zur Offenlegung von Innenprovisionen, ZIP 2009, 2125 (2130); *Spindler*, Aufklärungspflichten eines Finanzdienstleisters über eigene Gewinnmargen? – Ein „Kick-Back" zu viel, WM 2009, 1821 (1824 ff.); *Lang/Balzer*, Anmerkung zu BGH, Beschluss vom 20.01.2009, Az. XI ZR 510/07, ZIP 2009, 456 (457); *Lang/Bausch*, Aufklärungspflicht über Gewinnmargen und Handelsspannen?, WM 2010, 2101 (2106 f.).

617 Vgl. BGH, Urteil vom 26.06.2012, Az. XI ZR 259/11, IBRRS 2012, 3189, Rdnr. 29.

618 *Harnos/Rudzio*, Anmerkung zu OLG Hamburg, Urteil vom 23.04.2010, Az. 13 U 117/09 und Az. 13 U 118/09, BKR 2010, 259 (260); *Jooß*, Rückvergütungen vs. Innenprovisionen, WM 2011, 1260 (1263).

Zudem führt der BGH in seinem Urteil vom 27. September 2011, Az. XI ZR 178/10, sowie in seinem Urteil vom 27. September 2011, Az. XI ZR 182/10, aus, dass weder aus der MiFID 1-Richtlinie noch aus Art. 26 der zugehörigen Durchführungs-RL[619] eine Aufklärungspflicht über die Gewinnmarge folge.[620] Aus Art. 19 Abs. 1 MiFID 1-Richtlinie folge, dass eine Wertpapierfirma im Rahmen ihrer Leistungserbringung ehrlich, redlich und professionell im bestmöglichen Interesse ihrer Kunden handeln und dabei insbesondere die Grundsätze nach Art. 19 Abs. 2–8 MiFID 1-Richtlinie beachten müsse. Die Art und Weise der Umsetzung regele die MiFID 1-Richtlinie nicht. Art. 26 der Durchführungs-RL führe zu keiner anderen Erkenntnis. Die Umsetzung der Vorgaben sei vollständig den Mitgliedstaaten überlassen, Art. 288 Abs. 3 AEUV. Eine Umsetzung in Form einer Aufklärungspflicht über die Gewinnmarge sei im deutschen Privatrecht nicht gegeben.

Nach *Spindler*[621] würde die Aufklärung über Gewinnmargen kaum die Intransparenz des Kapitalmarktes überwinden. Die Intransparenz, welche durch die Komplexität der Produkte hervorgerufen wird, könne dadurch kaum beseitigt werden. Die Tatsache, dass auf einem bestimmten Markt unterschiedliche Preise verlangt werden, sei kein Aspekt der Informationsasymmetrie, denn die (potenzielle) Vertragspartei könne die unterschiedlichen Preise miteinander vergleichen. Ferner verlange weder das WpHG im Allgemeinen noch § 31 Abs. 1 Nr. 1 WpHG (a.F.) im Besonderen eine völlig neutrale Rolle eines Wertpapierdienstleistungsunternehmen im Rahmen von Finanzprodukten.

Schnauder führt aus, dass die Preisgestaltung des Verkäufers in seinem „ureigenen Rechtskreis“[622] liege. Aus dem Beratungsvertrag bzw. aus dem Beratungselement könne nur eine Pflicht zur Aufklärung über die Risiken und Gefahren abgeleitet werden. Indem sich der Verkäufer in seinem ureigenen Rechtskreis betätige, sei er nicht im Geschäftsbereich des Käufers tätig. Demnach habe der Käufer keinen An-

619 Richtlinie 2006/73/EG der Kommission vom 10. August 2006 zur Durchführung der Richtlinie 2004/39/EG des Europäischen Parlaments und des Rates in Bezug auf die organisatorischen Anforderungen an Wertpapierfirmen und die Bedingungen für die Ausübung ihrer Tätigkeit sowie in Bezug auf die Definition bestimmter Begriffe für die Zwecke der genannten Richtlinie; Amtsblatt der Europäischen Union Nr. L 241 vom 02.09.2006, 26.

620 Vgl. BGH, Urteil vom 27.09.2011, Az. XI ZR 178/10, NJW-RR 2012, 43 (47 f.); BGH, Urteil vom 27.09.2011, Az. XI ZR 182/10, NJW 2012, 66 (70 f.).

621 *Spindler*, Aufklärungspflichten eines Finanzdienstleisters über eigene Gewinnmargen? – Ein „Kick-Back“ zu viel, WM 2009, 1821 (1825).

622 *Schnauder*, Auskunfts- und Beratungsvertrag beim Vertrieb von Kapitalanlagen, JZ 2013, 120 (129 f.).

spruch, die Preis- und Kostenkalkulation des Verkäufers zu erfahren. § 31d WpHG ändere an dieser Interessensbewertung nichts, denn diese Norm betreffe nur Vertriebsvergütungen von dritter Seite, nicht jedoch die eigene Gewinnmarge.

c) Stellungnahme

Soweit ersichtlich, wird von den Befürwortern einer Aufklärung über die Gewinnmarge nicht gefordert, über alle Bestandteile der eigenen internen Preisbildung aufzuklären. Vergleichbar zu den Rückvergütungen soll nur über die Gewinnmarge als problematischer Preisbestandteil aufgeklärt werden. Die Aufklärungspflicht ergebe sich dabei aus dem Beratungsvertrag, welcher strikt von dem möglichen anschließenden Kaufvertrag zu trennen ist.[623] Im Rahmen des Beratungsvertrages ergebe sich die Aufklärungspflicht über die Gewinnmarge unter dem Gesichtspunkt der Gefahr, dass das Eigeninteresse an der Gewinnmarge über das Interesse an einer anlage- und objektgerechten Beratung gestellt wird bzw. gestellt werden könnte.[624]

Eine Aufklärungspflicht einer Bank oder eines Finanzdienstleistungsinstitutes über die eigene Gewinnmarge ist jedoch aus folgenden Gründen abzulehnen.

aa) Kein überwiegendes Interesse i.S.d. § 242 BGB an der Aufklärung über die Gewinnmarge

Eine Aufklärungspflicht nach § 242 BGB über Gewinnmargen bedeutet praktisch, dass über die gesamte interne Preisbildung aufzuklären wäre. Diese Informationen wären notwendig, um die Offenlegung der Gewinnmarge nachprüfbar zu machen.

Gegen eine Annahme einer Aufklärungspflicht über die Gewinnmarge spricht, dass sich die Interessenlage nicht zugunsten der unwissenden (potentiellen) Vertragspartei eindeutig verschiebt. Die Vertragspartei, die aufgeklärt werden müsste, hat kein rechtlich anerkanntes, schutzwürdiges Interesse an der Aufklärung, welches das Interesse der anderen Vertragspartei an der Geheimhaltung überwiegt.

---

623 *Märker*, Fehlerhafte Anlageberatung beim Vertrieb von Lehman-Zertifikaten – eine Zwischenbilanz, NJOZ 2010, 524 (528).

624 *Maier*, Die aktuelle Rechtsprechung der Landgerichte zu den Aufklärungspflichten beratender Banken beim Vertrieb von Lehman-Zertifikaten, VuR 2009, 369 (371); *Zingel/Rieck*, Die neue BGH-Rechtsprechung zur Offenlegung von Rückvergütungen, BKR 2009, 353 (354); *Geßner*, Retrozessionen im Fokus der neueren Judikatur, BKR 2010, 89 (95 f.); *Märker*, Fehlerhafte Anlageberatung beim Vertrieb von Lehman-Zertifikaten – eine Zwischenbilanz, NJOZ 2010, 524 (528); vgl. *Koch*, Innenprovisionen und Rückvergütungen nach der Entscheidung des BGH vom 27. 10. 2009, BKR 2010, 177 (184).

Aufgrund der Geheimhaltung einer Information müsste es zu einer Störung der Vertragsparität kommen, welche eine (potenzielle) Vertragspartei an einer privatautonomen Vertragsentscheidung hindert.[625] Im Rahmen der Offenlegung von Gewinnmargen ist dies jedoch nicht der Fall. Vielmehr besteht für beide preisbildenden (potenziellen) Vertragsparteien jeweils ein schutzwürdiges Interesse an der Geheimhaltung der Gewinnmarge, mithin an diesem eigenen internen Preisbestandteil.[626]

Der Vorschlag eines „Paradigmenwechsels"[627] von *Köndgen* würde die Preistransparenz erhöhen. Wie bereits dargelegt, ist die interne Preisbildung einer (potentiellen) Vertragspartei grundsätzlich nicht offenzulegen (s. o. 3. Kapitel). Würde eine solche Offenlegung angenommen werden, dann wäre dies nicht nur ein Paradigmenwechsel hin zu einem besseren Anlegerschutz, sondern zugleich eine Abkehr von dem grundsätzlich wirtschaftsliberalen Ansatz des deutschen und europäischen Privatrechts.

Die Willensbildung einer (potenziellen) Vertragspartei kann ohne Informationen über die Gewinnmarge der anderen (potenziellen) Vertragspartei erfolgen. Wenn sich Erwartungen, die zur Abgabe einer Willenserklärung führen, Vorüberlegungen, Vorstellungen oder Hoffnungen als nicht zutreffend herausstellen, ist dies, außerhalb von § 119 Abs. 2 BGB und § 123 Abs. 1 Fall 1 BGB, ein rechtlich unbeachtlicher Motivirrtum.[628]

Ferner ist zwischen Überlegungen zur Offenlegung der Gewinnmarge und Preisbestandteilen, welche die Werthaltigkeit beeinflussen, zu unterscheiden. Preisbestandteile, welche die Werthaltigkeit beeinflussen, sind offenzulegen, wenn die Werthaltigkeit nachteilig durch diese beeinflusst wird und der Zweck des Beratungsvertrages oder des Beratungselementes des jeweiligen Vertrages in einer Anlageberatung besteht. Wird durch einen Preisbestandteil eines solchen Vertrages die Werthaltigkeit der Anlage nicht nachteilig beeinflusst, dann muss dieser Preisbestandteil nicht offengelegt werden.

Bezogen auf Gewinnmargen ist keine Objektivierung möglich, denn zum einen gibt es Rechtsgeschäfte, die als Verlustgeschäfte durchgeführt werden, und zum

---

625 *Ihle*, Der Informationsschutz des Versicherungsnehmers, 481 f.

626 Vgl. *Spindler*, Aufklärungspflichten eines Finanzdienstleisters über eigene Gewinnmargen? – Ein „Kick-Back" zu viel, WM 2009, 1821 (1825).

627 Vgl. *Köndgen*, Anmerkung zu BGH, Urteil vom 27.09.2011, Az. XI ZR 182/10, JZ 2012, 260 (262).

628 BGH, Beschluss vom 05.06.2008, Az. V ZB 150/07, NJW 2008, 2442 (2443); *Wendtland* in Beck'scher Online-Kommentar BGB, § 119 BGB, Rdnr. 37; *Brox/Walker*, BGB AT, Rdnr. 416.

anderen entzieht sich der Kernbereich der Privatautonomie, die eigene subjektive Preisbildung, einer Objektivierung.

Interne Preisbestandteile können folglich nicht miteinander gleichgesetzt werden. Wenn sich eine Vertragspartei über das Bestehen bzw. den Umfang der Gewinnmarge der anderen Vertragspartei irrt, dann handelt es sich um einen grundsätzlich unbeachtlichen Motivirrtum, denn der Preis, inklusive seiner jeweiligen Bestandteile, ist keine verkehrswesentliche Eigenschaft im Sinne von § 119 Abs. 2 BGB.

Zudem wird der Willensentschluss bezogen auf eine bestimmte Anlage regelmäßig an einem bestimmten Anlageziel ausgerichtet und nicht an der Frage nach der internen Preisstrukturierung der (potenziellen) Vertragspartei.[629]

Daraus folgt, dass das Interesse an der Offenlegung der Gewinnmarge nicht i.S.d. § 242 BGB überwiegt.

bb) Keine Aufklärungspflicht über Gewinnmargen nach Art. 19 Abs. 1 MiFID 1-Richtlinie und Art. 26 Durchführungs-RL

Ziel der MiFID 1-Richtlinie ist es, unter anderem eine Vergleichbarkeit von bestimmten Finanzprodukten zu ermöglichen, Erwägungsgrund Nr. 4. Dabei soll der Wettbewerb gefördert werden (Erwägungsgrund Nr. 34). Interessenkonflikte von Wertpapierfirmen, die zu einem Konflikt mit Kundeninteressen führen können, sollen verhindert werden (Erwägungsgrund Nr. 29).

Aus diesen Erwägungsgründen folgt, dass gerade der Wettbewerb verbessert werden soll. Werden Informationen über die eigene interne Preisbildung, mithin über die Gewinnmarge, offengelegt, könnte ein Wettbewerber leicht unterboten und demnach aus dem Markt gedrängt werden. Die aufzulösenden Interessenkonflikte beziehen sich demnach auf andere Konflikte als das jeweilige Gewinninteresse.

Die Offenlegung der Gewinnmarge ist keine zwingende Voraussetzung, um den Wohlverhaltensregeln nach Art. 19 MiFID 1-Richtlinie zu entsprechen. In keiner europäischen Richtlinie ist, soweit ersichtlich, der Grundsatz angelegt, dass die Offenlegung der eigenen internen Preisbildung zu erfolgen hat. Würde der Richtliniengeber einen „Paradigmenwechsel"[630] im Sinne von *Köndgen* anstreben, hätte er dies deutlich zum Ausdruck bringen müssen. Der Wortlaut verlangt gerade ein professionelles Verhalten. Diese Professionalisierung muss im Gesamtsystem der Marktwirtschaft gesehen werden. In diesem System gehört es nicht zur Professionalisierung, dass die eigene Gewinnmarge offengelegt wird.

629 Vgl. OLG Bamberg, Urteil vom 07.06.2010, Az. 4 U 241/09, WM 2010, 1354 (1357 f.).

630 Vgl. *Köndgen*, Anmerkung zu BGH, Urteil vom 27.09.2011, Az. XI ZR 182/10, JZ 2012, 260 (262).

Entsprechendes gilt für Art. 26 Durchführungs-RL, der die Offenlegung von Provisionen regelt. Nach Art. 26 lit. c) Durchführungs-RL sind zudem Gebühren, welche die Erbringung der Leistung gerade ermöglichen oder dafür notwendig sind, wie beispielsweise Abwicklungs- und Handelsplatzgebühren, Verwaltungsabgaben oder gesetzliche Gebühren, von der Offenlegungspflicht ausgenommen. Dies gelte, wenn diese Gebühren wesensbedingt keine Konflikte mit der Verpflichtung der Firma hervorrufen können, im besten Interesse ihrer Kunden ehrlich, redlich und professionell zu handeln.

Folglich werden Bestandteile der internen Preisbildung, die einer professionellen Leistungserbringung insoweit immanent sind, ausgenommen. Wenn der Richtliniengeber regelt, in welchen Fällen Preisbestandteile offenzulegen sind und in welchen Fällen nicht, kann daraus geschlossen werden, dass nicht genannte interne Preisbestandteile nicht erfasst sind. Anzeichen, dass es sich insoweit um eine Regelungslücke handelt, sind nicht ersichtlich. Vielmehr spricht ein Vergleich zu anderen Richtlinien gerade dafür, dass eine Offenlegung der Gewinnmarge kein Bestandteil der Preistransparenz ist.

cc) Keine ungerechtfertigte Ungleichbehandlung

Würde eine Aufklärungspflicht von Banken bezogen auf Gewinnmargen nach § 242 BGB angenommen werden, stellt sich die Frage, warum andere Personen ihre Gewinnmarge im Rahmen eines Beratungsvertrages oder im Rahmen des Beratungselements nicht offenlegen müssen.[631] Allein die potenzielle Gefahr, dass eine Bank nicht anleger- und anlagegerecht berät, genügt nicht zur Abgrenzung und Typisierung verschiedener Beratungsfelder. Beispielsweise ist kein zwingendes Abgrenzungskriterium gegeben, warum ein Autohändler seine Gewinnmarge nicht nach § 242 BGB offenlegen muss, denn auch hier besteht die Gefahr, dass nicht überwiegend im Interesse der (potenziellen) Vertragspartei beraten wird.[632] Diese konsequente Offenlegung wird, soweit ersichtlich, von den oben genannten Befürwortern einer Offenlegung von Gewinnmargen nicht eingefordert.

Eine solche Offenlegung der Gewinnmarge widerspricht den Grundsätzen der Privatautonomie. Zu diesen gehören auch die von vornherein akzeptierten Grundkonflikte zwischen Erwerber und Veräußerer.[633]

---

631 *Spindler*, Aufklärungspflichten eines Finanzdienstleisters über eigene Gewinnmargen? – Ein „Kick-Back“ zu viel, WM 2009, 1821 (1826).

632 Vgl. *Vortmann*, Aufklärungs- und Beratungspflichten der Banken, Rdnr. 720.

633 *Loritz*, Innenprovisionen bei Kapitalanlagen, insbesondere beim Immobilienvertrieb, WM 2000, 1831; *Spindler*, Aufklärungspflichten eines Finanzdienstleisters über eigene Gewinnmargen? – Ein „Kick-Back“ zu viel, WM 2009, 1821 (1828); *Lang/Bausch*, Aufklärungspflicht über Gewinnmargen und Handelsspannen?, WM 2010, 2101 (2106 f.).

dd) *Unterscheidung zwischen Gewinnmargen, versteckten Innenprovisionen und von informationspflichtigen Rückvergütungen*

Versteckte Innenprovisionen, also nicht ausgewiesene Vertriebsprovisionen, sowie informationspflichtige Rückvergütungen sind begrifflich von Gewinnmargen zu unterscheiden. Versteckte Innenprovisionen sind offenbarungspflichtig, wenn diese die Werthaltigkeit eines Produktes negativ beeinflussen. Rückvergütungen sind offenbarungspflichtig, wenn in einem Dreipersonenverhältnis die Rückvergütung dazu führt, dass die vermittelnde Person gerade ein Interesse daran hat, dieses Finanzprodukt des Dritten zu empfehlen und somit zum „Diener zweier Herren“[634] wird.[635]

Gewinnmargen sind dagegen, unabhängig vom zugrunde liegenden Vertragstypus, dasjenige, was die Bank durch ihre Eigenleistung realisieren kann. Eine anleger- und anlagegerechte Beratung schließt nicht aus, dass die Bank einen Gewinn realisiert. Andernfalls könnte argumentiert werden, dass jeder Bankvorteil zugleich eine rechtmäßige Beratung ausschließt. Dies würde zum Ende von Bankberatungen führen.

Ferner ist, ohne eine solche Unterscheidung, eine Abgrenzung zwischen den grundrechtlich geschützten Betriebsgeheimnissen und den informationspflichtigen Preisbestandteilen nicht möglich.

d) *Schlussfolgerungen*

Weder im deutschen, noch im europäischen Zivilrecht sind Anhaltspunkte gegeben, die eine Aufklärungspflicht über die eigene interne Gewinnmarge begründen. Eine solche Information gehört nicht zum notwendigen Niveau an Preistransparenz. Daher sind die oben genannten Urteile des XI. Zivilsenates des BGH folgerichtig. Im Vertragsrecht ist keine allgemeine Aufklärungspflicht über Elemente der eigenen Gewinnmarge als Teil der eigenen internen Preisbildung gegeben.

II. Aufklärungspflicht über die eigene interne Preisbildung beim Grundstückskauf als Anlageobjekt

Fraglich ist, ob im Rahmen eines Grundstückskaufs als Anlageobjekt über die eigene interne Preisbildung aufzuklären ist.

---

634 *Spindler*, Aufklärungspflichten eines Finanzdienstleisters über eigene Gewinnmargen? – Ein „Kick-Back“ zu viel, WM 2009, 1821 (1827).

635 Vgl. *Jooß*, Rückvergütungen vs. Innenprovisionen, WM 2011, 1260 (1263); *Schwab*, Provisionen, Rückvergütungen und der legitime Erwartungshorizont des Anlagekunden, BKR 2011, 450 (451).

Wenn bei einem Immobilienprospekt eine Aufschlüsselung der einzelnen Kostenbestandteile für das Vertragsobjekt erfolgt, müssen auch Innenprovisionen angegeben werden, wenn der besondere Eindruck der Vollständigkeit dieser Aufschlüsselung erweckt wird.[636] Ein zur Verfügung gestelltes Berechnungsbeispiel bezogen auf die Kosten für das Vertragsobjekt muss daher alle relevanten Kostenfaktoren umfassen.[637] Wenn Informationen über die Preisbildung erteilt werden, dann müssen diese folglich umfänglich erteilt werden.

Sowohl der Verkäufer als auch der Käufer haben ein schutzwürdiges Interesse an der Geheimhaltung ihrer eigenen internen Preisbildung. Wenn der Käufer beispielsweise aufgrund aufwendiger Untersuchung weiß, dass sich unter dem Grundstück Bodenschätze befinden, muss er diese Erkenntnis nicht offenlegen.[638] Er muss nicht einmal eine entsprechende Vermutung offenlegen, denn ansonsten bestünde die Gefahr, dass der Verkäufer hellhörig wird und eigene Nachforschungen anstellt.[639] Würden entsprechende Informationen offengelegt werden, wäre die Verhandlungsposition des Käufers erheblich geschwächt.[640] Entweder kann er das Grundstück nicht mehr erwerben, weil der Verkäufer von seinen Verkaufsabsichten abweicht, oder der Käufer muss einen unter Umständen sehr viel höheren Kaufpreis zahlen.

Eine Ausnahme von diesem Grundsatz ist im Zusammenhang mit Innenprovisionen und der Beratung bezüglich eines Grundstückes als Anlageobjekt gegeben. Grundsätzlich muss bei Grundstückskaufverträgen nicht über die Höhe einer möglichen Innenprovision aufgeklärt werden.[641] Die interne Preisbildung ist grundsätzlich geschützt und der Vertragszweck hinsichtlich des Austauschelementes wird auch ohne eine entsprechende Aufklärung erreicht. Zwar kann sich durch die Innenprovision der Kaufpreis der Immobilie erhöhen, aber der

---

636 *Geibel*, Schadensersatz wegen verdeckter Innenprovisionen und ähnlicher Zuwendungen, ZBB 2003, 349 (355).

637 Vgl. *Loritz*, Innenprovisionen bei Kapitalanlagen, insbesondere beim Immobilienvertrieb, WM 2000, 1831 (1836); *Emmerich* in MüKo, BGB, Band 2, § 311 BGB, Rdnr. 106.

638 *Fleischer*, Informationsasymmetrie, 281.

639 *Fleischer*, Informationsasymmetrie, 281.

640 *Fleischer*, Informationsasymmetrie, 284.

641 BGH, Urteil vom 14.03.2003, Az. V ZR 308/02, NJW 2003, 1811 (1812); BGH, Urteil vom 12.02.2004, Az. III ZR 359/02, NJW 2004, 1732 (1734); *Gehrlein/Sutschet* in Beck'scher Online-Kommentar BGB, § 311 BGB, Rdnr. 81; *Loritz*, Innenprovisionen bei Kapitalanlagen, insbesondere beim Immobilienvertrieb, WM 2000, 1831 (1837); *Geibel*, Schadensersatz wegen verdeckter Innenprovisionen und ähnlicher Zuwendungen, ZBB 2003, 349 (354).

Käufer kann darüber keine Aufklärung erwarten. Dieser hat grundsätzlich keinen Anspruch, die Immobilie zum Verkehrswert zu erwerben. Ein solcher Anspruch würde eine entsprechende Vereinbarung voraussetzen. Bis zur Grenze der Sittenwidrigkeit steht es den (potentiellen) Vertragsparteien frei, den Kaufpreis selbst zu vereinbaren.[642]

Demgegenüber ist über die Innenprovision aufzuklären, wenn der Käufer die Immobilie als Anlageobjekt nutzen möchte und der Kaufpreis, unter Einpreisung der Innenprovision, so hoch ist, dass das Anlageziel nicht oder zumindest nicht vollständig erreicht werden kann.[643] Sinn und Zweck des Vertrages ist die Erzielung einer Rendite.[644] Diese Rendite ist ein wirtschaftliches Ziel des Vertrages. Bei einem Anlageobjekt werden im Vorfeld des Vertragsschlusses regelmäßig Angaben über die Renditefähigkeit gemacht. Eine hohe Innenprovision kann dazu führen, dass sich diese Renditefähigkeit als unzutreffend erweist bzw. der wirtschaftliche Sinn der Vermögensanlage infrage gestellt wird.[645] Daher ist die Tatsache einer hohen Innenprovision in diesem Fall für die Entscheidung zum Vertragsschluss durch die Gegenseite relevant, denn die Renditeerzielung kann vereitelt oder zumindest erheblich gefährdet werden.[646]

Aufgrund der Erhöhung des Kaufpreises durch die Innenprovision wird der Vertragszweck zumindest gefährdet. Dabei ist nicht die Innenprovision an sich problematisch bzw. deren Höhe, sondern die Vertragsgefährdung.[647] Wird über solche Tatsachen nicht aufgeklärt, stellt dies eine Pflichtverletzung dar.[648]

Daraus folgt, dass sich die Aufklärungspflicht über die Innenprovision, als Teil der eigenen internen Preisbildung, aus dem Beratungselement oder aus dem eigenständigen Beratungsvertrag bezogen auf die Eignung des Kaufgegenstandes als Anlageobjekt ergibt.

---

642 BGH, Urteil vom 14.03.2003, Az. V ZR 308/02, NJW 2003, 1811 (1812).

643 BGH, Urteil vom 12.02.2004, Az. III ZR 359/02, NJW 2004, 1732 (1734); *Geibel*, Schadensersatz wegen verdeckter Innenprovisionen und ähnlicher Zuwendungen, ZBB 2003, 349 (354).

644 *Weiler* in Tamm/Tonner, Verbraucherrecht, § 18, Rdnr. 49.

645 Vgl. *Weiler* in Tamm/Tonner, Verbraucherrecht, § 18, Rdnr. 49.

646 *Weiler* in Tamm/Tonner, Verbraucherrecht, § 18, Rdnr. 49; *Geibel*, Schadensersatz wegen verdeckter Innenprovisionen und ähnlicher Zuwendungen, ZBB 2003, 349 (354).

647 Vgl. *Geibel*, Schadensersatz wegen verdeckter Innenprovisionen und ähnlicher Zuwendungen, ZBB 2003, 349 (355); Im Ergebnis auch *Loritz*, Innenprovisionen bei Kapitalanlagen, insbesondere beim Immobilienvertrieb, WM 2000, 1831 (1838).

648 Vgl. BGH, Urteil vom 14.03.2003, Az. V ZR 308/02, NJW 2003, 1811 (1812); BGH, Urteil vom 26.09.1997, Az. V ZR 29/96, NJW 1998, 302.

III. Aufklärungspflicht über die eigene interne Preisbildung im Rahmen eines Prospektes am Beispiel der Mindestangaben für die Wertpapierbeschreibung für Aktien

Fraglich ist, ob über die eigene interne Preisbildung aufzuklären ist, wenn im Rahmen eines Prospektes bereits bestimmte Bestandteile der eigenen Preisbildung offengelegt werden. Durch diese weitere Aufklärungspflicht könnten die bereits angegebenen Informationen besser nachprüfbar werden. Die bereits offengelegten Preiselemente könnten in ein Verhältnis zu den übrigen Bestandteilen der eigenen internen Preisbildung gesetzt werden.

§ 5 Abs. 1 S. 1 und S. 3 WpPG enthält die Grundsätze der Prospektwahrheit und Prospektklarheit.[649] Wenn beispielsweise Erträge ausgewiesen werden, müssen diese Angaben wahr sein.[650] Ein Prospekt muss lang genug zur Verfügung gestellt werden, damit eine umfassende inhaltliche Prüfung möglich ist.[651] Dabei kommt es auf die Komplexität und den jeweiligen Schwierigkeitsgrad sowie die Verständnisfähigkeit der jeweiligen Zielgruppe an.

Bezogen auf Mindestangaben für die Wertpapierbeschreibung von Aktien folgen die besonderen Informationspflichten aus § 7 WpPG, Art. 6 Abs. 1 i.V.m. Anhang III VO (EG) 809/2004 (sog. Prospekt-DVO[652]). Um den Angebotspreis auszuweisen, muss gemäß 5.3.1. Anhang III Prospekt-DVO die Kursfestsetzung genannt werden. Wenn der Kurs nicht bekannt ist, ist die Methode der Kursberechnung anzugeben. Zudem sind Kosten und Steuern, die dem Zeichner bzw. Käufer in Rechnung gestellt werden, ebenfalls anzugeben. Nach 5.3.2. Anhang III Prospekt-DVO ist das Verfahren für die Offenlegung des Angebotskurses anzugeben. Anhang III der Prospekt-DVO enthält keine Verpflichtung, dass ein Emittent seine eigene interne Preisbildung offenlegt, wenn der Angebotspreis ausgewiesen wird. Auszuweisen sind nur Kosten und Steuern, die der Zeichner bzw. Käufer zusätzlich zum Angebotspreis leisten muss.

---

649 *Groß* in Groß, Kapitalmarktrecht, § 5 WpPG, Rdnr. 2 ff.

650 *Stackmann*, Aktuelle Rechtsprechung zum Kapitalanlagerecht, NJW 2016, 213 (215); BGH, Urteil vom 28.07.2015, Az. VI ZR 465/14 = BeckRS 2015, 15123, Rdnr. 33.

651 Vgl. OLG Düsseldorf, Az. I-16 U 230/13 = BeckRS 2014, 19556, Rdnr. 19 f.

652 Verordnung (EG) Nr. 809/2004 der Kommission vom 29. April 2004 zur Umsetzung der Richtlinie 2003/71/EG des Europäischen Parlaments und des Rates betreffend die in Prospekten enthaltenen Angaben sowie die Aufmachung, die Aufnahme von Angaben in Form eines Verweises und die Veröffentlichung solcher Prospekte sowie die Verbreitung von Werbung.

Durch eine Aufklärungspflicht über die eigene interne Preisbildung, als Teil des Willensbildungsprozesses zur Kursfestsetzung, könnte der Angebotspreis in Relation zu den anderen Prospektangaben gesetzt werden. Dadurch könnte die Wertigkeit i.S.d. § 5 Abs. 1 S. 1 WpPG umfangreicher geprüft werden. Dies würde die Prospekttransparenz erhöhen. Der Zeichner bzw. Käufer könnte Angebote besser vergleichen,[653] das Angebot näher untersuchen und dadurch seinen Willen aufgrund einer umfassenderen Informationslage bilden. Wenn bereits wichtige Teile der eigenen internen Preisbildung im Rahmen des Prospektes offengelegt werden, wäre diese vollständige Offenlegung konsequent. Das Interesse der Vertragspartei an der Geheimhaltung i.S.d. § 242 BGB ist durch die bereits erfolgte Offenlegung nicht mehr absolut. Wenn eine (potentielle) Vertragspartei schon einen Teil der eigenen internen Preisbildung preisgegeben hat, dann könnte sie auch alles preisgeben.

IV. Aufklärungspflicht über die eigene interne Preisbildung im Rahmen einer Beratungssituation unter Beachtung der besonderen Neutralität des Beratenden

Außerhalb des Bank- und Kapitalmarktrechts könnte sich eine Aufklärungspflicht über die eigene interne Preisbildung aus § 242 BGB ergeben, wenn der Berater eine besondere Neutralität für sich in Anspruch nimmt, vergleichbar zu § 311 Abs. 3 BGB. Dadurch könnte sich die Interessenslage der (potentiellen) Vertragsparteien dahin gehend verschieben, dass die eigene interne Preisbildung des Beraters offenzulegen ist, um seine Neutralitätsbekundung nachprüfen zu können.

Nach *Breidenbach*[654] ist über Tatsachen aufzuklären, die den intendierten Vertragszweck insgesamt infrage stellen. Diese Tatsachen seien für die Willensbildung der (potenziellen) Vertragspartei entscheidend, denn diese Tatsachen seien geeignet, den Vertragszweck zumindest zu gefährden. Aufgrund dieser Gefährdung seien diese Tatsachen für die Entscheidung der (potenziellen) Vertragspartei von wesentlicher Bedeutung.

Busch[655] führt aus, dass dieser Vertragszweck eng zu verstehen ist. Er sei auf die Durchführung des Leistungsaustausches begrenzt. Demnach seien Informationen zu erteilen, die sich auf Umstände beziehen, welche die wirtschaftliche Durchführbarkeit von vornherein in rechtlicher oder tatsächlicher Weise infrage stellen. Wei-

---

653 Vgl. *Kullmann/Sester*, Inhalt und Format von Emissionsprospekten nach dem WpPG, ZBB 2005, 209 (213).

654 *Breidenbach*, Die Voraussetzungen von Informationspflichten beim Vertragsschluss, 67 f.

655 *Busch*, Informationspflichten im Wettbewerbs- und Vertragsrecht: Parallelen in UWG und im BGB, 131.

tere etwaige Vertragszwecke, welche die (potenziellen) Vertragsparteien subjektiv herbeiführen wollen, seien demnach von dieser engen Erfassung ausgenommen.

Die Hervorhebung einer besonderen Neutralität kann eine Vertrauenserwartung erzeugen. Eine entsprechende Vertrauenserwartung gegenüber einem Dritten wird nach § 311 Abs. 3 BGB geschützt.[656] Um diese besondere Vertrauenserwartung zu rechtfertigen, reicht die reine Neutralitätsbekundung nicht aus. Daher kann im Rahmen der Interessenabwägung nach § 242 BGB der besonderen Neutralitätsbekundung eine Auskunftspflicht gegenübergestellt werden. Dadurch kann die unwissende Vertragspartei die Preisbildung des neutralen Beraters nachprüfen. Daraus folgt, dass ein Berater, der eine besondere Neutralität für sich in Anspruch nimmt, diese auch durch die Offenlegung seiner eigenen internen Preisbildung nachweisen muss. Dadurch würde die Entlohnungsstruktur aufgezeigt werden.[657] Ein Gebrauchtwagenverkäufer müsste beispielsweise den Ankaufspreis für ein Fahrzeug offenlegen.

V. Aufklärungspflicht über die eigene interne Preisbildung im Rahmen von Monopolen

Im Gegensatz zur Preisbildung auf Märkten, bei denen sich Preise durch einen Wettbewerb bilden, besteht im Rahmen von Märkten ohne preisbildenden Wettbewerb, beispielsweise bei behördlich festgelegten Preisen oder bei überragender Marktstellung des Unternehmens, eine Aufklärungspflicht nach § 242 BGB, wenn der eigene Preis nicht angemessen ist.[658] Diese Angemessenheit des Preises kann anhand eines objektiven Vergleiches zwischen dem vom Unternehmen geforderten Preis und dem behördlich festgesetzten Preis ermittelt werden. Zudem kann bei Monopolisten ein Vergleich mit einem anderen Anbieter auf einem anderen – aber vergleichbaren – Markt stattfinden.[659]

Über die Preisangemessenheit hinaus könnte ein Monopolist eine zusätzliche Aufklärungspflicht gegenüber einer privatrechtlichen Vertragspartei über die eigene interne Preisbildung haben.

Um das Ziel zu erreichen, den staatlich festgesetzten Preis einzuhalten, ist es nicht notwendig, über die eigene interne Preisbildung aufzuklären. Dies ist nicht

---

656 *Emmerich* in MüKo, BGB, Band 2, § 311 BGB, Rdnr. 172 ff.

657 Vgl. zum grds. fehlenden Altruismus von Beratern: *Brocker/Klebeck*, Rückvergütungen an „unabhängige" Anlageberater und Haftung beteiligter Dritter, ZIP 2010, 1369 (1373).

658 Vgl. *Armbrüster* in MüKo, BGB, Band 1, § 119 BGB, Rdnr. 131; *Fleischer*, Informationsasymmetrie, 359 f.

659 Vgl. *Armbrüster* in MüKo, BGB, Band 1, § 119 BGB, Rdnr. 131.

erforderlich, denn die Einhaltung des festgesetzten Preises kann auch ohne diese Information erreicht werden. Sinn und der Zweck der Aufklärung über die Angemessenheit ist nicht, die eigene interne Preisbildung zu erläutern.[660]

Demgegenüber könnte eine solche Aufklärungspflicht dazu beitragen, ein Monopol aufzulösen.[661] Dabei ist das Grundrecht auf Geheimhaltung der Geschäfts- und Betriebsgeheimnisse gegenüber der Offenlegung abzuwägen. Ein Monopolist muss nicht fürchten, dass er aufgrund einer erhöhten Markttransparenz verdrängt wird. Jedoch muss er befürchten, dass er seine Monopolstellung verliert. Durch die Offenlegung der eigenen internen Preisbildung wird der geforderte Preis nachvollziehbar. Während auf einem Markt mit einem funktionierenden Wettbewerb eine solche Objektivierung durch einen Preisvergleich oder eine unabhängige Stelle erfolgen kann, ist dies bei einem Monopolisten im jeweiligen Monopolgebiet nicht möglich. Wird ein Wettbewerb durch die Offenlegung der eigenen internen Preisbildung geschaffen, dann ist dies im Sinne von Art. 102 Abs. 1 AEUV, § 1 GWB.

Ferner kann durch eine solche Aufklärungspflicht ein Machtmissbrauch im Sinne von § 138 Abs. 1 BGB verhindert werden. Das Selbstbestimmungsrecht der (potentiellen) Vertragsparteien ist hierbei stark beeinträchtigt, denn es besteht grundsätzlich nur die Möglichkeit, einen Vertrag nicht abzuschließen.[662] Im Bereich der Grundversorgung ist selbst diese Möglichkeit nur von theoretischer Natur. Zwar können Monopolisten ggf. überregional verglichen werden, aber anschließend ist zu prüfen, ob der höhere Preis im Monopolgebiet durch besondere Umstände gerechtfertigt ist.[663]

Um den Preis eines Monopolisten nachvollziehbarer zu machen, als Faktor der Preistransparenz, ist daher eine Aufklärungspflicht nach § 242 BGB über die eigene interne Preisbildung anzuerkennen.

VI. Aufklärungspflicht über die eigene interne Preisbildung im Rahmen eines komplexen Preisbildungsprozesses bei einem Unternehmenskaufvertrag

Fraglich ist, ob bei komplexen Preisbildungen, bei welchen bestimmte Preisbestandteile ohnehin offenzulegen sind, aufgrund eines Alles-oder-Nichts-Prinzips

---

660 Vgl. *Fleischer*, Informationsasymmetrie, 359 f.

661 Vgl. BVerwG, Beschluss vom 15.08.2003, AZ. 20 F 9.03, MMR 2003, 729 (731).

662 Vgl. *Sack/Fischinger* in Staudinger, BGB, Buch 1, Allgemeiner Teil 4a, § 138 BGB, Rdnr. 266.

663 *Sack/Fischinger* in Staudinger, BGB, Buch 1, Allgemeiner Teil 4a, § 138 BGB, Rdnr. 296.

über die gesamte eigene interne Preisbildung aufzuklären ist. Als Beispiel für eine komplexe Preisbildung, die zu einer Aufklärungspflicht führen könnte,[664] wird ein Unternehmenskaufvertrag untersucht.

1. Objektivierung des Unternehmenswertes als Vorstufe zur eigenen Preisbildung

Im Rahmen eines Unternehmenskaufs kommt der Ermittlung eines objektivierten Unternehmenswertes eine wichtige Bedeutung zu.[665] Die unterschiedlichen Interessen und Zielvorstellungen zwischen dem Käufer und dem Verkäufer über die Werthaltigkeit des Unternehmens führen dazu, dass ein Wert zu ermitteln ist, der so weit wie möglich von subjektiven Merkmalen und individuellen Gegebenheiten unabhängig sein sollte.[666]

Der Wert eines Unternehmens ist nicht mit dem Kaufpreis identisch.[667] Die Ermittlung des Unternehmenswertes dient dazu, die Kaufpreisfindung zu erleichtern.[668] Zudem dient die Unternehmensbewertung dazu, bestimmten Faktoren, die sich kaum exakt bemessen lassen, anhand objektiver Kriterien handhabbar zu machen, beispielsweise die Frage nach der Marktstellung des Unternehmens oder der Qualität eines Produktes.[669]

Durch nachvollziehbare Kriterien ist eine objektive Wertermittlung möglich, die für alle (potentiellen) Vertragsparteien eine Beratungs- und Vermittlungsfunktion hat.[670] Durch diese ist es möglich, den Grenzpreis, als Bestandteil der eigenen internen Preisbildung, sowohl für den Verkäufer als auch für den Käufer aufzuzeigen und

---

664 Vgl. *Bachmann* in MüKo, BGB, Band 2, § 241 BGB, Rdnr. 124 a.

665 *Beisel* in Beisel/Klumpp, Der Unternehmenskauf, § 2 Due Diligence, Rdnr. 1 ff.

666 *Schindler* in Beisel/Klumpp, Der Unternehmenskauf, § 3 Unternehmensbewertung, Rdnr. 1 ff.; *Oltmanns* in Dauner-Lieb/Langen, BGB, Anhang III zu §§ 433–480: Unternehmenskauf – Gesellschafts- und Steuerrecht, Rdnr. 22.

667 *Oltmanns* in Dauner-Lieb/Langen, BGB, Anhang III zu §§ 433–480: Unternehmenskauf – Gesellschafts- und Steuerrecht, Rdnr. 25; *Schindler* in Beisel/Klumpp, Der Unternehmenskauf, § 3 Unternehmensbewertung, Rdnr. 3.

668 *Oltmanns* in Dauner-Lieb/Langen, BGB, Anhang III zu §§ 433–480: Unternehmenskauf – Gesellschafts- und Steuerrecht, Rdnr. 25; *Schindler* in Beisel/Klumpp, Der Unternehmenskauf, § 3 Unternehmensbewertung, Rdnr. 5.

669 *Krüger/Kalbfleisch*, Due Diligence bei Kauf und Verkauf von Unternehmen, DStR 1999, 174 (175); *Schindler* in Beisel/Klumpp, Der Unternehmenskauf, § 3 Unternehmensbewertung, Rdnr. 5.

670 *Krüger/Kalbfleisch*, Due Diligence bei Kauf und Verkauf von Unternehmen, DStR 1999, 174 (175); *Schindler* in Beisel/Klumpp, Der Unternehmenskauf, § 3 Unternehmensbewertung, Rdnr. 6.

einen potenziellen Vertragsschluss vorzubereiten.[671] Ausgehend vom Verkäufer ist der Grenzpreis der unterste Preis, zu dem er gerade noch das Unternehmen verkaufen würde. Aus Sicht des Käufers ist dies der höchste Preis, zu dem er gerade noch das Unternehmen kaufen würde. Wenn diese Information über den Grenzwert der (potentiellen) Vertragspartei jeweils bekannt ist kann die andere (potentielle) Vertragspartei entscheiden, ob der verhandelte Kaufpreis akzeptabel ist oder nicht.[672]

Eine gesetzliche Vorgabe, welche Bewertungsmethode zur Wertermittlung heranzuziehen ist, existiert, soweit ersichtlich, nicht. In der Regel werden mehrere Gutachten, auf Grundlage unterschiedlicher Bewertungsmethoden, angefertigt und dann ein Mittelwert berechnet.[673] Dieser Mittelwert könne für die beteiligten (potentiellen) Vertragsparteien als Kaufpreis akzeptiert werden. Können sich die (potentiellen) Vertragsparteien nicht auf einen Kaufpreis einigen, könnte ein Dritter im Sinne von § 317 BGB mit der Bestimmung beauftragt werden.[674]

2. Due Diligence zur Ermittlung von Motiven zur eigenen internen Preisbildung

Die Durchführung einer sog. Due Diligence durch den potenziellen Käufer könnte die eigene interne Preisbildung des Verkäufers transparenter machen. Motive, welche die jeweilige interne Preisbildung beeinflussen, könnten nachvollziehbarer bzw. objektiviert werden. Der potenzielle Käufer verschafft sich dabei (sehr viel) detailliertere Informationen über den potenziellen Kaufgegenstand als im Rahmen anderer Austauschverträge.

Der Käufer soll sich dadurch einen Überblick über die Werthaltigkeit der Unternehmensbestandteile verschaffen.[675] Diese Untersuchung ist Teil eines mehrstufigen Prozesses der Entscheidungsfindung und der eigenen internen Preisbildung.[676] Die Ergebnisse der Due Diligence beeinflussen unmittelbar den

---

671 *Krüger/Kalbfleisch*, Due Diligence bei Kauf und Verkauf von Unternehmen, DStR 1999, 174 (176); *Schindler* in Beisel/Klumpp, Der Unternehmenskauf, § 3 Unternehmensbewertung, Rdnr. 6.

672 Vgl. *Schindler* in Beisel/Klumpp, Der Unternehmenskauf, § 3 Unternehmensbewertung, Rdnr. 6.

673 *Schindler* in Beisel/Klumpp, Der Unternehmenskauf, § 3 Unternehmensbewertung, Rdnr. 91 f.

674 *Schindler* in Beisel/Klumpp, Der Unternehmenskauf, § 3 Unternehmensbewertung, Rdnr. 19.

675 *Beisel* in Beisel/Klumpp, Der Unternehmenskauf, § 2 Due Diligence, Rdnr. 4.

676 Vgl. *Geibel* in Geibel/Süßmann, Wertpapiererwerbs- und Übernahmegesetz, § 10 WpÜG, Rdnr. 8.

Geschäftswillen des Käufers hinsichtlich der Frage, ob er dieses konkrete Zielunternehmen kaufen möchte und hinsichtlich seiner Willensbildung, in welcher Höhe er bereit ist, den Kaufpreis zu leisten.[677]

Dabei werden nicht Informationen über die eigene interne Preisbildung selbst offengelegt, sondern Informationen, die eine solche ermöglichen. Diese Informationen nimmt der Käufer in seinen Willensbildungsprozess auf. Ändern sich Umstände zwischen dem Abschluss der Vertragsverhandlungen und dem tatsächlichen Vertragsschluss, muss der Verkäufer den Käufer hierüber informieren.[678] Etwaige Mängel können beispielsweise durch einen Preisabschlag kompensiert werden.[679]

Die Ermittlung des Wertes, den der Käufer dem Zielunternehmen beimisst, entscheidet über den Grenzpreis für den Erwerb.[680] Durch eine Due Diligence werden die (potentiellen) Vertragsparteien daher in der vertraglichen Preisfestlegung unterstützt. Informationen für die eigene interne Preisbildung werden zur Verfügung gestellt, sodass für die (potentiellen) Vertragsparteien ersichtlich wird, welche Preisvorstellungen gegeben sind. Je genauer ein Käufer das Zielunternehmen untersucht hat, umso deutlicher wird für ihn der Wert als Grundlage des Kaufpreises. Sowohl der Verkäufer als auch der Käufer können ihre Verhandlungspositionen, insbesondere mit Blick auf den Kaufpreis, stärken, wenn das Zielunternehmen untersucht worden ist. Unter Umständen kann der Käufer den Kaufpreis leichter herunter verhandeln, wenn er Mängel aufzeigt. Demgegenüber kann der Verkäufer an seinen Vorstellungen festhalten, wenn durch die Due Diligence keine negativen Faktoren bekannt geworden sind.

3. Der letzte Schritt, um die Preisbildung der Gegenseite jeweils zu durchleuchten: „Alles-oder-Nichts“

Eine Due Diligence hilft zwar, den Unternehmenswert zu ermitteln, um den eigenen Preis im Rahmen des Willensbildungsprozesses zu bilden, allerdings wird dadurch noch nicht die eigene interne Preisbildung der Gegenseite offengelegt. Nachdem bereits unter Umständen umfangreiche Informationen über die Wertig-

---

677 *Kiethe*, Vorstandshaftung aufgrund fehlerhafter Due Diligence beim Unternehmenskauf, NZG 1999, 976 (977); *Beisel* in Beisel/Klumpp, Der Unternehmenskauf, § 2 Due Diligence, Rdnr. 4 f.; *Fleischer/Körber*, Due diligence und Gewährleistung beim Unternehmenskauf, BB 2001, 841 (842); *Hörmann* in FS Pöllath & Partner, 135.

678 *Fleischer/Körber*, Due diligence und Gewährleistung beim Unternehmenskauf, BB 2001, 841 (843).

679 *Fleischer/Körber*, Due diligence und Gewährleistung beim Unternehmenskauf, BB 2001, 841 (847).

680 *Behringer*, Unternehmensbewertung der Mittel- und Kleinbetriebe, 55.

keit des Zielobjekts offengelegt worden sind, könnte zum Abschluss der Untersuchung des Zielobjekts eine Aufklärungspflicht nach § 242 BGB über die eigene interne Preisbildung nach dem „Alles-oder-Nichts“-Prinzip bejaht werden. Diese Offenlegung würde eine weitere Objektivierung des Erwerbsvorganges zur Folge haben.

Im Rahmen der komplexen Preisbildung würde diese Aufklärungspflicht jeweils für beide (potenziellen) Vertragsparteien gelten. Dies bedeutet, dass sowohl der potenzielle Käufer die eigene interne Preisbildung des Verkäufers durchleuchten kann, als auch der Verkäufer die eigene interne Preisbildung des Käufers. Beide (potentiellen) Vertragsparteien müssten sich über ihre jeweiligen Einpreisungen erklären. Dabei könnte ein zur Verschwiegenheit verpflichteter Dritter im Sinne von § 317 BGB eingeschaltet werden.

Diese gegenseitige Aufklärungspflicht nach § 242 BGB ist dabei die Fortführung der Interessen der (potentiellen) Vertragsparteien, welche überhaupt zur bereits vorgenommenen Durchleuchtung des Zielobjekts geführt haben. Durch den nächsten Schritt, die Offenlegung der eigenen internen Preisbildung, würde das Niveau an Preistransparenz erhöht werden. Durch dieses erhöhte Niveau an Preistransparenz könnten Folgestreitigkeiten aufgrund der Einpreisung des Zielobjekts bzw. von Teilen des Zielobjekts vermieden werden. Wenn eine potentielle Vertragspartei die andere potentielle Vertragspartei bereits aufgrund einer Due Diligence weitgehend durchleuchtet hat, dann ist die Offenlegung der eigenen internen Preisbildung lediglich der letzte Schritt zur insoweit vollständigen Transparenz.

Daraus folgt, dass bei komplexen Preisbildungsprozessen aufgrund der bereits erfolgten Durchleuchtung der Wertbestände eine gegenseitige Aufklärungspflicht nach § 242 BGB über die eigene interne Preisbildung angenommen werden kann.

VII. Aufklärungspflicht über die eigene interne Preisbildung im Verhältnis zu Dritten – zulässige Preisdifferenzierungen und dynamische Preisgestaltungen

Durch den Eintritt in Vertragsverhandlungen werden regelmäßig nur diejenigen verpflichtet, die Vertragspartei werden sollen.[681] Fraglich ist, ob eine Aufklärungspflicht nach § 242 BGB gegenüber Dritten besteht, um die Preistransparenz zu fördern. Diese Aufklärungspflicht würde auf das proaktive Erläutern von Preisen hinauslaufen.

---

681 *Medicus*, BGB AT, Rdnr. 456.

1. Zulässige Preisdifferenzierung gegenüber einer potenziellen Vertragspartei

Fraglich ist zunächst, ob eine Aufklärungspflicht nach § 242 BGB gegenüber einer potenziellen Vertragspartei besteht, um auf unterschiedliche eigene interne Preisbildungen im Rahmen verschiedener Vertriebswege hinzuweisen. Als Beispiel hierfür dient der Vertrieb von Bahnfahrkarten der Deutschen Bahn. Die Deutsche Bahn bietet verschiedene Möglichkeiten an, eine Fahrkarte zu erwerben.[682] Eine „One-Price-Doktrin"[683] ist nicht gegeben. Daher könnte eine Fahrkarte für eine bestimmte Strecke, je nach Vertriebsweg, unterschiedlich eingepreist werden. Wählt ein potenzieller Kunde einen Vertriebsweg, der zu einem höheren Preis führt als ein anderer Vertriebsweg, könnte eine Aufklärungspflicht nach § 242 BGB dahin gehend gegeben sein, auf den günstigeren Vertriebsweg hinzuweisen. Diese Hinweispflicht würde dazu führen, dass der Verkäufer von sich aus über die jeweils für die andere (potentielle) Vertragspartei günstigste Preisgestaltung aufklären müsste.

Wie bereits gezeigt, muss sich eine (potentielle) Vertragspartei grundsätzlich selbst über die Marktgegebenheiten informieren. Die Preisdifferenzierung zwischen verschiedenen Vertriebswegen ist zulässig, denn es handelt sich jeweils um ein bestimmtes Entgelt für eine bestimmte Leistung.[684] Unternehmen könnten im Rahmen ihrer betriebswirtschaftlichen Kalkulationen einen höheren Kostenaufwand für einen Vertriebsweg durch ein höheres Entgelt für diesen Vertriebsweg einpreisen. Dieses Gebot der Wirtschaftlichkeit ist ein sachlicher Rechtfertigungsgrund im Sinne von § 3 Abs. 2 AGG.[685]

Eine entsprechende Informationspflicht würde die Willensfreiheit der preisbildenden (potentiellen) Vertragspartei einschränken. Zwar könnte sie sich ihren Willen immer noch frei bilden, allerdings wäre sie nicht mehr vollkommen frei beim Zustandekommen des Vertrages, denn sie müsste ungefragt auf den günstigeren Preis hinweisen. Eine solche Rechtspflicht würde ihr eigenes unternehmerisches Interesse unberücksichtigt lassen und wiederum in ihre freie Preisgestaltung eingreifen. Für diesen Eingriff besteht kein Anlass, denn die Abkehr von dem

682 Vgl. VGH Kassel, Urteil vom 14.09.2010, Az. 2 A 1337/10 = BeckRS 2010, 52898.
683 Vgl. *Tiffe*, Die Zulässigkeit von Bearbeitungsgebühren bei Verbraucherdarlehen, VuR 2012, 127.
684 Vgl. Hessischer VGH, Urteil vom 14.09.2010, Az. 2 A 1337/10, Rdnr. 33 f. (zitiert nach Juris).
685 Vgl. Hessischer VGH, Urteil vom 14.09.2010, Az. 2 A 1337/10, Rdnr. 32 ff. (zitiert nach Juris).

Grundsatz, dass sich jede (potentielle) Vertragspartei selbst informieren muss, würde zwar zur größtmöglichen Preistransparenz beitragen, wäre aber unverhältnismäßig zulasten der preisbildenden (potentiellen) Vertragspartei. Das deutsche und europäische Privatrecht kennt keinen Grundsatz, dass eine Vertragspartei jeweils, bei verschiedenen Vertriebswegen, das niedrigste Entgelt zu leisten hat. Selbst im Rahmen eines Vertriebsweges ist es möglich, dass verschiedene Vertragsparteien zur Zahlung unterschiedlicher Preise verpflichtet sind. Es liegen jeweils unterschiedliche Verträge aufgrund unterschiedlicher privatautonomer Willensentscheidungen vor.

Daraus folgt, dass sich die preisbildende (potentielle) Vertragspartei, unter Beachtung von § 19 AGG, ihren Willen jeweils neu bilden kann und darf. Dementsprechend ist für die Preistransparenz zu differenzieren. Vorgaben des formellen Preisrechts zur Preistransparenz gelten sowohl gegenüber Vertragsparteien als auch gegenüber Dritten. Der konkrete Preis i.S.d. Preistransparenz ist jedoch jeweils privatautonom zu vereinbaren. Zudem müssen Vorgaben des formellen Preisrechts, beispielsweise aufgrund der PAngV, unabhängig von einem konkreten schuldrechtlichen Vertrag beachtet werden. Individualvertragliche Vereinbarungen zur Preistransparenz gelten wiederum aufgrund der Relativität der Schuldverhältnisse nur zwischen den jeweiligen Vertragsparteien.

Im Rahmen der Informationspflichten nach Art. 5 Abs. 1 lit. c), Art. 6 Abs. 1 lit. e) VRRL werden keine Informationen bezüglich unterschiedlicher Preisgestaltungen im Rahmen von unterschiedlichen Vertriebswegen statuiert. Ferner enthält die VRRL keine Vorgaben, welche die Preistransparenz gegenüber Dritten regelt.

Daraus folgt, dass eine (potentielle) Vertragspartei nicht nach § 242 BGB über unterschiedliche eigene interne Preisbildungen, welche zu unterschiedlichen vertraglichen Preisfestsetzungen führen können, Auskunft erteilen muss.

2. Dynamische Preisgestaltungen gegenüber verschiedenen Kunden

Soweit ersichtlich, ist eine dynamische Preisgestaltung jedenfalls noch nicht verboten.[686] Aus dem Grundsatz der Relativität der Schuldverhältnisse und aus der Tatsache, dass es keine „One-Price-Doktrin"[687] gibt, folgt, dass jedes Schuldver-

686 Vgl. *Wilkens*, Grauzone im Internet: Individuelle Preise heftig umstritten, abrufbar unter: „http://www.heise.de/newsticker/meldung/Grauzone-im-Internet-Individuelle-Preise-heftig-umstritten-3089243.html" (zuletzt abgerufen am 25.03.2016).

687 Vgl. *Tiffe*, Die Zulässigkeit von Bearbeitungsgebühren bei Verbraucherdarlehen, VuR 2012, 127.

hältnis unterschiedlich zu betrachten ist und unterschiedlich ausgestaltet werden kann. Daher kann ein Kaufobjekt verschiedenen Interessenten zu unterschiedlichen Preisen zur Verfügung gestellt werden. Eine dynamische Preisgestaltung ist ein Ausfluss der Privatautonomie.

3. Aufklärungspflicht über die unterschiedliche Preisgestaltung an sich

Um der potenziellen Vertragspartei die unterschiedliche Preisgestaltung innerhalb unterschiedlicher Vertriebswege bzw. aufgrund einer dynamischen Preisgestaltung an sich zu verdeutlichen, könnte eine Aufklärungspflicht nach § 242 BGB darüber angenommen werden. Dadurch könnte die potenzielle Vertragspartei zumindest darauf hingewiesen werden, dass die eigene interne Preisbildung der Gegenseite differenziert erfolgt. Dies könnte den Willensentschluss beeinflussen, um möglicherweise einen anderen Vertriebsweg zu wählen oder zumindest mit dem Erwerbsvorgang zu warten, bis sich ein Preis wieder nach unten entwickelt hat.

Ein Beispiel hierfür ist die Markttransparenzstelle für den Großhandel mit Strom und Gas, § 47k Abs. 1 S. 1 GWB.[688] Dieses Informationssystem führt zu einer Erhöhung der Markttransparenz durch eine Objektivierung auf dem relevanten Markt. Diese Erhöhung führt wiederum zu einer Erhöhung der Preistransparenz im Rahmen der jeweiligen Schuldverhältnisse, denn die Vergleichsmöglichkeiten für die potenzielle Vertragspartei werden erhöht. Insbesondere durch standardisierte Meldeformen sollen die Preisinformationen systematisch und einheitlich dargestellt werden, §§ 47k Abs. 5 S. 2 i.V.m. Abs. 8 Nr. 5 GWB.[689] *Knauff* sieht in dem Regelungsmodell zur Benzinpreistransparenz bereits den Nukleus eines „Preistransparenzrechts".[690]

Die Einrichtung dieser Markttransparenzstelle ist nicht mit einer Aufklärungspflicht über die eigene unterschiedliche Preisgestaltung verbunden worden. Jedoch würde eine entsprechende Aufklärungspflicht dem Sinn und Zweck der Markttransparenzstelle entsprechen.

Daraus folgt, dass bei unterschiedlichen Preisgestaltungen aufgrund verschiedener Vertriebswege bzw. bei dynamischen Preisgestaltungen eine Aufklärungspflicht nach § 242 BGB darüber anzunehmen ist, dass die eigene Preisgestaltung überhaupt unterschiedlich sein kann.

---

688 BGBl. I, 2012, S. 2403.

689 Siehe dazu die Verordnung zur Markttransparenzstelle für Kraftstoffe (MTS-Kraftstoff-Verordnung) vom 22. März 2013, BGBl I, 2013, 959.

690 *Knauff*, Staatliche Benzinpreiskontrolle, NJW 2012, 2408 (2412).

VIII. Schlussfolgerungen

Wie gezeigt, kann eine Aufklärungspflicht nach § 242 BGB über die eigene interne Preisbildung in bestimmten Fallgruppen anerkannt werden. Aus den untersuchten Bereichen kann jedoch nicht die allgemeine Regel abgeleitet werden, dass über die eigene interne Preisbildung immer aufzuklären ist. Grundsätzlich muss über die eigene interne Preisbildung keine Information erteilt werden und es sind keine Warnhinweise nötig.

Nur wenn der Vertragszweck aufgrund der eigenen internen Preisbildung konterkariert wird oder hierfür die Gefahr gegeben ist, sind entsprechende Aufklärungspflichten ausnahmsweise angezeigt. Die Offenlegung ist in diesen Fällen von erheblicher Bedeutung für die unwissende (potentielle) Vertragspartei. Nur durch diese Offenlegung kann der insoweit unverhältnismäßige Informationsvorteil ausgeglichen werden. Daher ist diese Offenlegungspflicht interessengerecht gemäß § 242 BGB.

Daneben sind Fallgruppen i.S.d. § 242 BGB denkbar, in denen die eigene interne Preisbildung der Gegenseite einen entscheidenden Einfluss auf den Willensbildungsprozess einer potenziellen Vertragspartei haben kann. Diese Fälle sind dadurch gekennzeichnet, dass eine punktuelle Durchleuchtung der Preisbildung nicht ausreichend ist, wichtige Teile der Preisbildung ohnehin schon offengelegt worden sind, ein besonderes neutrales Vertrauen in Anspruch genommen wird, kein Preiswettbewerb herrscht, eine Durchleuchtung der Preisbildungsvoraussetzungen bereits stattgefunden hat oder dass eine dynamische Preisgestaltung durch die preisbildende (potentielle) Vertragspartei genutzt wird. In diesen Fällen ist eine Aufklärungspflicht über die eigene interne Preisbildung jeweils zu fordern, um das notwendige Niveau an Preistransparenz zu erreichen.

Das Geheimhaltungsinteresse einer (potentiellen) Vertragspartei bezogen auf die eigene interne Preisbildung muss im Rahmen der Interessensabwägung nach § 242 BGB dabei zurücktreten. Alle Marktteilnehmer müssen diese Informationen offenlegen, sodass insoweit kein Wettbewerbsvorteil mehr gegeben ist. Das Interesse der (potenziellen) Vertragspartei an einer entsprechenden Aufklärungspflicht durch die Gegenseite überwiegt. Für den eigenen Willensbildungsprozess ist die interne Preisbildung der Gegenseite dabei von entscheidender Bedeutung, um eine rational-kritische informierte Entscheidung treffen zu können. Eine (potentielle) Vertragspartei kann dann entweder Abstand von dem Vertragsschluss nehmen oder den Vertrag, unter Einbeziehung aller relevanten Informationen, abschließen.

Neben der Informationsoffenlegung bezogen auf die eigene interne Preisbildung ist die (potenzielle) Vertragspartei ausdrücklich über die offenzulegenden

Preiselemente aufzuklären. Dadurch können Fehlvorstellungen im Rahmen des Willensbildungsprozesses vermieden werden. Das Niveau an Preistransparenz wird dadurch jeweils erhöht werden.

1. Punktuelle Offenlegung der problematischen Preisbestandteile und damit verbundene Warnungen

In keinem Rechtsbereich, der in den vorherigen Kapiteln untersucht wurde, ist die gesamte interne Preisbildung einer (potenziellen) Vertragspartei offenzulegen. Sinn und Zweck der jeweiligen Anforderung an das Transparenzgebot ist der Abbau der Informationsasymmetrie zwischen den (potenziellen) Vertragsparteien, ohne dass damit die „Durchsetzung informationeller Höchststandards“[691] zum reinen Vorteil einer Vertragspartei umfasst ist. Diese punktuelle Offenlegung der eigenen internen Preisbildung wird im Folgenden als klassisches Informationsmodell bezeichnet.

a) *Klassisches Informationsmodell*

Der Begriff der Kosten und Interessen der Vertragspartei ist im BGB jeweils geprägt von individuellen Interessen.[692] Zudem sind die Handlungsfreiheit der (potentiellen) Vertragsparteien nach Art. 2 Abs. 1 GG und die Unternehmerfreiheit nach Art. 12 Abs. 1 GG zu beachten. Daraus folgt, dass grundsätzlich keine vollständige Preistransparenz gegeben ist, die zu einer Durchleuchtung der eigenen internen Preisbildung einer Vertragspartei führt. Durch Vorgaben zur Preistransparenz nach dem klassischen Informationsmodell soll ein informationeller Mindeststandard zwischen den (potenziellen) Vertragsparteien bzw. gegebenenfalls gegenüber Dritten erreicht werden.[693] Dies schließt nicht aus, dass sich (potentielle) Vertragsparteien auf die Offenlegung aller Informationen einigen, wenn eine entsprechende Gegenleistung gegeben ist und dadurch ein individueller Anreiz geschaffen wird.

Art. 23 Abs. 1 VO (EG) 1008/2008, der genaue Vorgaben zur Preistransparenz enthält, fordert unter anderem, dass der Flugpreis offengelegt wird. Wenn bestimmte, in der Vorschrift genannte Kostenfaktoren diesem zugerechnet werden, sind diese ebenfalls offenzulegen. Das bedeutet, dass andere eigene interne Kostenfaktoren, die den Endpreis beeinflussen können, nicht offengelegt werden

691 *Ihle*, Der Informationsschutz des Versicherungsnehmers, 472.

692 *Flatow*, Die energetischen Anforderungen an das Wohnen heute und morgen, NZM 2008, 785 (792).

693 Vgl. *Ihle*, Der Informationsschutz des Versicherungsnehmers, 127.

müssen. Dabei handelt es sich um interne Kosten aus dem Machtbereich der Luftfahrtunternehmen. Art. 22 Abs. 1 VO (EG) 1008/2008 statuiert, dass Luftfahrtunternehmen ihre Flugpreise und Frachtraten grundsätzlich frei festlegen können. Innerhalb des IV. Kapitels über Bestimmungen zur Preisfestsetzung der VO (EG) 1008/2008 ist keine Pflicht gegeben, die Preisberechnungsmethode zur eigenen internen Preisbildung, also die interne Kalkulation, offenzulegen. Wenn demnach in einem Markt mit einer festgelegten hohen Preistransparenz keine Anforderung an die vollständige Offenlegung von Informationen bezüglich der Preistransparenz gegeben ist, kann dies erst recht nicht für Märkte mit einem niedrigeren Vorgabenniveau zur Preistransparenz gelten.

Preistransparenz bedeutet nicht, dass Klarheit und Wahrheit bezogen auf alle Kosten, die im Umfeld des Vertragsabschlusses oder der Vertragsdurchführung entstehen können, gegeben sein muss. Preistransparenz ist darauf bezogen, welche Kosten sich aus dem Vertragsabschluss ergeben können. Wie bereits ausgeführt, kommt es auf die Transparenz der vertraglichen Leistungspflichten an. Bietet beispielsweise eine Vertragspartei im Rahmen eines Fernabsatzgeschäftes an, dass der Vertragsgegenstand im stationären Einzelhandel abgeholt werden kann, muss nicht darauf hingewiesen werden, dass für die Anreise regelmäßig Kosten anfallen können. Diese zusätzlichen Kosten ergeben sich nicht aufgrund einer vertraglichen Leistungspflicht.

Bezogen auf den Verbraucherschutz, könnte dem im Gemeinschaftsprivatrecht vorherrschenden klassischen Informationsmodell auch ohne eine vollständige Preistransparenz entsprochen werden. Der aufzuklärende Homo oeconomicus soll mit ausreichenden Informationen versorgt werden, damit er am Markt teilnehmen und eine mündige Entscheidung treffen kann.[694] Dazu muss er nach dem klassischen Informationsmodell nicht die eigene interne Preisbildung der Gegenseite durchleuchten können.

Auch im Bereich des Anlegerschutzes wird (bisher) lediglich auf ausreichende und nicht allumfassende Informationsoffenlegung abgestellt. Der (potenzielle) Anleger muss, auch nach den Erhöhungen der Transparenzanforderungen im Rahmen des Honoraranlegerberatungsgesetzes, nicht über alle Aspekte der eigenen internen Preisbildung der Gegenseite informiert werden. Informationen müssen nur so weit zur Verfügung gestellt werden, dass der (potenzielle) Anleger auf informierter Grundlage eine Anlageentscheidung treffen kann.[695]

694 *Tamm* in Tamm/Tonner, Verbraucherrecht, § 1, Rdnr. 25.

695 Noch ist abschließend nicht geklärt, wie weit die Preistransparenz im Sinne der geplanten VO (EU) Nr. 1286/2014 des Europäischen Parlaments und des Rates vom 26.11.2014 über Basisinformationsblätter für verpackte Anlageprodukte für

b) *Beispiele für das klassische Informationsmodell*

Der Umfang der untersuchten Aufklärungspflichten nach § 242 BGB im Kapitalmarktrecht bezieht sich (lediglich) auf den jeweils problematischen Bestandteil der eigenen internen Preisbildung. Eine Aufklärungspflicht über punktuelle Elemente der eigenen internen Preisbildung, welche den Vertragszweck gefährden oder zumindest hierfür eine Gefahr darstellen, kann ausreichen, um die potenzielle Vertragspartei zu warnen. Dadurch kann das notwendige Niveau an Preistransparenz erreicht werden, ohne dass ein maximales Niveau an Preistransparenz gegeben ist. Auch die Transparenzanforderungen im Kapitalmarktrecht führen nicht zu einer vollständigen Offenlegung der gesamten internen Preisbildung.[696]

Als Beispiel soll ein Versicherungs- oder Finanzprodukt dienen, welches nicht funktionieren kann, weil die Gegenleistung nicht in genügendem Ausmaß für das jeweilige Produkt eingesetzt wird. Ein entsprechendes Produkt funktioniert nur, wenn 100,– € monatlich eingesetzt werden. In Wahrheit werden jedoch nur 80,– € eingesetzt. Die übrigen 20,– € werden anderweitig verwendet, beispielsweise als Rückvergütung. In diesem Fall kann das Vertragsziel, funktionierendes Versicherungs- oder Finanzprodukt, nicht mit dem monatlichen Einsatz von 80,– € erreicht werden.

Ein weiteres Beispiel ergibt sich im Rahmen einer Investmentgesellschaft. Wenn ein Investmentanteil in Höhe von 100.000,– € erworben werden soll und der Ausgabeaufschlag beispielsweise 4 % beträgt, dann wird tatsächlich nur ein Fondanteil in Höhe von 96.000,– € erworben. In diesem Fall muss der erworbene Investmentanteil an Wert gewinnen, um den ursprünglichen Einstandspreis zu erreichen.

Aus dem Beratungsvertrag oder aus dem Beratungselement des jeweiligen Vertragstypus folgt, dass hier eine punktuelle Aufklärungspflicht nach § 242 BGB bezogen auf die eigene interne Preisbildung gegeben ist. Die preisbildende (potentielle) Vertragspartei muss angeben, dass lediglich ein Teil der Leistung eingesetzt wird.[697] Sie muss darauf hinweisen, dass in diesem Fall eine höhere

---

Kleinanleger und Versicherungsanlageprodukte (sog. PRIIP-VO), Amtsblatt der Europäischen Union Nr. L 352 vom 09.12.2014, 1, reichen wird; vgl. *Luttermann*, Kapitalmarktrechtliche Information bei Finanzprodukten (PRIIP), Privatautonomie (Vertragskonzept) und Vermögensordnung, ZIP 2015, 805 ff.

696 Vgl. *Herresthal*, Die Wirksamkeit von Darlehensentgeltklauseln in den ABB, ZIP 2015, 1949 (1956).

697 Vgl. *Schwab*, Provisionen, Rückvergütungen und der legitime Erwartungshorizont des Anlagekunden, BKR 2011, 450 (456).

Leistung als Gegenleistung erbracht werden müsste, um den tatsächlich angestrebten Einsatz, je nach Vertragszweck, zu ermöglichen. Auf Grundlage dieser beschränkten Informationen über die eigene interne Preisbildung aus dem (Informations-)Machtbereich der preisbildenden (potentiellen) Vertragspartei kann die andere (potenzielle) Vertragspartei nach bisherigem Verständnis eine autonome, rational-kritische Entscheidung treffen. Dadurch kann sie sich ihren Willen bezüglich des Vertragsabschlusses entsprechend bilden.

2. Vollständige Offenlegung von Informationen bezogen auf die Preistransparenz als eigenständiges Informationsmodell

Der Gesetzgeber könnte, in engen Ausnahmefällen, die vollständige Offenlegung von Informationen bezogen auf die Preistransparenz als eigenständiges Informationsmodell normieren.

Eine Aufklärungspflicht nach § 242 BGB im Sinne einer vollständigen Preistransparenz könnte ein eigenständiges Informationsmodell, als Weiterentwicklung des klassischen Informationsmodells, sein. Vollständige Preistransparenz bedeutet in diesem Zusammenhang, dass die eigene interne Preisbildung umfassend offengelegt wird. Die eigene interne Preisbildung kann dadurch nicht nur punktuell beleuchtet, sondern gerade umfassend durchleuchtet werden. Im Gegensatz zum klassischen Informationsmodell wird die eigene interne Preisbildung nicht nur punktuell offengelegt.

a) Vollständige Offenlegung bei komplexen Anlageprodukten und Finanzgeschäften

Durch die Rechtsprechung und unter anderem durch die Verschärfung der §§ 31 ff. WpHG (a.F.)[698] sind zunehmend Informationspflichten und Honorarvoraussetzungen statuiert worden.[699] Anleger sollen besser geschützt werden und

---

698 Siehe 11. Abschnitt des WpHG nach Inkrafttreten des 2. FiMaNoG.

699 Vgl. BGH, Urteil vom 22.03.2011, Az. XI ZR 33/10, NJW 2011, 1949 (1950 ff.); BGH, Urteil vom 28.04.2015, Az. XI ZR 378/13, NJW 2015, 2248 (2251); *Fleischer*, Informationsasymmetrie, 997; *Heun-Rehn/Lang/Ruf*, Neue (Un-)Klarheit bezüglich Innenprovisionen und Rückvergütungen bei Kapitalanlagen, NJW 2014, 2909 (2910); *Buck-Heeb*, Aufklärungs- und Beratungspflichten bei Kreditverträgen – Verschärfungen durch die EuGH-Rechtsprechung und die Wohnimmobilienkredit-Richtlinie, BKR 2015, 177 (184); *Spindler*, Aufklärungspflichten im Bankrecht nach dem „Zins-Swap-Urteil" des BGH, NJW 2011, 1920 (1924); *Grundmann* in Ebenroth/Boujong/Joost/Strohn, HGB, Band 2, Bank- und Börsenrecht, Rdnr. I 127 f.

für bestimmte Vergütungsmodelle sind spezielle Anforderungen gegeben. Durch das Anwachsen dieser Informationspflichten werden diese zunehmend unübersichtlich und können dadurch zu einer Relativierung des Schutzniveaus führen.[700] Die Einstellung der Finanzberatung kann daraus jedoch nicht die Konsequenz sein.

Diesem Trend nach einem mehr an Informationen i.S.d. Rechtsprechung zur punktuellen Aufklärungspflicht bei Beratungsverträgen könnte durch eine Aufklärungspflicht im Sinne einer vollständigen Offenlegung der eigenen internen Preisbildung bei entsprechenden Verträgen als eigenständiges Informationsmodell entsprochen werden.

Eine entsprechende Aufklärungspflicht gemäß § 242 BGB würde alle eigenen internen Preisbestandteile umfassen, insbesondere auch Rückvergütungen, Provisionen und Gewinnanteile. Die zur Aufklärung verpflichtete (potentielle) Vertragspartei müsste nicht mehr der unübersichtlichen Rechtsprechung zu den umfangreichen Informationsanforderungen nachkommen. Sie müsste demgegenüber alle eigenen internen Preisbestandteile offenlegen.

Eine potenzielle Vertragspartei müsste diese nachrechnen oder nachrechnen lassen, um zu ermitteln, ob ein Produkt oder eine Anlage funktionieren kann. Risiken und komplexe finanzmathematischen Berechnungen könnten dadurch transparent dargestellt werden.

Dieses eigenständige Informationsmodell folgt aus der Überlegung, dass die Preistransparenz zwar erhöht wird, wenn einzelne Preiselemente offengelegt werden, z. B. eine Provision oder sog. „Kick-Backs". Allerdings kann nicht ausgeschlossen werden, dass problematische Preisbestandteile versteckt weiter eingepreist werden. Eine sukzessive Offenlegung der problematischen internen Preisbestandteile wäre zwar förderlich für die Preistransparenz, könnte allerdings letztlich nicht den Sinn und Zweck der erhöhten Preistransparenz abbilden. Das Interesse an der vollständigen Offenlegung kann in diesen Fällen überwiegen. Die punktuelle Durchleuchtung der Preisbildung i.S.d. Rechtsprechung zur Aufklärungspflicht bei bestimmten problematischen Preisbestandteilen ist dabei nicht ausreichend. Der Grundkonflikt zwischen der Geheimhaltung der eigenen internen Preisbildung und den möglichen negativen Auswirkungen auf die Vertragsdurchführung kann dadurch nicht in ausreichendem Maße aufgelöst werden.

---

700 Vgl. *Buck-Heeb*, Aufklärungs- und Beratungspflichten bei Kreditverträgen – Verschärfungen durch die EuGH-Rechtsprechung und die Wohnimmobilienkredit-Richtlinie, BKR 2015, 177 (186); *Koller*, „Die Abdingbarkeit des Anlegerschutzes durch Information im europäischen Kapitalmarktrecht" in FS Huber, 821 (824 ff.); *Loritz*, „Der deutsche Verbraucherschutz bei Kapitalanlagen" in: FS Stauder, 245 (254).

Der „Alles-oder-Nichts“-Ansatz einer möglichen normativen Regelung würde dieses Problem konsequent beheben. Bei Finanz- und Anlageprodukten, sowie bei Preisbildungen aufgrund von komplexen finanzmathematischen Berechnungen würde diese vollständige Offenlegung die Preistransparenz erhöhen. Das Entgelt könnte klar und wahr in Relation zu einer bestimmten, bzw. bestimmbaren Gegenleistung gesetzt werden.

b) Vergleich zum klassischen Informationsmodell

Die untersuchten Anforderungen an die Preistransparenz zeigen, dass diese zum einen durch eine Objektivierung erreicht wird. Zum anderen werden Informationen über das Produkt oder die Dienstleistung bereitgestellt, welche diese erklären sollen.[701] Diese Erklärungen sind, bezogen auf die Preisbildung, allenfalls oberflächliche Beschreibungen. Die eigene interne Preisbildung selbst wird dadurch nicht transparent.

Als eigenständiges normierbares Informationsmodell, im Vergleich zum bisherigen klassischen Informationsmodell, kann die vollständige Offenlegung der internen Preisbestandteile die Preistransparenz erhöhen. Unter Beachtung der aufgezeigten Grundsätze zum Schutz der eigenen internen Preisbildung kann die vollständige Offenlegung in Einzelfällen angezeigt sein. Zu diesen Einzelfällen können insbesondere Finanz- und Anlageprodukte sowie Preisbildungen aufgrund komplexer finanzmathematischer Berechnungen gehören. Als Beispiele für Letzteres kommen Bausparverträge und Leasingverträge, jeweils mit verschiedenen Optionen, in Betracht. Durch die Offenlegung der verschiedenen internen Berechnungsmodelle kann zum Beispiel leichter nachvollzogen werden, welche Kosten bei einer vorzeitigen Kündigung entstehen. Im Rahmen der Produktstrukturierung muss schließlich jeder mögliche frühzeitige Kündigungszeitpunkt eingepreist sein.

Das klassische Informationsmodell ist davon geprägt, dass die Gegenleistung eher beschrieben und die Funktionsweise umschrieben wird. Die Gegenleistung und die Funktionsweise werden nur punktuell durchleuchtet, aber nicht vollständig transparent gemacht i.S.d. Preistransparenz.

Basierend auf § 242 BGB werden bereits bestimmte punktuelle Aufklärungspflichten über die eigene interne Preisbildung angenommen (s. o. 4. Kapitel). Zudem sind im Anwendungsbereich von § 31 Abs. 4c WpHG bestimmte Vergütungen durch Dritte verboten. Durch die umfangreiche Statuierung von ge-

701 Vgl. *Koch*, Das Nebeneinander aufsichts- und zivilrechtlicher Beratungsvorgaben im Anlegerschutz, ZBB 2014, 211 (218 f.).

setzlichen Informationspflichten soll zudem eine rational-kritische Entscheidung getroffen werden können.[702] Die Verbesserung der Preistransparenz durch die Durchleuchtung der Preisbildung der Gegenseite ist dabei eine konsequente Weiterentwicklung der punktuellen Offenlegung. Solange sich Vorgaben der Preistransparenz nur auf punktuelle Informationen beziehen, ist eine Einpreisung niemals umfassend transparent. Diese vollständige Offenlegung wäre dabei jedoch eine Möglichkeit, um die Preisbildung zu durchdringen.

Gesetzliche Sondervorschriften zur Preistransparenz, insbesondere die §§ 31 ff. WpHG,[703] können nicht verhindern, dass Anreize gegeben sind, Angebote an potenzielle Kunden zu richten, welche objektiv für diese wirtschaftlich wenig sinnvoll sind.[704] Interne Anreiz- und Vergütungssysteme werden nicht in einer Weise offengelegt, dass mit hinreichender Wahrscheinlichkeit ein für den Kunden negativer Anreiz eines Mitarbeiters ausgeschlossen werden kann.[705] Auch die Honoraranlageberatung nach § 31 Abs. 4c WpHG hilft nicht über das Problem hinweg, dass sich die Qualität einer Anlageberatung auch ex post kaum überprüfen lässt.[706]

Ferner könnte durch die Offenlegung die Rechtspflicht zur Herausgabe nach § 31 Abs. 4c S. 1 Nr. 2 S. 4 WpHG nachprüfbar gemacht werden.[707]

Das klassische Informationsmodell löst zudem nicht das Problem der Risikotragung.[708] Unabhängig davon, wie informiert eine potenzielle Vertragspartei aufgrund bisheriger Vorgaben zur Preistransparenz ist, verbleibt ein Restrisiko, ob ein Vertragszweck erreicht werden kann oder nicht. Dieses Risiko kann nicht

---

702 Vgl. *Koch*, Grenzen des informationsbasierten Anlegerschutzes – Die Gratwanderung zwischen angemessener Aufklärung und information overload, BKR 2012, 485 (493).

703 Siehe 11. Abschnitt des WpHG nach Inkrafttreten des 2. FiMaNoG.

704 Vgl. *Koller*, Wertpapierberatung und Verkauf im Licht des WpHG, ZBB 2011, 361 (373); *Riesenhuber*, Anleger und Verbraucher, ZBB 2014, 134 (140).

705 Vgl. *Gerenkamp/Kuklick*, Die Regulierung der Anreiz- und Vergütungssysteme von Banken, ZBB 2011, 430 (439).

706 Vgl. *Koller*, Wertpapierberatung und Verkauf im Licht des WpHG, ZBB 2011, 361 (373).

707 Vgl. zum Herausgabeanspruch bei Kommissionsgeschäften: *Koch*, Provisionszahlungen als Gegenstand eines kommissionsrechtlichen Herausgabeanspruchs, ZBB 2013, 217 ff.

708 Vgl. *Bachmann* in MüKo, BGB, Band 2, § 241 BGB, Rdnr. 119 ff.; *Riesenhuber*, Anleger und Verbraucher, ZBB 2014, 134 (145); *Brenncke*, Verständliche Risikoaufklärung und Schutz unkundiger Kleinanleger bei der Anlageberatung, ZBB 2014, 366 (368); *Herresthal*, Die Weiterentwicklung des informationsbasierten Anlegerschutzes, ZIP 2013, 1049 (1051); *Luttermann*, Kapitalmarktrechtliche Information bei Finanzprodukten (PRIIP), Privatautonomie (Vertragskonzept) und Vermögensordnung, ZIP 2015, 805 f.

ausgeschlossen werden. Jedoch könnte dieses minimiert werden, wenn die interne Preisbildung nachvollzogen werden könnte. Dieses Risiko ist dabei auch ein Abgrenzungskriterium für die Fälle, bei denen keine vollständige Preistransparenz nötig ist im Sinne von § 242 BGB. Bei reinen Austauschverträgen kann der Vertragszweck auch erreicht werden, ohne dass die Interessenlage im Rahmen von § 242 BGB hin zu einer vollständigen Offenlegung der eigenen internen Preisbildung verschoben werden muss.[709] Je mehr spekulative Elemente ein Vertrag enthält, desto eher ist als Weiterentwicklung zum klassischen Informationsmodell, wonach keine umfassende Informationspflicht über die eigene interne Preisbildung gegeben ist,[710] eine vollständige Preistransparenz nötig.

Durch das klassische Informationsmodell werden Beratungsdefizite ausgeglichen. Sie werden im Grunde aber nicht beseitigt.[711]

Wird in bestimmten Fällen die eigene interne Preisbildung offengelegt, dann wird die Informationsbasis für eine solche Entscheidung verbessert. Anstatt eines Informationsüberflusses aufgrund umfangreicher beschreibender Beipackzettel und schwer nachprüfbarer Angaben,[712] müsste die Vertragspartei die eigene interne Preisbildung der Gegenseite nachvollziehen oder nachvollziehen lassen. Die Informationsoffenlegungen, ggf. anhand einer Baumstruktur, würden sich dabei auf den Vertragskern beziehen.

Aufgrund des klassischen Informationsmodells werden Produkte oder Dienstleistungen beschrieben und umschrieben. Solange die eigene interne Preisbildung

---

709 Vgl. *Freitag*, Überfällige Konvergenz von privatem und öffentlichem Recht der Anlageberatung, Zugleich Besprechung von BGH v. 3. 6. 2014 – XI ZR 147/12, ZBB 2014, 357 (365).

710 *Brenncke*, Verständliche Risikoaufklärung und Schutz unkundiger Kleinanleger bei der Anlageberatung, ZBB 2014, 366 (372).

711 Vgl. BGH, Urteil vom 27.10.2009, Az. XI ZR 337/08 (sog. Kick-Back V) = BeckRS 2009, 86792; *Koch*, Das Nebeneinander aufsichts- und zivilrechtlicher Beratungsvorgaben im Anlegerschutz, ZBB 2014, 211 (219); *Brenncke*, Verständliche Risikoaufklärung und Schutz unkundiger Kleinanleger bei der Anlageberatung, ZBB 2014, 366 (380 f.); *Koch*, Grenzen des informationsbasierten Anlegerschutzes – Die Gratwanderung zwischen angemessener Aufklärung und information overload, BKR 2012, 485 (492 f.).

712 Vgl. *Schirmbacher* in Spindler/Schuster, Recht der elektronischen Medien, Art. 246a EGBGB, Rdnr. 6; *F. Schäfer* in Assmann/Schütze, Handbuch des Kapitalanlagerechts, § 13 Rechte und Pflichten von Bank und Kunde bei Eingehung und Abwicklung von Geschäften in Finanzinstrumenten, Rdnr. 1; *Riesenhuber*, Anleger und Verbraucher, ZBB 2014, 134 (145); *Koch*, Das Nebeneinander aufsichts- und zivilrechtlicher Beratungsvorgaben im Anlegerschutz, ZBB 2014, 211 (217).

nicht offengelegt wird, kann das Produkt oder können die Dienstleistungen nicht vollständig durchleuchtet werden. Durch dieses eigenständige Informationsmodell der vollständigen Preistransparenz könnte eine rational-kritische Entscheidung auf der Grundlage aller relevanten Informationen getroffen werden. Beratungsdefizite würden damit dem Grunde nach beseitigt werden. Wenn eine (potenzielle) Vertragspartei die offengelegte interne Preisbildung, inkl. möglicher Variablen, nicht nachvollziehen kann, weil sie damit selbst überfordert ist, bzw. weil sie die Erklärungen nicht versteht, dann ist eine ausreichend rational-kritische Entscheidung nicht möglich. Diese (potentielle) Vertragspartei nimmt dann entweder Abstand von dem Vertragsschluss oder sie kann später keine Ansprüche oder Rechte im Zusammenhang mit der internen Preisbildung der Gegenseite durchsetzen.

Bei Verträgen, bei welchen die interne Preisbildung den Vertragszweck konterkariert, bzw. die Gefahr hierfür besteht, hat die preisbildende (potentiellen) Vertragspartei dabei kein schutzwürdiges Interesse im Sinne von § 242 BGB an der Geheimhaltung.[713] Nimmt ein Berater eine besondere Neutralität für sich in Anspruch, dann nimmt sein Interesse an der Geheimhaltung nach § 242 BGB gerade ab. Diese Neutralitätsbekundung muss nachprüfbar gemacht werden.

Ferner kann die Offenlegung der internen Preisbildung zur Überwindung von Monopolstellungen beitragen. Unter Beachtung von § 1 GWB und Art. 102 AEUV kann dem Geheimhaltungsinteresse des Monopolisten eine geringere Schutzwürdigkeit i.S.d. § 242 BGB beigemessen werden.

Bei komplexen Preisbildungen, bei denen die (potentielle) Vertragsparteien gegenseitig bestimmte schutzwürdige Informationen bereits offenlegen, kann die weitere Offenlegung im Interesse beider (potentieller) Vertragsparteien sein gemäß § 242 BGB. Dadurch könnten Rechtsstreitigkeiten verhindert werden und die Preisbildung könnte besser nachvollzogen werden.

c) *Vorteile einer erhöhten Preistransparenz überwiegen die Nachteile des aufgezeigten eigenständigen Informationsmodells in Ausnahmefällen*

Durch die vollständige Offenlegung der eigenen internen Preisbildung werden Betriebs- oder Geschäftsgeheimnisse aufgedeckt. Zudem sind die notwendigen Informationen umso komplexer, je komplexer die finanzmathematische Berechnung ist.[714] Dies sind Nachteile des aufgezeigten eigenständigen Informationsmodells.

---

713 Vgl. AG Riesa, Urteil vom 25.10.2005, Az. 5 C 696/05, NZV 2006, 91.

714 *Kropf*, Beratung durch Banken bei Abschluss von Swap-Geschäften, ZIP 2013, 401 (402 u. 406); vgl. zu den Anforderungen an Rechenoperationen durch Verbraucher:

Demgegenüber können die Vorteile einer erhöhten Preistransparenz in engen Ausnahmefällen überwiegen.

Betriebs- und Geschäftsgeheimnisse, die sich auf einen Vertragsabschluss beziehen, welcher für die Vertragspartei undurchsichtige Risiken bereithält, sind i.S.d. § 242 BGB weniger schutzwürdig. Die unwissende (potentielle) Vertragspartei hat dabei keine andere Möglichkeit, die notwendigen Informationen zu erhalten, wenn die preisbildende (potentielle) Vertragspartei diese Betriebs- und Geschäftsgeheimnisse nicht offenlegt. Diese vollständige Preistransparenz ist nur in bestimmten Ausnahmefällen anzunehmen (s. o. 4. Kapitel).

Wenn eine (potentielle) Vertragspartei eine finanzmathematische Berechnung aufgrund der erhöhten Preistransparenz dabei nicht versteht, kann sie folglich keine ausreichend rational-kritische Entscheidung treffen, weil sie die Produktstruktur nicht ausreichend durchdringen kann.[715] Wie bereits gezeigt, könnte die Preistransparenz in Ausnahmefällen erhöht werden, sollte eine vollständige Offenlegung der eigenen internen Preisbildung in bestimmten Fällen angenommen werden. Diese Ausnahmefälle müssten folglich auch als Ausnahmen, insbesondere zum Knappheitsgebot nach § 4 Abs. 5 S. 2 VVG-InfoV, sowie zum Gebot eines kurzen und verständlichen Informationsblattes nach § 31 Abs. 3a S. 1 WpHG angesehen werden.

Zwar ist diese Erhöhung der Preistransparenz nicht zwingend, aber sie ist eine Weiterentwicklung zum bisherigen Ansatz des klassischen Informationsmodells, jeweils noch mehr Informationspflichten zu statuieren, ohne dabei das Produkt bzw. die Dienstleistung vollständig zu durchleuchten.

Diese Offenlegung würde auch die Markttransparenz erhöhen. Dies würde wiederum zu einem starken Verdrängungswettbewerb führen. Verdrängt würden dabei die unseriösen Anbieter und solche, die nicht betriebswirtschaftlich kalkulieren können. Dem Problem des Marktversagens aufgrund von Informationsasymmetrien könnte dadurch begegnet werden.[716]

Pfeiffer, Was kann ein Verbraucher? Zur Relevanz von Informationsverarbeitungskapazitäten im AGB-Recht und darüber hinaus, NJW 2011, 1 (7).

715 Vgl. zur Überlegung, bestimmte Finanzinstrumente, die ein Anleger nicht versteht, in bestimmten Fällen zu verbieten: *Koch*, Grenzen des informationsbasierten Anlegerschutzes – Die Gratwanderung zwischen angemessener Aufklärung und information overload, BKR 2012, 485 (493).

716 Vgl. *Riesenhuber*, Anleger und Verbraucher, ZBB 2014, 134 (140 f.); *Fleischer*, Informationsasymmetrie, 999 ff.

Zusammenfassung der wesentlichen Ergebnisse und Vorschlag zur Einteilung der Preisbildung in zwei Ebenen

I. Zusammenfassung der wesentlichen Ergebnisse

1. Preistransparenz ist zu definieren als die Klarheit und Wahrheit bezogen auf das Entgelt für eine bestimmte oder bestimmbare Gegenleistung. Preistransparenz ist untrennbar verbunden mit der Vertragsgegenstandstransparenz. Die zur Entgeltzahlung verpflichtete Vertragspartei muss wissen, für welche Gegenleistung ein bestimmtes, bzw. bestimmbares Entgelt zu leisten ist.
2. Preistransparenz bei der vertraglichen Preisfestsetzung i.S.d. §§ 145 ff. BGB kann durch die Einhaltung von Informationspflichten, durch Mitteilungen der (potenziellen) Vertragspartei, durch Vorgaben des formellen Preisrechts sowie durch ein objektiviertes Verfahren erreicht werden.
3. Dabei wurde festgestellt, dass es nicht ein Niveau an Preistransparenz gibt. Je nach Komplexität des Rechtsgeschäftes sowie nach den Umständen der Vertragsanbahnung sind unterschiedlich hohe Anforderungen an das Niveau der Preistransparenz zu stellen. Dies bedeutet, dass in bestimmten Fällen eine Reduzierung der Informationskomplexität erforderlich ist, um Preistransparenz zu erreichen. Wenn der Preis bestimmt oder bestimmbar ist, dann ist er ausreichend transparent. Die jeweilige potenzielle Vertragspartei kann sich ihren Willen im notwendigen Maße selbst bilden, ob sie kontrahieren möchte oder nicht. In keinem der untersuchten Fälle war es notwendig, dass die (potentielle) Vertragspartei sämtliche Informationen über die eigene interne Preisbildung der anderen (potentiellen) Vertragspartei zur Verfügung stellt.
4. Bestimmte intransparente Preisgestaltungen haben zur Folge, dass ein Vertragsschluss nicht zustande kommt, ein Anfechtungsrecht besteht, eine Pflichtverletzung gegeben ist, ein gefordertes Entgelt nicht durchgesetzt werden kann, bzw. eine Preisklausel unwirksam ist. Ferner kann ein Verstoß gegen formelles Preisrecht gegeben sein. Dabei erfüllt nicht jede intransparente Preisfestsetzung auch eine relevante Tatbestandsvoraussetzung. Um ein ausreichendes Niveau an Preistransparenz zu schaffen, genügt es, wenn jeweils Klarheit und Wahrheit bezogen auf das Entgelt für eine bestimmte oder bestimmbare Gegenleistung gegeben ist. Dafür ist es grundsätzlich nicht notwendig, dass die (potenzielle) Vertragspartei über die eigene interne Preisbildung der Gegenseite informiert

wird. Dieser eigene interne Willensbildungsprozess muss prinzipiell nicht transparent gemacht werden, um eine intransparente vertragliche Preisfestsetzung zu verhindern.

5. Die eigene interne Preisbildung ist grundsätzlich nicht offenzulegen. Die Geheimhaltung der eigenen internen Preisbildung ist eine Ausprägung der Privatautonomie als Selbstbestimmungsrecht nach Art. 2 Abs. 1 GG oder als Geschäfts- und Betriebsgeheimnis nach Art. 12, 14 GG.

6. Bei Verträgen sind Informationen über die Art der Preisberechnung nur zur Verfügung zu stellen, wenn die Gesamtpreisbildung im Moment des Vertragsschlusses nicht möglich ist. Die andere Vertragspartei muss die Bemessungsgrundlagen erfahren. Weitergehende Informationen über die eigene interne Preisbildung sind hierbei nicht notwendig.

7. Im Rahmen von Bankgeschäften und im Anwendungsbereich der VVG-InfoV sind weitergehende Informationspflichten, bezogen auf die eigene interne Preisbildung gegeben, als in den übrigen Wirtschaftsbereichen. Die eigene interne Preisbildung ist auch hier nicht vollständig offenzulegen. Offenzulegen sind nur problematische Preisbestandteile, durch die das Vertragsziel konterkariert wird oder hierfür die Gefahr besteht.

8. Obwohl die Transparenzanforderungen durch die Rechtsprechung und Gesetzesänderungen, insbesondere durch die VRRL und die §§ 31 ff. WpHG,[717] erhöht worden sind, kann das vom XI. Zivilsenat des BGH im Kapitalanlagerecht erkannte „nahezu flächendeckende[n] – aufsichtsrechtliche[n] – Transparenzgebot“[718] nicht auf den zivilrechtlichen Beratungsvertrag nach §§ 133, 157 BGB übertragen werden.

9. Der Umfang der bisherigen Aufklärungspflichten i.S.d. § 242 BGB bezieht sich jeweils nur auf den problematischen internen Preisbestandteil. Eine Aufklärungspflicht über punktuelle Elemente der eigenen Preisbildung reicht nach bisherigem Verständnis, dem klassischen Informationsmodell, aus, um die (potenzielle) Vertragspartei zu schützen. Nur wenn der Vertragszweck aufgrund der internen Preisbildung konterkariert wird oder hierfür die Gefahr gegeben ist, sind entsprechende Aufklärungspflichten ausnahmsweise angezeigt. Die Offenlegung ist in diesen Fällen von erheblicher Bedeutung für die unwissende (potentielle) Vertragspartei. Nur durch diese Offenlegung kann der entsprechende Informationsnachteil ausgeglichen werden. Daher ist diese Offenlegungspflicht interessengerecht i.S.d. § 242 BGB.

---

717 Siehe 11. Abschnitt des WpHG nach Inkrafttreten des 2. FiMaNoG.

718 BGH, Urteil vom 03.06.2014, Az. XI ZR 147/12, NJW 2014, 2947 (2949 f.).

10. Die umfangreiche Rechtsprechung zu den Aufklärungspflichten über Preisbildungsaspekte sowie die gestiegenen Informationsanforderungen führen wiederum zu Rechtsunsicherheiten. Nachdem die interne Preisbildung nur punktuell offengelegt werden muss, können diese (Einzel-)Informationen nicht in Relation zur restlichen internen Preisbildung gesetzt werden. Als Weiterentwicklung des klassischen Informationsmodells muss eine umfassende Aufklärung über die eigene interne Preisbildung die Preistransparenz erhöhen. Eine solche Aufklärungspflicht im Sinne eines eigenständigen Informationsmodells könnte in engen Ausnahmefällen gesetzlich normiert werden. Die Untersuchung hat gezeigt, dass zur Erhöhung der Preistransparenz Fallgruppen i.S.d. § 242 BGB anzuerkennen sind, in denen die eigene interne Preisbildung der Gegenseite einen entscheidenden Einfluss auf die Willensbildung einer potenziellen Vertragspartei haben muss. Ausgangspunkt ist dabei die Frage, ob die unwissende (potenzielle) Vertragspartei ein berechtigtes Interesse an der vollständigen Offenlegung hat und dies zudem die einzige Möglichkeit ist, dass die Informationsasymmetrie zwischen den (potenziellen) Vertragsparteien aufgelöst wird. Die unwissende (potenzielle) Vertragspartei kann in diesen Fällen gerade nicht durch eigene Nachforschungen diese Informationsasymmetrie auflösen. Diese Fälle sind dadurch gekennzeichnet, dass eine punktuelle Durchleuchtung der Preisbildung nicht ausreichend ist, wichtige Teile der Preisbildung gegenseitig ohnehin schon offengelegt worden sind, ein besonderes neutrales Vertrauen in Anspruch genommen wird, kein Preiswettbewerb herrscht, eine Durchleuchtung der Preisbildungsvoraussetzungen bereits stattgefunden hat oder dass eine dynamische Preisgestaltung oder eine Preisdifferenzierung durch die preisbildende (potentielle) Vertragspartei genutzt wird. Das Interesse i.S.d. § 242 BGB wird demnach zugunsten der unwissenden (potentiellen) Vertragspartei verschoben. Diese Fälle sind dadurch gekennzeichnet, dass die wissende (potentielle) Vertragspartei ein weniger schutzwürdiges Interesse an der Geheimhaltung hat. Mögliche Rechtsstreitigkeiten, einschließlich eventueller Beweisschwierigkeiten, können verhindert werden. Zudem kann auch die wissende (potentielle) Vertragspartei ein Interesse an der Offenlegung haben. Nach Prüfung der internen Preisbildung kann die (potenzielle) Vertragspartei später nicht anführen, sie wurde nicht ausreichend aufgeklärt. Ferner kann die Offenlegung der internen Preisbildung eines Monopolisten möglicherweise dazu beitragen, dieses Monopol aufzubrechen.

11. Das Niveau an Preistransparenz wird erhöht, wenn eine vollständige Offenlegung der eigenen internen Preisbildung nach § 242 BGB in Ausnahmefällen anerkannt wird. Dadurch wird eine Objektivierung der eigenen internen Preis-

bildung möglich. Wenn die eigene interne Preisbildung dabei Variablen enthält, dann werden diese ebenfalls offensichtlich. Eine vollständige Preistransparenz, einschließlich der Transparenz der eigenen internen Preisbildung, ist ein Novum im Vergleich zum bisherigen klassischen Informationsmodell des deutschen und europäischen Privatrechts.

II. Vorschlag zur Einteilung der Preisbildung in zwei Ebenen

Ausgehend von der Erkenntnis, dass es nicht das eine Niveau an Preistransparenz gibt, könnte die Preisbildung in zwei Ebenen eingeteilt wird.

1. Einteilung der Preisbildung in zwei Ebenen

Die Einteilung der Preisbildung in zwei unterschiedliche Ebenen ist ein Vorschlag, um die Grenzen der Preistransparenz sowie die Grenzen etwaiger gesetzlicher beziehungsweise vertraglicher Regelungen zu erfassen. Zudem kann eine Abgrenzung verschiedener Anknüpfungspunkte im Rahmen eines möglichen Schadensersatzes aufgrund der Verletzung von Aufklärungspflichten vorgenommen werden.

Die erste Ebene umfasst Bestandteile der eigenen internen Preisbildung einer (potentiellen) Vertragspartei sowie die darauf bezogenen rechtlichen Überlegungen. Zu diesen Bestandteilen gehören unter anderem die Umsatz- und Gewinnerwartungen, die Kostendeckung, die Einpreisung des Affektionsinteresses und die Einpreisung bestimmter Kostenfaktoren, die sich notwendigerweise auf den vertraglich noch festzusetzenden Preis auswirken. Die Untersuchung hat gezeigt, dass diese Ebene bisher nur ausnahmsweise punktuell zu durchleuchten ist. Auf dieser Ebene bildet eine (potentielle) Vertragspartei ihre Preiserwartung und ihre Preisvorstellung. Diese Ebene umfasst alle Motive und Interessen als Ergebnis eines Gedankenprozesses als Teil der eigenen rechtsgeschäftlichen Willensbildung. Interne Preisbestandteile sind dabei alle Elemente, welche die Willensbildung beeinflussen. Dadurch wird der Geschäftswille bezogen auf einen bestimmten oder bestimmbaren Preis gebildet. Dieser Geschäftswille muss dann ausdrücklich oder konkludent nach außen treten. Diese intern gebildete Preisvorstellung ist nicht notwendigerweise der Preis, der später i.S.d. essentialia negotii vereinbart wird. Ein Preis ist auf dieser Ebene intransparent, wenn ein Preiselement, welches offenzulegen ist, nicht nach außen kommuniziert wird. Die Rechtsfolgen einer intransparenten eigenen internen Preisbildung im Rahmen der ersten Ebene können die Anfechtung der eigenen Willenserklärung oder die Verletzung einer Aufklärungspflicht sein.

Alle Preisbestandteile sowie Vorschriften, die nach der eigenen internen Preisbildung zu beachten sind, beispielsweise die allgemeinen Regeln der §§ 134, 138 BGB, Informationspflichten sowie Vorgaben der PAngV, des UWG, des Steuer- und Abgabenrechts, sind der zweiten Ebene der Preisbildung zuzuordnen. Die zweite Ebene der Preisbildung erfasst die vertragliche Festlegung des Preises. Auf dieser Ebene ist ein Preis intransparent, wenn die Entgeltleistungspflicht, als Haupt- oder Nebenleistung, nicht aufgrund der vorliegenden Einigung dem Grunde und der Höhe nach bestimmt oder bestimmbar ist. Die Rechtsfolgen einer intransparenten Preisfestsetzung im Rahmen der zweiten Ebene können unter anderem sein, dass kein Vertragsschluss gegeben ist, der vorliegende Vertrag auszulegen bzw. anzupassen ist, ein Anfechtungsgrund oder ein Widerrufsrecht jeweils gegeben ist.

2. Anwendung der zwei Ebenen der Preisbildung

Die Einteilung der Preisbildung in zwei Ebenen könnte dazu dienen, das Postulat der Preistransparenz[719] näher zu begründen.

Wenn eine Leistung beispielsweise als kostenlos beworben wird, dann bedeutet dies im Rahmen der zweiten Ebene der Preisbildung, dass keine (zusätzlichen) Kosten für diese Leistung aufzubringen sind. Dies bedeutet aber nicht, dass im Rahmen der ersten Ebene der Preisbildung die werbende (potentielle) Vertragspartei durch die Leistungserbringung keinen eigenen Vorteil erlangt. Beispielsweise bedeutet daher kostenlos nicht ohne Agio. Wenn daher beispielsweise im Einzelhandel jeder Kunde, der einen Einkauf tätigt, ein Waschmittel kostenlos erhält, dann bedeutet dies, dass der Kunde über seinen Einkauf hinaus keine weiteren Kosten zu tragen hat, um dieses Waschmittel zu erlangen. Dies bedeutet jedoch nicht, dass der Einzelhändler im Verhältnis zu einem Dritten keinen Vorteil dadurch erlangt, gerade dieses Waschmittel als kostenlose Zugabe zu geben. Der Preis für das Waschmittel ist also entweder bereits in die übrige Preiskalkulation eingepreist oder der Einzelhändler erhält eine Gegenleistung von einem Dritten.

Publizität ist im Rahmen der zweiten Ebene der Preisbildung umfangreicher als im Rahmen der ersten Ebene. Zum einen wird diese Publizität durch Informationen aus dem (Informations-)Machtbereich der preisbildenden (potentiellen) Vertragspartei erreicht, zum Beispiel durch eine klare und wahre Preisauszeichnung. Durch die Pflicht, bestimmte Preisbestandteile gesondert auszuweisen, verbessert

---

719 Vgl. *Köndgen*, Anmerkung zu BGH, Urteil vom 27.09.2011, Az. XI ZR 182/10, JZ 2012, 260 (262).

sich die Transparenz des Angebotes.[720] Zum anderen wird diese Publizität durch Dritte erreicht, zum Beispiel durch Preisvergleichsportale sowie andere Medien. Medien, Verbraucherverbände und sonstige Institutionen, beispielsweise die Stiftung Warentest, tragen durch Informationen und vergleichende Gegenüberstellungen zu einem funktionierenden Wettbewerb bei.[721] Zwischen der Preistransparenz in einem konkreten Schuldverhältnis und einem hohen Niveau an Preistransparenz in einem entsprechenden Markt ist daher ein Zusammenhang gegeben.

Zusammenfassend lässt sich festhalten, dass im Rahmen der ersten Ebene der Preisbildung die Regelungsmöglichkeiten durch den Gesetzgeber sehr gering sind, wenn nicht die Grundsätze der Privatautonomie an sich infrage gestellt werden. Eine Pflichtverletzung im Vertragsrecht ist nur gegeben, wenn über den möglicherweise konterkarierenden Preisbestandteil nicht aufgeklärt wird und die übrigen Tatbestandsvoraussetzungen gegeben sind. Dabei ist es ausreichend, wenn dieser eigene interne Preisbestandteil lediglich möglicherweise das Vertragsziel konterkariert. Für die (potenzielle) Vertragspartei gibt es keine andere Möglichkeit, außer dem Warnhinweis auf diesen Preisbestandteil, um eine autonome, rational-kritische Entscheidung zu treffen. Eine vollständige Durchleuchtung der Preisbildung im Rahmen der ersten Ebene ist nur in Ausnahmefällen anzuerkennen.

Die Regelungsmöglichkeiten des Gesetzgebers im Rahmen der zweiten Ebene der Preisbildung sind demgegenüber weitreichender, insbesondere weil dadurch nicht unmittelbar in den privatautonomen Willensbildungsprozess eingegriffen wird.

Im Rahmen der ersten Ebene setzt das notwendige Niveau an Preistransparenz voraus, dass ohne die Informationsoffenlegung das Vertragsziel konterkariert wird bzw. hierfür die Gefahr besteht. Eine vollständige Offenlegung der eigenen internen Preisbildung, wie dies in Ausnahmefällen anzuerkennen ist, bedeutet, dass im Rahmen der ersten Ebene vollständige Preistransparenz gegeben ist.

Für die zweite Ebene muss das Niveau an Preistransparenz dergestalt sein, dass der Vertrag wirksam ist, dieser wirksam bleibt, die eigene Willenserklärung nicht wirksam angefochten werden kann und keine Tatbestände für Sekundärrechte gegeben sind.

---

720 Vgl. *Kuhne/Kattenbusch*, Baubetriebliche Kalkulation: Mehr Transparenz zwischen Auftraggeber und Auftragnehmer!, IBR 2005, 487.

721 Vgl. *Stoffels*, Schranken der Inhaltskontrolle, JZ 2001, 843 (849).

Abkürzungsverzeichnis

a.A.	andere Ansicht
a.F.	alte Fassung
AcP	Archiv für die civilistische Praxis
AGB	Allgemeine Geschäftsbedingungen
AVB-FernwärmeV	Verordnung über Allgemeine Bedingungen für die Versorgung mit Fernwärme
Az.	Aktenzeichen
B2B	Business to Business, zu Deutsch: Geschäft zwischen Unternehmern
B2C	Business to Consumer, zu Deutsch: Geschäft zwischen Unternehmer und Verbraucher
BB	Der Betriebs-Berater
BC	Zeitschrift für Bilanzierung, Rechnungswesen und Controlling
BeckRS	Beck-Rechtsprechung
BetrKV	Betriebskrankenversicherung
BGBl.	Bundesgesetzblatt
BGHZ	Entscheidungen des Bundesgerichtshofs in Zivilsachen
BKR	Zeitschrift für Bank- und Kapitalmarktrecht
BR-Drucks.	Bundesratsdrucksache
BT-Drucks.	Bundestagsdrucksache
CISG	United Nations Convention on Contracts for the International Sale of Goods = Übereinkommen der Vereinten Nationen über Verträge über den internationalen Warenkauf
DB	Der Betrieb
DNotZ	Deutsche Notar-Zeitschrift
DStR	Deutsches Steuerrecht
EuZW	Europäische Zeitschrift für Wirtschaftsrecht
EWiR	Entscheidungen zum Wirtschaftsrecht (Zeitschrift)
GEK	Vorschlag für eine Verordnung des Europäischen Parlaments und des Rates über ein gemeinsames Europäisches Kaufrecht vom 11. Oktober 2011, KOM(2011) 635 endgültig
GPR	Zeitschrift für das Privatrecht der Europäischen Union
GRUR	Gewerblicher Rechtsschutz und Urheberrecht
GRUR Int.	Gewerblicher Rechtsschutz und Urheberrecht Internationaler Teil

GRUR-RR	Gewerblicher Rechtsschutz und Urheberrecht Rechtsprechungs-Report
Hrsg.	Herausgeber
Hs.	Halbsatz
IBR	Zeitschrift Immobilien- und Baurecht
IBRRS	Zeitschrift Immobilien- und Baurecht Rechtsprechung
JR	Juristische Rundschau
Jura	JURA: Juristische Ausbildung
JuS	Juristische Schulung
JZ	Juristenzeitung
K&R	Kommunikation und Recht
MDR	Monatsschrift für deutsches Recht
MiFID	Richtlinie über Märkte für Finanzinstrumente
MMR	Multimedia und Recht Zeitschrift für Informations-, Telekommunikations- und Medienrecht
NJOZ	Neue Juristische Online-Zeitschrift
NJW	Neue Juristische Wochenschrift
NJW-RR	Neue Juristische Wochenschrift Rechtsprechungs-Report Zivilrecht
NVwZ	Neue Zeitschrift für Verwaltungsrecht
NZA	Neue Zeitschrift für Arbeitsrecht
NZG	Neue Zeitschrift für Gesellschaftsrecht
NZM	Neue Zeitschrift für Miet- und Wohnungsrecht
NZV	Neue Zeitschrift für Verkehrsrecht
OLGZ	Entscheidungssammlung der Oberlandesgerichte in Zivilsachen einschließlich der freiwilligen Gerichtsbarkeit
RG	Reichsgericht
RGBl.	Reichsgesetzblatt
RGZ	Entscheidungssammlungen der Entscheidungen des Reichsgerichts in Zivilsachen
UNIDROIT	International Institute for the Unification of Private Law
VersR	Zeitschrift für Versicherungsrecht, Haftungs- und Schadensrecht
VGH	Verwaltungsgerichtshof
vgl.	vergleiche
VOB	Verdingungsordnung für Bauleistungen
VRRL	Verbraucherrechterichtlinie
VuR	Zeitschrift für Wirtschafts- und Verbraucherrecht

WiGBl.	Gesetzblatt der Verwaltung des Vereinigten Wirtschaftsgebietes 1947–1949
WM	Wertpapier-Mitteilungen
WRP	Wettbewerb in Recht und Praxis
ZBB	Zeitschrift für Bankrecht und Bankwirtschaft
ZfIR	Zeitschrift für Immobilienrecht
ZIP	Zeitschrift für Wirtschaftsrecht
ZRP	Zeitschrift für Rechtspolitik

Literaturverzeichnis

Adams, Michael: Irrtümer und Offenbarungspflichten im Vertragsrecht, AcP 186 (1986), 453
zitiert: *Adams*, Irrtümer und Offenbarungspflichten im Vertragsrecht, AcP 186 (1986), 453

Alexander, Christian: Neuregelungen zum Schutz vor Kostenfallen im Internet, NJW 2012, 1985
zitiert: *Alexander*, Neuregelungen zum Schutz vor Kostenfallen im Internet, NJW 2012, 1985

Altenhain, Karsten/Hölscher, Reinhold (Hrsg.): Aufsichts- und Verwaltungsräte in Kreditinstituten, Altenhain, Karsten/Hölscher, Reinhold (Hrsg.), Berlin, 2013
zitiert: *Bearbeiter* in Aufsichts- und Verwaltungsräte in Kreditinstituten, „Beitragstitel"

Assmann, Heinz-Dieter: Die Pflicht von Anlageberatern und Anlagevermittlern zur Offenlegung von Innenprovisionen, ZIP 2009, 2125
zitiert: *Assmann*, Die Pflicht von Anlageberatern und Anlagevermittlern zur Offenlegung von Innenprovisionen, ZIP 2009, 2125

Assmann, Heinz-Dieter/Schütze, Rolf (Hrsg.): Handbuch des Kapitalanlagerechts, 4. Auflage, München, 2015
zitiert: *Bearbeiter* in Assmann/Schütze, Handbuch des Kapitalanlagerechts

Baumbach, Adolf/Hopt, Klaus: Handelsgesetzbuch, 36. Auflage, München, 2014
zitiert: *Bearbeiter* in Baumbach/Hopt, HGB

Baums, Theodor/Westerburg, Johannes/Lutter, Marcus/Schmidt, Karsten: Festschrift für Ulrich Huber zum 70. Geburtstag, Tübingen, 2006
zitiert: *Verfasser*, „Beitragstitel" in FS Huber

Baur, Jürgen/Hopt, Klaus/Mailänder, Peter (Hrsg.): Festschrift für Ernst Steindorff zum 70. Geburtstag, Berlin, New York, 1990
zitiert: *Verfasser*, „Beitragstitel" in FS Steindorff

Beck'scher Online-Kommentar VOB/B: Beck'scher Online-Kommentar VOB/B, Preussner/Kandel/Jansen (Hrsg.), Edition: 21, München, Stand: 30.10.2015
zitiert: *Bearbeiter* in Beck'scher Online-Kommentar VOB/B

Beck'scher Online-Kommentar zum Arbeitsrecht: Beck'scher Online-Kommentar zum Arbeitsrecht, Rolfs, Christian/Giesen, Richard/Kreikebohm, Ralf/Udsching, Peter (Hrsg.), Edition: 38, München, Stand: 01.12.2015
zitiert: *Bearbeiter* in Beck'scher Online-Kommentar Arbeitsrecht

Beck'scher Online-Kommentar zum BGB: Beck'scher Online-Kommentar zum BGB, Heinz Georg Bamberger, Herbert Roth (Hrsg.), Edition: 37, München, Stand: 01.11.2015
zitiert: *Bearbeiter* in Beck'scher Online-Kommentar BGB

Beckmann, Michael/Matusche-Beckmann, Annemarie: Versicherungsrechts-Handbuch, 2. Auflage, München, 2009
zitiert: *Bearbeiter* in Beckmann/Matusche-Beckmann, Versicherungsrechts-Handbuch

Behringer, Stefan: Unternehmensbewertung der Mittel- und Kleinbetriebe – Betriebswirtschaftliche Verfahrensweise, Management und Wirtschaft Praxis, Band 69, 4. Auflage, Berlin, 2009
zitiert: *Behringer*, Unternehmensbewertung der Mittel- und Kleinbetriebe

Beisel, Wilhelm/Klumpp, Hans-Hermann: Der Unternehmenskauf, 7. Auflage, München, 2016
zitiert: *Bearbeiter* in Beisel/Klumpp, Der Unternehmenskauf

Berger, Peter/Kleine, Lucas: AGB-Gestaltung und Transparenzgebot – Beispiele aus der jüngeren BGH-Rechtsprechung zum unternehmerischen Geschäftsverkehr, NJW 2007, 3526
zitiert: *Berger/Kleine*, AGB-Gestaltung und Transparenzgebot, NJW 2007, 3526

Birk, Dieter (Hrsg.): Transaktionen Vermögen Pro Bono, Festschrift zum zehnjährigen Bestehen von P+P Pöllath + Partners, München, 2008
zitiert: *Verfasser*, „Beitragstitel" in FS Pöllath & Partners

Blanchard, Olivier/Illing, Gerhard: Makroökonomie, 5. Auflage, München, 2009
zitiert: *Blanchard/Illing*, Makroökonomie

Bofinger, Peter: Grundzüge der Volkswirtschaftslehre: eine Einführung in die Wissenschaft von Märkten, 3. Auflage, München, 2011
zitiert: *Bofinger*, Grundzüge VWL

Borges, Georg: Preisanpassungsklauseln in der AGB-Kontrolle, DB 2006, 1199 – Zugleich Besprechung von BGH, 21.09.2005 – VIII ZR 38/05 und OLG Köln, 13.01.2006–6 U 148/05
zitiert: *Borges*, Preisanpassungsklauseln in der AGB-Kontrolle, DB 2006, 1199

Breidenbach, Stephan: Die Voraussetzungen von Informationspflichten beim Vertragsschluß, München, 1989
zitiert: *Breidenbach*, Die Voraussetzungen von Informationspflichten beim Vertragsschluß

Brennke, Martin: Verständliche Risikoaufklärung und Schutz unkundiger Kleinanleger bei der Anlageberatung, ZBB 2014, 366 zitiert: *Brenncke*, Verständliche Risikoaufklärung und Schutz unkundiger Kleinanleger bei der Anlageberatung, ZBB 2014, 366

Brocker, Till/Klebeck, Ulf: Rückvergütungen an „unabhängige" Anlageberater und Haftung beteiligter Dritter, ZIP 2010, 1369
zitiert: *Brocker/Klebeck*, Rückvergütungen an „unabhängige" Anlageberater und Haftung beteiligter Dritter, ZIP 2010, 1369

Brox, Hans/Walker, Wolf-Dietrich: Allgemeiner Teil des BGB, 35. Auflage, München, 2011
zitiert: *Brox/Walker*, BGB AT

Buck-Heeb, Petra: Zur Aufklärungspflicht von Banken bezüglich Gewinnmargen, BKR 2010, 1
zitiert: *Buck-Heeb*, Zur Aufklärungspflicht von Banken bezüglich Gewinnmargen, BKR 2010, 1

–: Aufklärungs- und Beratungspflichten bei Kreditverträgen – Verschärfungen durch die EuGH-Rechtsprechung und die Wohnimmobilienkredit-Richtlinie, BKR 2015, 177
zitiert: *Buck-Heeb*, Aufklärungs- und Beratungspflichten bei Kreditverträgen – Verschärfungen durch die EuGH-Rechtsprechung und die Wohnimmobilienkredit-Richtlinie, BKR 2015, 177

Bünnigmann, Kathrin: Kausalitätsvermutung oder -falle im Kapitalanlagerecht: Schutz oder Schaukel für den Anleger, BKR 2014, 491
zitiert: *Bünnigmann*, Kausalitätsvermutung oder -falle im Kapitalanlagerecht: Schutz oder Schaukel für den Anleger, BKR 2014, 491

Bunte, Hermann-Josef: Kartellrecht, 2. Auflage, München, 2008
zitiert: *Bunte*, Kartellrecht

Busch, Christoph: Informationspflichten im Wettbewerbs- und Vertragsrecht – Parallelen im UWG und BGB, Dissertation an der Juristischen Fakultät der Universität Bielefeld im Jahre 2008, Tübingen, 2008
zitiert: *Busch*, Informationspflichten im Wettbewerbs- und Vertragsrecht

Calliess, Christian/Ruffert, Matthias (Hrsg.): Kommentar zum EUV/AEUV, 4. Auflage, München, 2011
zitiert: *Bearbeiter* in Calliess/Ruffert, EUV/AEUV

Canaris, Claus-Wilhelm: Die Vertrauenshaftung im deutschen Privatrecht, 1. Auflage, München, 1971
zitiert: *Canaris*, Die Vertrauenshaftung im deutschen Privatrecht

Dauner-Lieb, Barbara/Langen, Werner: Kommentar zum BGB, Band 2, Schuldrecht, 2. Auflage, Baden-Baden, 2012
zitiert: *Bearbeiter* in Dauner-Lieb/Langen, BGB

de Marcken, Carl: Studie „Computational Complexity of Air Travel Planning“, abrufbar unter: „http://www.demarcken.org/carl/papers/ITA-software-travel-complexity/img0.html“ (zuletzt abgerufen am 25.03.2016)
zitiert: *de Marcken*, Studie „Computational Complexity of Air Travel Planning“ abrufbar unter „http://www.demarcken.org/carl/papers/ITA-software-travel-complexity/img0.html“ (zuletzt abgerufen am 25.03.2016)

Diller, Hermann: Preispolitik, 4. Auflage, Stuttgart, 2008
zitiert: *Diller*, Preispolitik

Duden: Band 1, Die deutsche Rechtschreibung, 25. Auflage, Mannheim, Zürich, 2010
zitiert: Duden, Band 1

Ebenroth, Thomas/Boujong, Karlheinz/Joost, Detlev/Strohn, Lutz: Handelsgesetzbuch, Band 1, §§ 1–342 e, 4. Auflage, München, 2014
zitiert: *Bearbeiter* in Ebenroth/Boujong/Joost/Strohn, HGB, Band 1

–: Handelsgesetzbuch, Band 2, §§ 343–475 h, Transportrecht, Bank- und Börsenrecht, 3. Auflage, München, 2015
zitiert: *Bearbeiter* in Ebenroth/Boujong/Joost/Strohn, HGB, Band 2

Ehricke, Ulrich: Die Kontrolle von einseitigen Preisfestsetzungen in Gaslieferungsverträgen, JZ 2005, 599
zitiert: *Ehricke*, Die Kontrolle von einseitigen Preisfestsetzungen in Gaslieferungsverträgen, JZ 2005, 599

Erbs, Georg/Kohlhass, Max: Beck'scher Kurzkommentar, Band 17, Strafrechtliche Nebengesetze, Ambs (Hrsg.), Stand: 205. Ergänzungslieferung, München, 2015
zitiert: *Bearbeiter* in Erbs/Kohlhaas, Strafrechtliche Nebengesetze

Ferrari, Franco/Kieninger, Eva-Maria/Mankowski, Peter: Internationales Vertragsrecht – Kommentar, 2. Auflage, München, 2012
zitiert: *Bearbeiter* in Ferrari/Kieninger/Mankowski, Internationales Vertragsrecht

Fervers, Matthias: Die Button-Lösung im Lichte der Rechtsgeschäftslehre, NJW 2016, 2289
zitiert: *Fervers*, Die Button-Lösung im Lichte der Rechtsgeschäftslehre, NJW 2016, 2289

Feuchter, Moritz/Bauer, Gertraud: Transparenz beim Vertrieb kapitalbildender Lebensversicherungen: Der Bankenvertrieb im Fokus aktueller Rechtsprechung, BKR 2015, 271
zitiert: *Feuchter/Bauer*, Transparenz beim Vertrieb kapitalbildender Lebensversicherungen: Der Bankenvertrieb im Fokus aktueller Rechtsprechung, BKR 2015, 271

Fleischer, Holger: Informationsasymmetrie im Vertragsrecht – Eine rechtsvergleichende und interdisziplinäre Abhandlung zu Reichweite und Grenzen

vertragsschlußbezogener Aufklärungspflichten, Schriften des Instituts für Arbeits- und Wirtschaftsrecht der Universität zu Köln, Band 85, zugleich: Habilitationsschrift an der Universität zu Köln, 1998/99, München, 2001
zitiert: *Fleischer*, Informationsasymmetrie

Fleischer, Holger/Körber, Torsten: Due diligence und Gewährleistung beim Unternehmenskauf, BB 2001, 841
zitiert: *Fleischer/Körber*, Due diligence und Gewährleistung beim Unternehmenskauf, BB 2001, 841

Flume, Werner: Allgemeiner Teil des Bürgerlichen Rechts, Band II, Das Rechtsgeschäft, 4. Auflage, Berlin, Heidelberg, New York, 1992
zitiert: *Flume*, BGB AT, Band II

Föhlisch, Carsten: Endlich Vollharmonisierung im Fernabsatzrecht? – Auswirkungen der geplanten Europäischen Verbraucherrechtsrichtlinie, MMR 2009, 75
zitiert: *Föhlisch*, Endlich Vollharmonisierung im Fernabsatzrecht? – Auswirkungen der geplanten Europäischen Verbraucherrechtsrichtlinie, MMR 2009, 75

Freitag, Robert: Überfällige Konvergenz von privatem und öffentlichem Recht der Anlageberatung, Zugleich Besprechung von BGH v. 03.06.2014 - XI ZR 147/12, ZBB 2014, 421, ZBB 2014, 357
zitiert: *Freitag*, Überfällige Konvergenz von privatem und öffentlichem Recht der Anlageberatung, Zugleich Besprechung von BGH v. 03.06.2014 - XI ZR 147/12, ZBB 2014, 357

Frey, Peter/Schindele, Matthäus: Die Zulässigkeit von Abschlussgebühren in Bausparverträgen, ZfIR 2010, 176
zitiert: *Frey/Schindele*, Die Zulässigkeit von Abschlussgebühren in Bausparverträgen, ZfIR 2010, 176

Führich, Ernst: Preisänderungen beim Reisevertrag – Zulässigkeit und Grenzen der Preiserhöhung durch einen Treibstoffzuschlag, NJW 2000, 3672
zitiert: *Führich*, Preisänderungen beim Reisevertrag – Zulässigkeit und Grenzen der Preiserhöhung durch einen Treibstoffzuschlag, NJW 2000, 3672

Fullenkamp, Josef: Kick-Back – Haftung ohne Ende?, NJW 2011, 421
zitiert: *Fullenkamp*, Kick-Back – Haftung ohne Ende?, NJW 2011, 421

Geibel, Stefan: Der Kapitalanlegerschaden, Tübinger Rechtswissenschaftliche Abhandlung, Band 93, zugleich Dissertation an der Universität Tübingen 2002
zitiert: *Geibel*, Der Kapitalanlegerschaden
Schadensersatz wegen verdeckter Innenprovisionen und ähnlicher Zuwendungen, ZBB 2003, 349
zitiert: *Geibel*, Schadensersatz wegen verdeckter Innenprovisionen und ähnlicher Zuwendungen, ZBB 2003, 349

Geibel, Stephan/Süßmann, Rainer: Wertpapiererwerbs- und Übernahmegesetz, 2. Auflage, München, 2008
zitiert: *Bearbeiter* in Geibel/Süßmann, Wertpapiererwerbs- und Übernahmegesetz

Gerenkamp, Max/Kuklick, Christian: Die Regulierung der Anreiz- und Vergütungssysteme von Banken, ZBB 2011, 430
zitiert: *Gerenkamp/Kuklick*, Die Regulierung der Anreiz- und Vergütungssysteme von Banken, ZBB 2011, 430

Geßner, Timm: Retrozessionen im Fokus der neueren Judikatur, BKR 2010, 89
zitiert: *Geßner*, Retrozessionen im Fokus der neueren Judikatur, BKR 2010, 89

Graf von Westphalen, Friedrich: Der Leasingvertrag, 6. Auflage, Köln, 2008
zitiert: *Bearbeiter* in Graf von Westphalen, Der Leasingvertrag

–: Vertragsrecht und AGB-Klauselwerke, 37. Ergänzungslieferung, München, 2016
zitiert: *Bearbeiter* in Graf von Westphalen, Vertragsrecht und AGB-Klauselwerke

Grigoleit, Hans Christoph: Vorvertragliche Informationshaftung, München, 1997, zugleich Dissertation an der Universität München 1997
zitiert: *Grigoleit*, Vorvertragliche Informationshaftung

Groß, Wolfgang: Kapitalmarktrecht, 6. Auflage, 2016
zitiert: *Bearbeiter* in Groß, Kapitalmarktrecht

Grundmann, Stefan: Die EU-Verbraucherrechte-Richtlinie, JZ 2013, 53
zitiert: *Grundmann*, Die EU-Verbraucherrechte-Richtlinie, JZ 2013, 53

Haertlein, Lutz/Thümmler, Andreas: Die Wirksamkeit von Entgeltklauseln in Allgemeinen Bausparbedingungen, ZIP 2009, 1997
zitiert: *Haertlein/Thümmler*, Die Wirksamkeit von Entgeltklauseln in Allgemeinen Bausparbedingungen, ZIP 2009, 1997

Harnos, Rafael/Rudzio, Moritz: Anmerkung zu OLG Hamburg, Urteil vom 23.04.2010, Az. 13 U 117/09 und Az. 13 U 118/09, BKR 2010, 259
zitiert: *Harnos/Rudzio*, Anmerkung zu OLG Hamburg, Urteil vom 23.04.2010, Az. 13 U 117/09 und Az. 13 U 118/09, BKR 2010, 259

Harte-Bavendamm, Henning/Henning-Bodewig, Frauke: Gesetz gegen den unlauteren Wettbewerb, 3. Auflage, München, 2013
zitiert: *Bearbeiter* in Harte-Bavendamm/Henning-Bodewig, UWG

Hauptkorn, Berndt: Preisrecht – Ökonomische Rationalität und praktische Vernunft des allgemeinen und besonderen Rechts der Bildung und Verlautbarung von Preisen, Schriften zum Wirtschaftsrecht, Band 129, Berlin, 2000, zugleich Dissertation an der Universität Erlangen-Nürnberg 1998
zitiert: *Hauptkorn*, Preisrecht

Heese, Michael: Offene Preisdiskriminierung und zivilrechtliches Benachteiligungsverbot, NJW 2012, 572
zitiert: *Heese*, Offene Preisdiskriminierung und zivilrechtliches Benachteiligungsverbot, NJW 2012, 572

Herresthal, Carsten: Die Weiterentwicklung des informationsbasierten Anlegerschutzes, ZIP 2013, 1049
zitiert: *Herresthal*, Die Weiterentwicklung des informationsbasierten Anlegerschutzes, ZIP 2013, 1049

–: Die vertragsrechtlichen Folgen der Honoraranlageberatung nach dem WpHG, WM 2014, 773
zitiert: *Herresthal*, Die vertragsrechtlichen Folgen der Honoraranlageberatung nach dem WpHG, WM 2014, 773

–: Die Wirksamkeit von Darlehensentgeltklauseln in den ABB, ZIP 2015, 1949
zitiert: *Herresthal*, Die Wirksamkeit von Darlehensentgeltklauseln in den ABB, ZIP 2015, 1949

Heße, Manfred: Der handelsrechtliche Provisionsanspruch des Zivilmaklers, NJW 2002, 1835
zitiert: *Heße*, Der handelsrechtliche Provisionsanspruch des Zivilmaklers, NJW 2002, 1835

Heun-Rehn, Stefan Lars-Thoren/Lang, Sonja/Ruf, Isabelle: Neue (Un-)Klarheit bezüglich Innenprovisionen und Rückvergütungen bei Kapitalanlagen, NJW 2014, 2909
zitiert: *Heun-Rehn/Lang/Ruf*, Neue (Un-)Klarheit bezüglich Innenprovisionen und Rückvergütungen bei Kapitalanlagen, NJW 2014, 2909

Heydn, Truiken: Grenzenlose Markttransparenz im Internet? – Zur rechtlichen Problematik von automatisierten Preisvergleichen im Internet, GRUR 2000, 657
zitiert: *Heydn*, Grenzenlose Markttransparenz im Internet?, GRUR 2000, 657

Hommerich, Christoph/Kilian, Matthias: Stundensätze der deutschen Anwaltschaft – Das Vergütungsbarometer des Soldan-Instituts 2009, NJW 2009, 1569
zitiert: *Hommerich/Kilian*, Stundensätze der deutschen Anwaltschaft – Das Vergütungsbarometer des Soldan-Instituts 2009, NJW 2009, 1569

Honsell, Heinrich: Anmerkung zu BGH, Urteil vom 08.06.1988, Az. VIII ZR 135/87, JZ 1989, 42
zitiert: *Honsell*, Anmerkung zu BGH, Urteil vom 08.06.1988, Az. VIII ZR 135/87, JZ 1989, 42

Ihle, Jörg: Der Informationsschutz des Versicherungsnehmers, Schriften zum Versicherungs-, Haftungs- und Schadensrecht, Band 8, zugleich Dissertation, Universität Bonn, 2006, Hamburg, 2006
zitiert: *Ihle*, Der Informationsschutz des Versicherungsnehmers

International Institute for the Unification of Private Law (Hrsg.): Kommentierung zu den UNIDROIT Principles of International Commercial Contracts 2004, International Institute for the Unification of Private Law (Hrsg.), Rom, 2004, abrufbar unter: „http://www.unidroit.org/english/principles/contracts/principles2004/integralversionprinciples2004-e.pdf“ (zuletzt abgerufen am 25.03.2016).
zitiert: International Institute for the Unification of Private Law, Kommentierung zu UNIDROIT 2004

Jauernig, Othmar: Kommentar zum Bürgerliches Gesetzbuch, 16. Auflage, München, 2015
zitiert: *Bearbeiter* in Jauernig, BGB

Jooß, Alexander: Rückvergütungen vs. Innenprovisionen, WM 2011, 1260
zitiert: *Jooß*, Rückvergütungen vs. Innenprovisionen, WM 2011, 1260

Jordans, Roman: Aufklärungspflichten über Einnahmen aus dem Vertrieb von Finanzprodukten, BKR 2011, 456
zitiert: *Jordans*, Aufklärungspflichten über Einnahmen aus dem Vertrieb von Finanzprodukten, BKR 2011, 456

–: Aktueller Überblick über die Aufklärungspflichten über Einnahmen aus dem Vertrieb von Finanzprodukten, BKR 2015, 309
zitiert: *Jordans*, Aktueller Überblick über die Aufklärungspflichten über Einnahmen aus dem Vertrieb von Finanzprodukten, BKR 2015, 309

Kiethe, Kurt: Vorstandshaftung aufgrund fehlerhafter Due Diligence beim Unternehmenskauf, NZG 1999, 976
zitiert: *Kiethe*, Vorstandshaftung aufgrund fehlerhafter Due Diligence beim Unternehmenskauf, NZG 1999, 976

Kilian, Wolfgang/Heussen, Benno (Hrsg.): Comuterrechtshandbuch – Informationstechnologie in der Rechts- und Wirtschaftspraxis, Stand: 32. Ergänzungslieferung, München, 2013
zitiert: *Bearbeiter* in Kilian/Heussen, Computerrecht

Kirchhoff, Guido: Das Verbot von Wertsicherungsklauseln im neuen Preisklauselgesetz, DnotZ 2007, 913
zitiert: *Kirchhoff*, Das Verbot von Wertsicherungsklauseln im neuen Preisklauselgesetz, DnotZ 2007, 913

Kirschbaum, Jochen: Die gesetzliche Neuregelung der sog. „Internetfalle“ – Zur dogmatischen Einordnung des § 312g Abs. 3 und 4 BGB n. F., MMR 2012, 8
zitiert: *Kirschbaum*, Die gesetzliche Neuregelung der sog. „Internetfalle“ – Zur dogmatischen Einordnung des § 312g Abs. 3 und 4 BGB n. F., MMR 2012, 8

Klemm, Emil: Die Allgemeinen Vorschriften des Preisrechts, Stuttgart, 1947
zitiert: *Klemm*, Die Allgemeinen Vorschriften des Preisrechts

Kliegel, Thomas: Zivil- und strafrechtliche Beurteilung sog. „Abofallen" im Internet unter Berücksichtigung des neuen § 312g II–IV BGB, JR 2013, 389
zitiert: *Kliegel*, Zivil- und strafrechtliche Beurteilung sog. „Abofallen" im Internet, JR 2013, 389

Kling, Michael/Thomas, Stefan: Kartellrecht, München, 2007
zitiert: *Kling/Thomas*, Kartellrecht

Knauff, Matthias: Staatliche Benzinpreiskontrolle, NJW 2012, 2408
zitiert: *Knauff*, Staatliche Benzinpreiskontrolle, NJW 2012, 2408

Knops, Kai-Oliver: Bankentgelte in der AGB-Kontrolle, ZBB 2010, 479
zitiert: *Knops*, Bankentgelte in der AGB-Kontrolle, ZBB 2010, 479

Koch, Jens: Innenprovisionen und Rückvergütungen nach der Entscheidung des BGH vom 27.10.2009, BKR 2010, 177
zitiert: *Koch*, Innenprovisionen und Rückvergütungen nach der Entscheidung des BGH vom 27.10.2009, BKR 2010, 177

–: Grenzen des informationsbasierten Anlegerschutzes – Die Gratwanderung zwischen angemessener Aufklärung und information overload, BKR 2012, 485
zitiert: *Koch*, Grenzen des informationsbasierten Anlegerschutzes – Die Gratwanderung zwischen angemessener Aufklärung und information overload, BKR 2012, 485

–: Provisionszahlungen als Gegenstand eines kommissionsrechtlichen Herausgabeanspruchs, ZBB 2013, 217
zitiert: *Koch*, Provisionszahlungen als Gegenstand eines kommissionsrechtlichen Herausgabeanspruchs, ZBB 2013, 217

–: Das Nebeneinander aufsichts- und zivilrechtlicher Beratungsvorgaben im Anlegerschutz, ZBB 2014, 211
zitiert: *Koch*, Das Nebeneinander aufsichts- und zivilrechtlicher Beratungsvorgaben im Anlegerschutz, ZBB 2014, 211

Köhler, Helmut: BGB Allgemeiner Teil, 35. Auflage, München, 2011
zitiert: *Köhler*, BGB AT

Köhler, Helmut/Bornkamm, Joachim: Kommentar zum Gesetz gegen den unlauteren Wettbewerb, 34. Auflage, München, 2016
zitiert: *Bearbeiter* in Köhler/Bornkamm, UWG

Koller, Ingo: Wertpapierberatung und Verkauf im Licht des WpHG, ZBB 2011, 361
zitiert: *Koller*, Wertpapierberatung und Verkauf im Licht des WpHG, ZBB 2011, 361

Koller, Ingo/Roth, Wulf-Henning/Morck, Winfried: Kommentar zum Handelsgesetzbuch, 8. Auflage, München, 2015
zitiert: *Bearbeiter* in Koller/Roth/Morck, HGB

Köndgen, Johannes: Anmerkung zu BGH, Urteil vom 27.09.2011, Az. XI ZR 182/10, JZ 2012, 260
zitiert: *Köndgen*, Anmerkung zu BGH, Urteil vom 27.09.2011, Az. XI ZR 182/10, JZ 2012, 260

König, Tom: Flugticket-Irrsinn – Der Preis ist Glückssache, Spiegel Online vom 25.12.2011, abrufbar unter: „http://www.spiegel.de/wirtschaft/service/0,1518,803807,00.html" (zuletzt abgerufen am 25.03.2016)
zitiert: *König*, Flugticket-Irrsinn – Der Preis ist Glückssache, Spiegel Online vom 25.12.2011, abrufbar unter: „http://www.spiegel.de/wirtschaft/service/0,1518,803807,00.html" (zuletzt abgerufen am 25.03.2016)

Kraßer, Rudolf: Grundlagen des zivilrechtlichen Schutzes von Geschäfts- und Betriebsgeheimnissen sowie von Know-how, GRUR 1977, 177
zitiert: *Kraßer*, Grundlagen des zivilrechtlichen Schutzes von Geschäfts- und Betriebsgeheimnissen sowie von Know-how, GRUR 1977, 177

Kredig, Alexander/Uffmann, Katharina: Kostenfallen im elektronischen Geschäftsverkehr, ZRP 2011, 36
zitiert: *Kredig/Uffmann*, Kostenfallen im elektronischen Geschäftsverkehr, ZRP 2011, 36

Krepold, Hans-Michael: Die Wirksamkeit der Vereinbarung eines Abschlussentgeltes bei Bausparverträgen, BKR 2010, 108
zitiert: *Krepold*, Die Wirksamkeit der Vereinbarung eines Abschlussentgeltes bei Bausparverträgen, BKR 2010, 108

Kropf, Christian: Beratung durch Banken bei Abschluss von Swap-Geschäften, ZIP 2013, 401
zitiert: *Kropf*, Beratung durch Banken bei Abschluss von Swap-Geschäften, ZIP 2013, 401

Krüger, Dirk/Kalbfleisch, Eberhard: Due Diligence bei Kauf und Verkauf von Unternehmen – Rechtliche und steuerliche Aspekte der Vorprüfung beim Unternehmenskauf –, DStR 1999, 174
zitiert: *Krüger/Kalbfleisch*, Due Diligence bei Kauf und Verkauf von Unternehmen, DStR 1999, 174

Kuhne, Volker/Kattenbusch, Markus: Baubetriebliche Kalkulation: Mehr Transparenz zwischen Auftraggeber und Auftragnehmer!, IBR 2005, 487
zitiert: *Kuhne/Kattenbusch*, Baubetriebliche Kalkulation: Mehr Transparenz zwischen Auftraggeber und Auftragnehmer!, IBR 2005, 487

Kullmann, Walburga/Sester, Peter: Inhalt und Format von Emissionsprospekten nach dem WpPG, ZBB 2005, 209
zitiert: *Kullmann/Sester*, Inhalt und Format von Emissionsprospekten nach dem WpPG, ZBB 2005, 209

Lang, Volker/Balzer, Peter: Anmerkung zu BGH, Beschluss vom 20.01.2009, Az. XI ZR 510/07, ZIP 2009, 456
zitiert: *Lang/Balzer,* Anmerkung zu BGH, Beschluss vom 20.01.2009, Az. XI ZR 510/07, ZIP 2009, 456

Lang, Volker/Bausch, Stephan: Aufklärungspflicht über Gewinnmargen und Handelsspannen?, WM 2010, 2101
zitiert: *Lang/Bausch,* Aufklärungspflicht über Gewinnmargen und Handelsspannen?, WM 2010, 2101

Larenz, Karl/Wolf, Manfred: Allgemeiner Teil des Bürgerlichen Rechts, 9. Auflage, München, 2004
zitiert: *Larenz/Wolf,* BGB AT

Leible, Stefan/Schäfer, Stephan: Proaktive Informationspflicht aus Art. 7 UGP-RL – eine wettbewerbsrechtliche Allzweckwaffe?, WRP 2012, 32
zitiert: *Leible/Schäfer,* Proaktive Informationspflicht aus Art. 7 UGP-RL, WRP 2012, 32

Lippe, Donovan/Voigt, Daniel: Offenlegungspflichten der Anlageberater jenseits von Rückvergütungen – unterschiedliche Anforderungen an Anlageberater bei der Offenlegung von Innenprovisionen durch verschiedene BGH-Senate?, BKR 2011, 151
zitiert: *Lippe/Voigt,* Offenlegungspflichten der Anlageberater jenseits von Rückvergütungen, BKR 2011, 151

Lorenz, Stefan: Grundwissen – Zivilrecht: Willensmängel, JuS 2012, 490
zitiert: *Lorenz,* Grundwissen – Zivilrecht: Willensmängel, JuS 2012, 490

Loritz, Karl-Georg: Innenprovisionen bei Kapitalanlagen, insbesondere beim Immobilienvertrieb, WM 2000, 1831
zitiert: *Loritz,* Innenprovisionen bei Kapitalanlagen, insbesondere beim Immobilienvertrieb, WM 2000, 1831

–: Provisionen beim Abschluss von Lebensversicherungsverträgen, VersR 2004, 405
zitiert: *Loritz,* Provisionen beim Abschluss von Lebensversicherungsverträgen, VersR 2004, 405

–: Die Wirksamkeit eigenständiger Provisionsvereinbarungen am Beispiel der Lebensversicherungsverträge als Modell für Finanzprodukte, NJW 2005, 1757
zitiert: *Loritz,* Die Wirksamkeit eigenständiger Provisionsvereinbarungen am Beispiel der Lebensversicherungsverträge als Modell für Finanzprodukte, NJW 2005, 1757

Luttermann, Claus: Kapitalmarktrechtliche Information bei Finanzprodukten (PRIIP), Privatautonomie (Vertragskonzept) und Vermögensordnung, ZIP 2015, 805 zitiert: *Luttermann*, Kapitalmarktrechtliche Information bei Finanzprodukten (PRIIP), Privatautonomie (Vertragskonzept) und Vermögensordnung, ZIP 2015, 805

Maier, Arne: Die aktuelle Rechtsprechung der Landgerichte zu den Aufklärungspflichten beratender Banken beim Vertrieb von Lehman-Zertifikaten, VuR 2009, 369
zitiert: *Maier*, Die aktuelle Rechtsprechung der Landgerichte zu den Aufklärungspflichten beratender Banken beim Vertrieb von Lehman-Zertifikaten, VuR 2009, 369

Märker, Klaus: Fehlerhafte Anlageberatung beim Vertrieb von Lehman-Zertifikaten – eine Zwischenbilanz, NJOZ 2010, 524
zitiert: *Märker*, Fehlerhafte Anlageberatung beim Vertrieb von Lehman-Zertifikaten – eine Zwischenbilanz, NJOZ 2010, 524

Martens, Sebastian: Der Schutz der Willensbildung beim Vertragsschluss, GPR 2013, 134
zitiert: *Martens*, Der Schutz der Willensbildung beim Vertragsschluss, GPR 2013, 134

Martinek, Michael/Stoffels, Markus/Wimmer-Leonhardt, Susanne: Handbuch des Leasingrechts, 2. Auflage, München, 2008
zitiert: *Bearbeiter* in Martinek/Stoffels/Wimmer-Leonhardt, Handbuch des Leasingrechts

Maunz, Theodor/Dürig, Günter: Maunz/Dürig, Grundgesetz-Kommentar, Herzog, Roman/Scholz, Rupert/Herdegen, Matthias/Klein, Hans (Hrsg.), 75. Ergänzungslieferung, September 2015
zitiert: *Bearbeiter* in Maunz/Dürig, GG

Meder, Stephan: Die Zulässigkeit einer isolierten Bepreisung des Auslandseinsatzes von Kreditkarten, NJW 1996, 1849
zitiert: *Meder*, Die Zulässigkeit einer isolierten Bepreisung des Auslandseinsatzes von Kreditkarten, NJW 1996, 1849

Medicus, Dieter: Allgemeiner Teil des BGB, 10. Auflage, Heidelberg, 2010
zitiert: *Medicus*, BGB AT

Meister, Herbert: Aspekte der Produktpiraterie, WRP 1991, 137
zitiert: *Meister*, Aspekte der Produktpiraterie, WRP 1991, 137

Mestmäcker, Ernst-Joachim/Gröner, Helmut/Basedow, Jürgen: Die Gaswirtschaft im Binnenmarkt – Beiträge zur gemeinschaftsrechtlichen und ordnungspolitischen Diskussion von Marktordnung, Common Carriage und Preistransparenz 1. Auflage, Baden-Baden, 1990
zitiert: *Bearbeiter* in Mestmäcker/Gröner/Basedow, Die Gaswirtschaft im Binnenmarkt

Mugdan, Benno: Die gesammten Materialien zum Bürgerlichen Gesetzbuch für das Deutsche Reich, I. Band, Einführungsgesetz und Allgemeiner Theil, Berlin, 1899
zitiert: *Mugdan*, Band I

Müggenborg, Hans-Jürgen/Frenz, Walter: Versteckte Servicegebühren bei Flugbuchungen im Internet, NJW 2012, 1537
zitiert: *Müggenborg/Frenz*, Versteckte Servicegebühren bei Flugbuchungen im Internet, NJW 2012, 1537

Müller-Graff, Peter-Christian: Rechtliche Auswirkungen einer laufenden Geschäftsverbindung im amerikanischen und deutschen Recht, zugleich Dissertation an der Eberhard-Karls-Universität, Tübingen, 1973
zitiert: *Müller-Graff*, Rechtliche Auswirkungen einer laufenden Geschäftsverbindung im amerikanischen und deutschen Recht

Münchner Kommentar zum BGB: Münchner Kommentar zum BGB, Franz Jürgen Säcker, Roland Rixecker, Hartmut Oetker und Bettina Limperg (Hrsg.), Band 1, 7. Auflage, München, 2015
zitiert: *Bearbeiter* in MüKo, BGB, Band 1

–: Münchner Kommentar zum BGB, Franz Jürgen Säcker, Roland Rixecker, Hartmut Oetker und Bettina Limperg (Hrsg.), Band 2, 7. Auflage, München, 2016
zitiert: *Bearbeiter* in MüKo, BGB, Band 2

–: Münchner Kommentar zum BGB, Franz Jürgen Säcker, Roland Rixecker, Hartmut Oetker und Bettina Limperg (Hrsg.), Band 3, 7. Auflage, München, 2016
zitiert: *Bearbeiter* in MüKo, BGB, Band 3

–: Münchner Kommentar zum BGB, Franz Jürgen Säcker, Roland Rixecker, Hartmut Oetker und Bettina Limperg (Hrsg.), Band 4, 7. Auflage, München, 2016
zitiert: *Bearbeiter* in MüKo, BGB, Band 4

–: Münchner Kommentar zum BGB, Franz Jürgen Säcker, Roland Rixecker, Hartmut Oetker und Bettina Limperg (Hrsg.), Band 5/2, 7. Auflage, München, 2017
zitiert: *Bearbeiter* in MüKo, BGB, Band 5/2

Münchner Kommentar zum HGB: Münchner Kommentar zum Handelsgesetzbuch, Karsten Schmidt (Hrsg.), Band 5, 3. Auflage, München, 2013
zitiert: *Bearbeiter* in MüKo, HGB, Band 5

–: Münchner Kommentar zum Handelsgesetzbuch, Karsten Schmidt (Hrsg.), Band 6, 3. Auflage, München, 2014
zitiert: *Bearbeiter* in MüKo, HGB, Band 6

Münchner Kommentar zum StGB: Münchner Kommentar zum Strafgesetzbuch, Hefendehl, Roland/Hohmann, Olaf (Hrsg.), Band 5, 2. Auflage, München, 2014
zitiert: *Bearbeiter* in MüKo, StGB

Münchner Kommentar zum VVG: Münchener Kommentar zum Versicherungsvertragsgesetz, Langheid, Theo/Wandt, Manfred (Hrsg.), Band 1: Systematische Darstellungen, EGVVG, §§ 1–99 VVG, 2. Auflage, München, 2016
zitiert: *Bearbeiter* in MüKo, VVG

Musielak, Hans-Joachim: Grundkurs BGB, 12. Auflage, München, 2011
zitiert: *Musielak*, Grundkurs BGB

Neus, Werner: Einführung in die Betriebswirtschaftslehre, 5. Auflage, Tübingen, 2007
zitiert: *Neus*, BWL

Olbrich, Rainer/Battenfeld, Dirk: Preispolitik, Berlin, Heidelberg, New York, 2007
zitiert: *Olbrich/Battenfeld*, Preispolitik

Palandt, Otto (Hrsg.): Bürgerliches Gesetzbuch: mit Nebengesetzen insbesondere mit Einführungsgesetz (Auszug) einschließlich Rom I- und Rom II-Verordnung, Allgemeines Gleichbehandlungsgesetz (Auszug), BGB-Informationspflichten-Verordnung, Unterlassungsklagengesetz, Wohn- und Betreuungsvertragsgesetz, Produkthaftungsgesetz, Erbbaurechtsgesetz, Wohnungseigentumsgesetz, Versorgungsausgleichsgesetz, Lebenspartnerschaftsgesetz, Gewaltschutzgesetz, 74. Auflage, München, 2015
zitiert: *Bearbeiter* in Palandt

Park, Tido: Kommentar zum Kapitalmarktstrafrecht, 3. Auflage, Baden-Baden, 2013
zitiert: *Bearbeiter* in Park, Kapitalmarktstrafrecht

Pechtl, Hans: Preispolitik, Stuttgart, 2005
zitiert: *Pechtl*, Preispolitik

Petersen, Jens: Die Privatautonomie und ihre Grenzen, JURA 2011, 184 ff.
zitiert: *Petersen*, Die Privatautonomie und ihre Grenzen, JURA 2011, 184

–: Der beiderseitige Irrtum zwischen Anfechtungsrecht und Geschäftsgrundlage, JURA 2011, 430
zitiert: *Petersen*, Der beiderseitige Irrtum zwischen Anfechtungsrecht und Geschäftsgrundlage, JURA 2011, 430

Pfeiffer, Thomas: Was kann ein Verbraucher? Zur Relevanz von Informationsverarbeitungskapazitäten im AGB-Recht und darüber hinaus, NJW 2011, 1
zitiert: *Pfeiffer*, Was kann ein Verbraucher? Zur Relevanz von Informationsverarbeitungskapazitäten im AGB-Recht und darüber hinaus, NJW 2011, 1

Piekenbrock, Andreas: Die Rechtsprechung des BGH zu Bearbeitungsentgelten für Darlehensverträge, ZBB 2015, 13
zitiert: *Piekenbrock*, Die Rechtsprechung des BGH zu Bearbeitungsentgelten für Darlehensverträge, ZBB 2015, 13

Pindyck, Robert/Rubinfeld, Daniel: Mikroökonomie, 7. Auflage, München, 2009
zitiert: *Pindyck/Rubinfeld*, Mikroökonomie

Piper, Henning/Ohly, Ansgar/Sosnitza, Olaf: Kommentar zum Gesetz gegen den unlauteren Wettbewerb, 6. Auflage, München, 2014
zitiert: *Bearbeiter* in Piper/Ohly/Sosnitza, UWG

Pischel, Gerhard/Hauser, Sebastian: Informationsaustausch zwischen Wettbewerbern – Zum Stand der kartellrechtlichen Entwicklung, EuZW 2013, 498
zitiert: *Pischel/Hausner*, Informationsaustausch zwischen Wettbewerbern – Zum Stand der kartellrechtlichen Entwicklung, EuZW 2013, 498

Präve, Peter: Zum Reformbedarf im Versicherungsrecht, VersR 1999, 1211
zitiert: *Präve*, Zum Reformbedarf im Versicherungsrecht, VersR 1999, 1211

Rieg, Robert: Leser fragen – Schriftleiter antworten – Rechtfertigung von Gemeinkostenzuschlägen gegenüber Kunden, BC 2009, 123 ff.
zitiert: *Rieg*, Rechtfertigung von Gemeinkostenzuschlägen gegenüber Kunden, BC 2009, 123

Riesenhuber, Karl: Anleger und Verbraucher, ZBB 2014, 134
zitiert: *Riesenhuber*, Anleger und Verbraucher, ZBB 2014, 134

Rose, Edgar: Preistransparenz im Online-Handel, K&R 2012, 725
zitiert: *Rose*, Preistransparenz im Online-Handel, K&R 2012, 725

Rüffer, Wilfried/Halbach, Dirk/Schimikowski, Peter: Handkommentar zum Versicherungsvertragsgesetz, 3. Auflage, Baden-Baden, 2015
zitiert: *Bearbeiter* in Rüffer/Halbach/Schimikowski, Versicherungsvertragsgesetz

Russo, Peter: Die Problematik mangelnder Preistransparenz im bargeldlosen Zahlungsverkehr und Möglichkeiten der Problemlösung, Europäische Hochschulschriften, Reihe V: Volks- und Betriebswirtschaft, Band 1975, Frankfurt am Main, Berlin, Bern, New York, Paris, Wien, 1996
zitiert: *Russo,* Problematik mangelnder Preistransparenz

Schlechtriem, Peter/Schwenzer, Ingeborg (Hrsg.): Kommentar zum Einheitlichen UN-Kaufrecht, 5. Auflage, München/Basel, 2008
zitiert: *Bearbeiter* in Schlechtriem/Schwenzer, Kommentar zum Einheitlichen UN-Kaufrecht

Schmalen, Helmut/Pechtl, Hans: Grundlagen und Probleme der Betriebswirtschaftslehre, 14. Auflage, Stuttgart, 2009
zitiert: *Schmalen/Pechtl*, Grundlagen und Probleme der Betriebswirtschaftslehre

Schmid, Ronald: Kerosinzuschläge 2000 auf Reiseverträge, NJW 2000, 1301
zitiert: *Schmid*, Kerosinzuschläge 2000 auf Reiseverträge, NJW 2000, 1301

–: Die (intransparenten) Urteile des BGH zu Reisepreisänderungsklauseln – Kerosinzuschlag I und II – Bewertung und Folgerungen, NJW 2003, 947
zitiert: *Schmid*, Die (intransparenten) Urteile des BGH zu Reisepreisänderungsklauseln – Kerosinzuschlag I und II, NJW 2003, 947

Schmidt, Martin: Konkretisierung von Generalklauseln im europäischen Privatrecht, Schriften zum Europäischen Internationalen Privat-, Bank- und Wirtschaftsrecht, EIW Band 29, zugleich Dissertation an der Humboldt-Universität zu Berlin 2008/2009, Berlin, 2009
zitiert: *Schmidt*, Konkretisierung von Generalklauseln im europäischen Privatrecht

Schnauder, Franz: Auskunfts- und Beratungsvertrag beim Vertrieb von Kapitalanlagen, JZ 2013, 120
zitiert: *Schnauder*, Auskunfts- und Beratungsvertrag beim Vertrieb von Kapitalanlagen, JZ 2013, 120

Schönke, Adolf/Schröder, Horst: Schönke/Schröder, Kommentar zum StGB, 29. Auflage, München, 2014
zitiert: *Bearbeiter* in Schönke/Schröder, StGB

Schulze, Reiner (Hrsg.): BGB, Handkommentar, 8. Auflage, Baden-Baden, 2014
zitiert: *Bearbeiter* in Schulze u. a., BGB

Schumann, Jochen/Meyer, Ulrich/Ströbele, Wolfgang: Grundzüge der mikroökonomischen Theorie, 8. Auflage, Berlin, Heidelberg, New York, 2007
zitiert: *Schumann/Meyer/Ströbele*, Grundzüge der mikroökonomischen Theorie

Schwab, Andreas/Giesemann, Amelie: Die Verbraucherrechte-Richtlinie: Ein wichtiger Schritt zur Vollharmonisierung im Binnenmarkt, EuZW 2012, 253
zitiert: *Schwab/Giesemann*, Die Verbraucherrechte-Richtlinie: Ein wichtiger Schritt zur Vollharmonisierung im Binnenmarkt, EuZW 2012, 253

Schwab, Dieter: Schranken der Vertragsfreiheit durch die Antidiskriminierungsrichtlinien und ihre Umsetzung in Deutschland, DnotZ 2006, 649
zitiert: *Schwab*, Schranken der Vertragsfreiheit durch die Antidiskriminierungsrichtlinien und ihre Umsetzung in Deutschland, DnotZ 2006, 649

Schwab, Martin: Provisionen, Rückvergütungen und der legitime Erwartungshorizont des Anlagekunden, BKR 2011, 450
zitiert: *Schwab*, Provisionen, Rückvergütungen und der legitime Erwartungshorizont des Anlagekunden, BKR 2011, 450

–: Schuldrecht AT: Überraschende Entgeltklausel bei Branchenverzeichnis im Internet, JuS 2013, 353
zitiert: *Schwab*, Schuldrecht AT: Überraschende Entgeltklausel bei Branchenverzeichnis im Internet, JuS 2013, 353

Schwark, Eberhard/Zimmer, Daniel: Kapitalmarktrechts-Kommentar, 4. Auflage, München, 2010
zitiert: *Bearbeiter* in Schwark/Zimmer, Kapitalmarktrechts-Kommentar

Schwarze, Jürgen/Becker, Ulrich/Hatje, Armin/Schoo, Johann: EU-Kommentar, 3. Auflage, München, 2012
zitiert: *Bearbeiter* in Schwarze/Becker/Hatje/Schoo, EU-Kommentar

Schwintowski, Hans-Peter: Erste Erfahrungen mit Kostentransparenz und Produktinformationsblatt nach der VVG-InfoV, VuR 2008, 250
zitiert: *Schwintowski*, Erste Erfahrungen mit Kostentransparenz und Produktinformationsblatt nach der VVG-InfoV, VuR 2008, 250

Simon, Hermann/Fassnacht, Martin: Preismanagement, 3. Auflage, Wiesbaden, 2009
zitiert: *Simon/Fassnacht*, Preismanagement

Spindler, Gerald: Aufklärungspflichten eines Finanzdienstleisters über eigene Gewinnmargen? – Ein „Kick-Back" zu viel, WM 2009, 1821
zitiert: *Spindler*, Aufklärungspflichten eines Finanzdienstleisters über eigene Gewinnmargen?, WM 2009, 1821

–: Aufklärungspflichten im Bankrecht nach dem „Zins-Swap-Urteil" des BGH, NJW 2011, 1920
zitiert: *Spindler*, Aufklärungspflichten im Bankrecht nach dem „Zins-Swap-Urteil" des BGH, NJW 2011, 1920

Spindler, Gerald/Schuster, Fabian: Recht der elektronischen Medien, 3. Auflage, München, 2015
zitiert: *Bearbeiter* in Spindler/Schuster, Recht der elektronischen Medien

Stackmann, Nikolaus: Aktuelle Rechtsprechung zum Kapitalanlagerecht, NJW 2016, 213
zitiert: *Stackmann*, Aktuelle Rechtsprechung zum Kapitalanlagerecht, NJW 2016, 213

Staudinger, Julius v.: Kommentar zum Bürgerlichen Gesetzbuch mit Einführungsgesetz und Nebengesetzen, Buch 1, §§ 90–124; §§ 130–133 (Allgemeiner Teil 3) – Neubearbeitung 2012, von Joachim Jickeli, u. a.; Red. Norbert Habermann, Berlin, 2012
zitiert: *Bearbeiter* in Staudinger, BGB, Buch 1, Allgemeiner Teil 3

–: Kommentar zum Bürgerlichen Gesetzbuch mit Einführungsgesetz und Nebengesetzen, Buch 1, Allgemeiner Teil 4a – Gesetzliches Verbot und Sittenwidrigkeit, §§ 134–138, ProstG – Neubearbeitung 2011, von Philipp S. Fischinger, u. a.; Red. Norbert Habermann, Berlin, 2011
zitiert: *Bearbeiter* in Staudinger, BGB, Buch 1, Allgemeiner Teil 4a

–: Kommentar zum Bürgerlichen Gesetzbuch mit Einführungsgesetz und Nebengesetzen, Buch 2, Recht der Schuldverhältnisse, Kaufrecht, §§ 433–480, Neubearbeitung 2013, von Roland Michael, Beckmann, u. a.; Red. Michael Martinek, Berlin, 2013
zitiert: *Bearbeiter* in Staudinger, BGB, Buch 2, Kaufrecht

–: Kommentar zum Bürgerlichen Gesetzbuch mit Einführungsgesetz und Nebengesetzen, Buch 2, Wiener UN-Kaufrecht (CISG), Ulrich Magnus, Red. Michael Martinek, Berlin, 2013
zitiert: *Bearbeiter* in Staudinger, BGB, Buch 2, Wiener UN-Kaufrecht (CISG)

–: Kommentar zum Bürgerlichen Gesetzbuch mit Einführungsgesetz und Nebengesetzen, Buch 2, §§ 631–651 (Werkvertragsrecht) – Neubearbeitung 2014, von Jacoby, Florian, u. a.; Red. Dieter Reuter, Berlin, 2013
zitiert: *Bearbeiter* in Staudinger, BGB, Buch 2, §§ 631–651 (Werkvertragsrecht)

–: Kommentar zum Bürgerlichen Gesetzbuch mit Einführungsgesetz und Nebengesetzen, Eckpfeiler des Zivilrechts, Neubearbeitung 2014/2015, von Roland Michael Beckmann, u. a.; Red. Michael Martinek, Berlin, 2014
zitiert: *Bearbeiter* in Staudinger, Eckpfeiler des Zivilrechts

–: Kommentar zum Bürgerlichen Gesetzbuch mit Einführungsgesetz und Nebengesetzen, Buch 2, Recht der Schuldverhältnisse; Einleitung zu §§ 241 ff.; §§ 241–243, von Dirk Looschelders u. a.; Red. Michael Martinek, Berlin, 2015
zitiert: *Bearbeiter* in Staudinger, BGB, Buch 2, Einleitung zu §§ 241 ff.; §§ 241–243

Stoffels, Markus: Schranken der Inhaltskontrolle, JZ 2001, 843
zitiert: *Stoffels*, Schranken der Inhaltskontrolle, JZ 2001, 843

Tacou, Theofanis: Verbraucherschutz auf hohem Niveau oder Mogelpackung? Der Vorschlag für eine Richtlinie über Rechte der Verbraucher, ZRP 2009, 140
zitiert: *Tacou*, Verbraucherschutz auf hohem Niveau oder Mogelpackung? Der Vorschlag für eine Richtlinie über Rechte der Verbraucher, ZRP 2009, 140

Tamm, Marina/Tonner, Klaus (Hrsg.): Verbraucherrecht, 1. Auflage, Baden-Baden, 2012
zitiert: *Bearbeiter* in Tamm/Tonner, Verbraucherrecht

Thévenoz, Luc/Reich, Norbert (Hrsg.): Droit de la consommation/Konsumentenschutzrecht/Consumer law, Festschrift zum 65. Geburtstag für Bernd Stauder, Baden-Baden, Basel, Zürich, 2006
zitiert: *Verfasser*, „Beitragstitel", FS Stauder

Thomas, Stefan: Preisfreiheit im Recht der Allgemeinen Geschäftsbedingungen, AcP 209 (2009), 84
zitiert: *Thomas*, Preisfreiheit im Recht der Allgemeinen Geschäftsbedingungen, AcP Band 209 (2009), 84

Thommen, Jean-Paul/Achleitner, Ann-Kristin: Allgemeine Betriebswirtschaftslehre, 6. Auflage, Wiesbaden, 2009
zitiert: *Thommen/Achleitner*, Allgemeine Betriebswirtschaftslehre

Tiffe, Achim: Die Zulässigkeit von Bearbeitungsgebühren bei Verbraucherdarlehen, VuR 2012, 127
zitiert: *Tiffe*, Die Zulässigkeit von Bearbeitungsgebühren bei Verbraucherdarlehen, VuR 2012, 127

Ulmer, Peter/Brandner, Erich/Hensen, Horst-Dieter: AGB-Recht, Kommentar, 11. Auflage, Köln, 2011
zitiert: *Bearbeiter* in Ulmer/Brandner/Hensen, AGB-Kommentar, 11. Auflage

Usinger, Wolfgang: Zulässige und unzulässige Wertsicherungsklauseln in Gewerbemietverträgen – Eine Darstellung anhand von Beispielen und Mustern, NZM 2009, 297
zitiert: *Usinger*, Zulässige und unzulässige Wertsicherungsklauseln in Gewerbemietverträgen – Eine Darstellung anhand von Beispielen und Mustern, NZM 2009, 297

Van den Bergh, Roger/Lehmann, Michael: Informationsökonomie und Verbraucherschutz im Wettbewerbs- und Warenzeichenrecht, GRUR Int. 1992, 588 ff.
zitiert als: *Van den Bergh/Lehmann*, Informationsökonomie und Verbraucherschutz im Wettbewerbs- und Warenzeichenrecht, GRUR Int. 1992

Verbraucherrat des DIN Deutschen Instituts für Normung e. V. (Hrsg.): Studie des Verbraucherrates des DIN Deutschen Instituts für Normung e. V., „Zunehmende Größenvielfalt von Fertigpackungen und ihre Folgen aus Verbrauchersicht", Autoren: Schoenheit, Ingo und Annika Schudak, Berlin, 2012, abrufbar unter: „http://www.verbraucherrat.din.de/sixcms_upload/media/2933/Verbraucherrat-Studie-Gr%F6%DFenvielfalt%20von%20Fertigpackungen.126112.pdf" (zuletzt abgerufen am 25.03.2016)
zitiert: *Schoenheit/Schudak*, Studie „Zunehmende Größenvielfalt von Fertigpackungen und ihre Folgen aus Verbrauchersicht"

Völker, Stefan: Neue Entwicklungen im Recht der Preisangaben, NJW 2000, 2787
zitiert: *Völker*, Neue Entwicklungen im Recht der Preisangaben, NJW 2000, 2787

von Bar, Christian/Zimmermann, Reinhard: Grundregeln des Europäischen Vertragsrechts, Kommission für Europäisches Vertragsrechte – deutsche Ausgabe, Teil I und II, München, 2002
zitiert: *von Bar/Zimmermann*, Grundregeln des Europäischen Vertragsrechts, Teil I und II

Vortmann, Jürgen: Aufklärungs- und Beratungspflichten der Banken, 10. Auflage, Köln, 2013
zitiert: *Vortmann*, Aufklärungs- und Beratungspflichten der Banken

Waas, Bernd: Der Kalkulationsirrtum zwischen Anfechtung und unzulässiger Rechtsausübung – BGHZ 139, 177, JuS 2001, 14
zitiert: *Waas*, Der Kalkulationsirrtum zwischen Anfechtung und unzulässiger Rechtsausübung, JuS 2001, 14

Weitz, Bernd/Eckstein, Anja: VWL Grundwissen, 2. Auflage, Freiburg, 2011
zitiert: *Weitz/Eckstein*, VWL Grundwissen

Wendehorst, Christiane: Das neue Gesetz zur Umsetzung der Verbraucherrechterichtlinie, NJW 2014, 577
zitiert: *Wendehorst*, Das neue Gesetz zur Umsetzung der Verbraucherrechterichtlinie, NJW 2014, 577

Wiebe, Andreas: Vertrauensschutz und geistiges Eigentum am Beispiel der Suchmaschinen, GRUR 2011, 888
zitiert: *Wiebe*, Vertrauensschutz und geistiges Eigentum am Beispiel der Suchmaschinen, GRUR 2011, 888

Wilke, Dieter (Hrsg.): Festschrift zum 125jährigen Bestehen der Juristischen Gesellschaft zu Berlin, Berlin, New York, 1984
zitiert: *Verfasser*, „Beitragstitel" in FS 125 Jahre Juristische Gesellschaft Berlin

Wilkens, Andreas: Grauzone im Internet: Individuelle Preise heftig umstritten, Heise Online vom 01.02.2016, abrufbar unter: „http://www.heise.de/newsticker/meldung/Grauzone-im-Internet-Individuelle-Preise-heftig-umstritten-3089243.html" (zuletzt abgerufen am 25.03.2016)
zitiert: *Wilkens*, Grauzone im Internet: Individuelle Preise heftig umstritten, abrufbar unter: „http://www.heise.de/newsticker/meldung/Grauzone-im-Internet-Individuelle-Preise-heftig-umstritten-3089243.html" (zuletzt abgerufen am 25.03.2016)

Willems, Constantin: Preisangaben vor dem „Frisierspiegel" des Europarechts, GRUR 2014, 734
zitiert: *Willems*, Preisangaben vor dem „Frisierspiegel" des Europarechts, GRUR 2014, 734

Wöhe, Günter: Einführung in die Betriebswirtschaftslehre, 24. Auflage, München, 2009
zitiert: *Wöhe*, BWL

Wolf, Manfred/Lindacher, Walter/Pfeiffer, Thomas: AGB-Recht, Kommentar, 5. Auflage, München, 2009
zitiert: *Bearbeiter* in Wolf/Lindacher/Pfeiffer, AGB-Recht

Zagouras, Georgios: Werbung für Mobilfunkmehrwertdienste und die Ausnutzung der geschäftlichen Unerfahrenheit von Kindern und Jugendlichen nach § 4 Nr. 2 UWG, GRUR 2006, 731
zitiert: *Zagouras*, Werbung für Mobilfunkmehrwertdienste, GRUR 2006, 731

Zerres, Thomas: Kurzkommentar zu BGH, Urteil vom 06.12.2001, Az. III ZR 296/00, EWiR 2002, 369
zitiert: *Zerres*, Kurzkommentar zu BGH, Urteil vom 06.12.2001, Az. III ZR 296/00, EWiR 2002, 369

Zingel, Frank/Rieck, Daniela: Die neue BGH-Rechtsprechung zur Offenlegung von Rückvergütungen, BKR 2009, 353
zitiert: *Zingel/Rieck*, Die neue BGH-Rechtsprechung zur Offenlegung von Rückvergütungen, BKR 2009, 353

Anhang

Dieser Anhang ist ein Auszug aus einem Fragenkatalog an Herrn Dr. *Schwab*, MdEP. Mit freundlicher Genehmigung werden Antworten auf die Fragen veröffentlicht, die Eingang in die vorliegende Arbeit gefunden haben.

1. Warum sind bestimmte Bereiche ausgenommen, zum Beispiel Glücksspiel und Finanzdienstleistungen, Art. 3 Abs. 3 lit. c) und lit. d) VRRL?

Im Rahmen der Finanzdienstleistungen gibt es bereits einige sektorspezifische Richtlinien. Angedacht war zwar während der Verhandlungen, Bestimmungen in der VerbraucherrechteRL als Sicherheitsnetz für Lücken (z. B. bei Haustürgeschäften) aufzunehmen, jedoch hatte man sich letztlich dagegen entschieden, auch, da die Anwendung solch genereller Regelungen insbesondere in UK zu Problemen geführt hätten mit bestehendem Recht. Allerdings ist die Kommission in einem Erwägungsgrund aufgerufen worden, bestehende Lücken zu schließen.

Zu Glücksspiel beabsichtigt die Kommission wahrscheinlich, eine eigenständige Richtlinie vorzuschlagen, im letzten Jahr lief im Binnenmarktausschuss hierzu ebenfalls ein Initiativbericht. Um dem nicht vorzugreifen, hatte man sich darauf geeinigt, Glücksspiel vom Anwendungsbereich auszunehmen, um nicht eine Vielzahl unterschiedlicher Regelungen zu schaffen.

2. Haben Sie an das Thema Preistransparenz gedacht, als Sie ihren Vorschlag ausgearbeitet haben?

Sicherlich wurde grds. an dieses Thema gedacht, wie unter anderem die Bestimmungen über die Informationspflichten (insbesondere Gesamtpreis), Button-Lösung und pre-ticked boxes zeigen.

3. Wenn die Antwort zu Frage 2 „Ja" ist: Hat die VRRL vielleicht das Ziel, die deutsche Preisangabenverordnung (PAngV) auf europäische Ebene zu heben?

Die PAngV hat in den Verhandlungen zu keinem Zeitpunkt eine Rolle gespielt, da insbesondere deren Funktionieren anders ist, als die Informationspflichten in der VerbraucherrechteRL. Während Informationen nach der PAngV unabhängig vom Vertragsschluss bei jedem Angebot vorliegen müssen, kommen die Infopflichten der CRD nur vorvertraglich und dann zum Zuge, wenn ein Vertrag abgeschlossen wird.

Bei der Formulierung der Informationspflichten in der CRD wurde vielmehr die UGP-RL zum Vorbild genommen (siehe deren Artikel 7 Absatz 4).

…

5. Wie sehen Sie folgendes Problem:

Je schärfer die Vorgaben zur Preistransparenz werden, desto mehr versuchen Unternehmen gegebenenfalls die Transparenz der Produkt- bzw. Dienstleistungsbeschreibung herabzusetzen.

Beispiel:
Elektronikmärkte, die ihre Produktbezeichnungen bei Fernsehern „künstlich" aufblasen. Ein Preisvergleich ist dann schwierig, wenn der Verbraucher nicht erkennt, dass es sich tatsächlich um das gleiche Modell mit identischer Ausstattung handelt.

Antwort:
Dies ist grds. eine Frage der Unternehmerseite.
Jedoch müssen nach Artikel 5 und 6 der Richtlinie die Händler genaue Angaben zu den wesentlichen Eigenschaften einer Ware oder Dienstleistung machen, die sie nicht unterschreiten dürfen.

www.ingramcontent.com/pod-product-compliance
Ingram Content Group UK Ltd.
Pitfield, Milton Keynes, MK11 3LW, UK
UKHW021937290926
8980IPUK00016B/1666